山东省社会科学规划研究项目"山东省城市居民
径研究"（项目批准号：21CTYJ11）

多重因素影响下的城市
居民体育消费研究

曹 杰 著

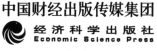

中国财经出版传媒集团

经济科学出版社
Economic Science Press

·北京·

图书在版编目（CIP）数据

多重因素影响下的城市居民体育消费研究／曹杰著.
北京 ： 经济科学出版社，2024.12. -- ISBN 978 - 7
-5218-6575-2

Ⅰ. G80 -052

中国国家版本馆 CIP 数据核字第 20242M0008 号

责任编辑：李一心
责任校对：李　建
责任印制：范　艳

多重因素影响下的城市居民体育消费研究

DUOCHONG YINSU YINGXIANGXIA DE
CHENGSHI JUMIN TIYU XIAOFEI YANJIU

曹　杰　著

经济科学出版社出版、发行　新华书店经销
社址：北京市海淀区阜成路甲 28 号　邮编：100142
总编部电话：010 - 88191217　发行部电话：010 - 88191522
网址：www. esp. com. cn
电子邮箱：esp@ esp. com. cn
天猫网店：经济科学出版社旗舰店
网址：http://jjkxcbs. tmall. com
北京季蜂印刷有限公司印装
710 × 1000　16 开　16. 25 印张　226000 字
2024 年 12 月第 1 版　2024 年 12 月第 1 次印刷
ISBN 978 - 7 - 5218 - 6575 - 2　定价：68. 00 元
（图书出现印装问题，本社负责调换。电话：010 - 88191545）
（版权所有　侵权必究　打击盗版　举报热线：010 - 88191661
QQ：2242791300　营销中心电话：010 - 88191537
电子邮箱：dbts@ esp. com. cn）

前　言

党的十八大以来，国家越来越重视体育工作和体育产业发展，在党的十九大报告中提到要"广泛开展全民健身活动"，将全民健身上升为国家战略，先后出台一系列政策促进体育产业和体育消费发展，加快体育强国建设进程。改革开放40多年来，我国经济社会的发展取得了巨大成就，人们对健康和美好生活的需求不断增加，体育消费进入了高质量发展新阶段，体育消费已经成为体育领域的重要研究课题。随着城市常住居民收入的稳定增长，人们对于身体健康与体育锻炼越来越重视，相应产生的体育消费也在不断攀升。城市居民从健康、愉悦身心、人际交往等角度出发而进行的体育消费，从某个角度反映了其生活整体水平的进步。同时，各种影响因素对城市居民体育消费产生了不同的影响，不同因素影响下城市居民体育消费表现出不同特点，更需要相应的对策促进城市居民体育消费更好地发展。体育消费是现代生活消费的重要组成部分，在生活压力与日俱增的现代社会中，体育消费不仅有助于愉悦身心、锻炼身体，还能促进我国体育产业的发展。因此，研究多重因素影响下的城市居民体育消费，对体育消费、体育产业的发展以及全民身体素质的提升都具有非常重要的意义。

本书首先对体育消费的概念、特点、性质等基本理论进行了阐述，对体育消费者的需求以及现代居民体育消费方式进行了分析；其次对体育消费者的自我概念和生活方式进行了研究；再次分析了城市居民体育消费心理及影响体育消费的因素；又次分别深入研究了全民健身、消费社会、消费方式改变、"互联网+"等因素影响下的城市居民体育消费情况；最后对城市居民体育消费的提升提出了政策建议。

在本书的编写过程中，吸收、借鉴了许多专家学者关于体育消费的最新研究成果，在此一并表示感谢。另外，由于编写人员水平有限，不妥之处在所难免，敬请读者批评指正。

作　者
2024 年 9 月

目 录

第1章

体育消费概述

1.1 体育消费的概念与特征

1.1.1 体育消费的概念

消费的基本含义就是指使用消费资料以满足人们物质和文化生活需要的行为和过程。消费资料可以分为物质消费资料和非物质消费资料两大类。物质消费资料由吃、穿、用、住等各种实物消费品所构成；非物质消费资料由各类文学、艺术等精神文化消费资料和各种服务消费资料所构成。广义的消费包括生产消费和生活消费两个方面。生产消费是指物质生产过程中发生的工具被磨损，原材料、燃料、动力被消耗及劳动者的体力和脑力支出过程。生活消费则是指人们把生产出来的生活资料或消费品（包括物质消费品、精神文化消费品和服务消费品），用于满足生活需要的行为和过程。马克思把生产消费称为"与生产同一的消费"，把生活消费称为"原来意义上的消费"。生活消费是人们生存和发展的必要条件，通常所说的消费就是指个人生活消费。在商品经济、市场经济条件下，由于人们的消费行为一般是以货币形式来体现的，因此个人消费行为过程通常也表现为货币支付的行为过程。也就是说，人们是通过支付货币、购买商品来满足每个人各种各样、不同层次的消费需求的。

体育消费可分为广义的体育消费和狭义的体育消费。

广义的体育消费，包括一切和体育活动有直接或间接联系和关系的个人消费行为。也就是说，消费者通过支付货币所得到的各种效用，或者说消费者通过支付货币所得到的各种价值和使用价值，均和"体育"有关，如为参加体育活动或观赏运动竞赛、体育表演而需要外出旅行所支付的交通费、住宿费及购买食品饮料等费用。

狭义的体育消费，主要指那些直接从事体育活动的个人消费行为，如买票观看体育比赛、体育表演，参加武术、健美、气功、健身等学习班、培训班所支付的学费，个人购置的运动器材、健身器材、运动服装、运动鞋等。

一定量的体育消费支出是人们参与体育活动的前提条件，也是体育活动得以存在和发展的前提和保证，也是体育产业与市场得以开拓和发展壮大的社会基础。

1.1.2 体育消费的特征

在社会主义市场经济条件下，体育消费的基本特点表现为以下七个方面。

1. 体育消费与经济增长的同步性

体育消费与经济同步增长是实现社会主义生产目的的需要，也是社会主义基本经济规律发挥作用的重要体现。按社会主义基本经济规律的要求组织经济活动，最主要的就是要正确处理好积累与消费、生产与生活的相互关系，努力做到在生产发展的基础上，有计划、有步骤地提高全体社会成员的消费水平。同时，社会主义生产的根本目的在于最大限度地满足全体人民日益增长的物质文化生活的需要。而体育消费能满足人的发展和享受的需要，因此体育消费是实现社会主义生产目的的重要途径。所以，体育消费与经济同步增长的过程就是社会主义生产目的的实现过程，也就是人们物质文化娱乐生活不断被满足和提高的过程。因此，体育消费的增加与经济增长同步进行是社会主义体育消费的一个重要特点。

2. 社会主义体育消费是文明、健康、科学的体育消费

社会主义体育消费坚持科学社会主义的人生观、价值观和幸福娱乐观。体育消费要有利于人们德、智、体、美全面发展，使人们在闲暇时间过上真正有意义的幸福生活，在全社会形成一种文明、健康、科学的体育消费方式和风尚，从而促进社会主义精神文明建设。因此，社会主义体育消费既坚持反对腐朽、庸俗、低级趣味的生活方式，同时也禁止那些损害人们身心健康、有害的、违背社会主义原则的体育消费方式。社会主义国家采取经济的、行政的和宣传舆论等各种手段对体育消费行为加以科学引导和指导，从而使体育消费能够体现社会主义精神文明的特点，成为一种促进人们健康成长、丰富生活、欢度余暇的科学的、积极的消费方式。

3. 体育消费需求的价格弹性较大

由于体育消费不属于生存消费，从人类需要的紧迫程度来看，对于体育消费的需求远远不像维持生存消费的食品等消费资料那样必不可少，也不像医疗卫生、教育消费那样迫切，因此体育消费需求的价格弹性较大。

4. 不同地区体育消费水平差异明显

由于受经济发展水平的影响，一般来说，沿海经济发达地区、大中

3

城市，体育消费水平相对比较高；农村地区、边远山区，体育消费水平相对较低。同一地区，体育消费也表现出一定的层次性。经济条件好的体育消费者参与较高级的体育消费项目，如高尔夫球、网球等；经济条件较差的体育消费者可能选择收费较低廉的体育消费项目。

5. 体育消费项目具有流行周期

体育消费项目的流行周期比较短，一般在 3～5 年。在流行时，社会对此类体育消费项目的需求比较大，流行周期过后，社会对此类体育消费项目的需求会不断降低。

6. 体育消费品市场对体育消费需求具有重要影响作用

我们知道，商品最终进入消费领域，社会再生产过程才算最后完成。商品进入消费领域，必然经过市场这一环节。市场是联结生产与消费的纽带和桥梁。因此，在社会主义市场经济条件下，一切消费资料都只能通过市场才能进入消费领域，社会主义生产目的才能真正实现。同样，体育消费品也只有通过体育消费品市场才能被体育消费者消费，体育消费者也只通过市场购买到各种体育消费资料，才有现实的体育消费过程。因此，市场在满足体育消费者的消费需要中起着重要的影响作用。体育消费品市场的供应状况，制约着体育消费者体育消费水平的提高和改善。当体育消费品市场供应充裕、内容丰富、品种齐全、价格合理，体育消费者就有充分的挑选余地，这样可以满足不同层次的体育消费需求；反之，如果体育消费品市场供应紧张、内容单调、品种又少，且价格昂贵，则会极大地影响甚至阻碍体育消费者的积极性和热情。如果能马上见效，人们往往会不惜重金，慷慨解囊。而在体育活动方面的消费支出，有些人也许会觉得不合算，认为这是无偿支出。其实体育消费并不是一种无偿支出，体育消费也是一种投资，是增强人的身体素质、调节生活节奏、获取美的享受、维持并强化脑力劳动和体力劳动的一种必不可少的有偿投资，亦可称"健康投资""发展投资"或"享受投资"。因为花费在体育消费上的各种支出，也可以得到相应的补偿。例如，观赏型体育消费支出，使消费者视觉感官得到了美的享受；参与型体育消费支出，则使消费者体质得到增强，闲暇时间过得充实、愉快，从而满足了劳动者不断增长的精神文化生活的需要。因此，体育消费是一种积极的、有偿的个人消费投资。

7. 社会主义初级阶段，体育消费主要表现为商品性体育消费

当前我国正处在社会主义初级阶段，生产力发展水平比较低，商品经济不发达是社会主义初级阶段经济制度的本质特征。商品经济条件下的各种消费行为，主要是通过对商品的消费获取实现的。商品经济是社会主义市场经济内在的固有属性，无论生产资料还是消费资料都是商品，都必须通过市场交换才能进入消费领域。从体育部门来说也是这样，体育部门的改革要引进市场经济的竞争机制。体育场馆从行政型管理向经营型管理的转变，其实质就是要求人们承认和接受体育部门的产出是商品而不是产品，也就是说，不仅是和体育有关的产业部门提供的体育消费品是商品，而且体育产业部门所提供的体育服务也越来越多地以商品的形式在市场上出现，这样社会主义初级阶段体育消费很大部分必然表现为商品性体育消费。

就目前来说，我国商品性体育消费的比重还比较低。这是因为长期以来我们把体育事业单纯看作社会福利事业，长期实行行政性管理方式。因此，体育部门的产出、体育部门所提供的各种体育服务，通常是无偿向社会提供的。随着经济体制改革的不断深化，这种局面已经开始打破。但就目前来说，还是有相当一部分体育服务是无偿或部分有偿地向社会提供的，这就造成体育服务的商品率还比较低。随着我国社会主义市场经济体制的逐步确立，随着我国体育部逐步确立，随着我国体育部门改革的不断深化，随着我国体育产业化进程的积极推进，我国商品性体育消费的比重将不断提高。这是社会主义初级阶段体育消费发展的必然趋势。

由于社会主义初级阶段体育消费主要表现为商品性体育消费，因而人们在体育消费领域中所形成的相互关系，必然主要为商品货币关系。因为在社会主义初级阶段的体育消费水平首先取决于人们的收入水平，收入水平主要通过货币收入来衡量，消费者货币收入的多少直接决定着消费者个人及其家庭的消费水平及生活改善的程度。同时也决定消费者及家庭体育消费水平的高低。在体育消费品价格一定的条件下，消费者的货币收入越多，可以购买到的体育消费资料或体育服务也越多。因此，在货币作为商品价值的直接体现而存在，货币作为社会财富的一般代表的情况下，社会主义初级阶段的体育消费关系，仍然是一种商品货币关系，社会主义初级阶段体育消费关系是仍然与物结合着并通过物表现出来的。

1.1.3　体育消费的性质

马克思主义政治经济学的基本原理告诉我们，社会经济制度的性质和特点决定了社会消费的性质和特点。也就是说，生产资料所有制的性质和特点决定了消费资料所有制的性质和特点。消费资料所有制是反映消费关系的最基本的经济范畴。所谓消费资料所有制，就是通过消费资料的关系所反映的人与人之间的相互关系，包括消费资料的归属、占有和使用关系。消费资料所有制是决定整个消费活动性质和特点的根本性的经济条件，消费资料所有制直接决定消费关系的性质。因为人们有无消费资料以及拥有的消费资料数量的多寡和质量的好坏，直接决定消费的水平和消费的结构，体现着消费的社会性质。

社会主义生产资料公有制和社会主义消费资料所有制，决定了社会主义消费关系的性质和特点，同时也决定了社会主义条件下体育消费关系的性质和特点。由于在社会主义公有制条件下，体育消费资料是由全体劳动人民共同占有，劳动者在体育消费中处于平等的地位，所以体育消费关系所体现的是社会主义的生产关系和消费关系。因此，体育消费是满足人民群众不断增长的物质和文化生活需要、实现社会主义生产目的、提高生活质量、促进人的全面发展的重要手段，同时也是普及全民体育意识、提高整个中华民族的身体素质和国民体育运动水平的重要途径。

1.1.4　体育消费的社会经济功能

体育消费作为一种健康投资，必然有它的消费效益。所谓体育消费效益，就是指人们通过消费一定的体育消费资料而实际得到的体育消费需求的满足程度。体育消费功能可以从经济功能的角度来考察，也可以从社会功能的角度来考察。而且，在许多场合体育消费的经济功能和社会功能是相互交融，很难严格区分的，因此我们把它归之为社会经济功能。体育消费的社会经济功能主要有以下几点。

（1）体育消费有助于人们通过参加各种各样的体育活动，来增强和提高劳动者的身体素质和智力的开发，避免和防止各种疾病和职业病的发生，增加劳动者的出勤率和工作效率，从而提高整个社会的劳动生产率，创造更多的社会财富，推动整个社会 GDP 的加速增长。

（2）体育消费有助于满足人的发展和享受等方面的需求，陶冶人的高尚情操，激发人们进取、拼搏的精神，培养人们的竞争意识和团队协作精神，促进人的全面发展，实现社会主义生产目的。

（3）体育消费有助于体育场馆设施向全社会开放，为社会提供各类体育服务，从而可以增加体育场馆的运营收入，提高体育场馆的经济效益和社会效益。

（4）体育消费有助于增加对各种运动器材、运动服装、运动饮料、运动食品、体育娱乐、体育旅游、健美训练、健康咨询、体育报纸（杂志、图书、画册）等体育实物消费资料和体育服务消费资料的社会需求，并为生产部门提供各种体育消费资料的需求信息，从而可以促进和加速推进我国体育产业以及和体育有关的产业的发展。

（5）体育消费有助于社会主义精神文明建设，激发人们的爱国主义激情，增强人们的民族自豪感和自信心以及振兴中华的决心和信心，从而推动社会文化的建设和发展，加速社会主义物质文明和精神文明建设的进程。

（6）体育消费有助于增强人们的体育意识，提高整个社会体育运动水平和人民群众参加体育活动的兴趣和积极性，扩大我国的体育人口，从而推动群众性体育运动的蓬勃开展和体育社会化的进程以及全民健身战略的实施。

1.2　体育消费的需求分析

1.2.1　体育消费需求的产生

随着改革开放和经济的快速发展，人们的生活水平从温饱过渡到了小康。城镇人们的生活变化尤为明显，然而虽然这些人的经济收入得到了提高，但是生活节奏的加快和长期的伏案工作，使他们很少去参加体育活动，导致他们感到生活的压抑和身心的不适。这时体育的需求就产生了，他们需要通过参与体育活动来调节自己的情绪和锻炼自己的身体，使自己能够有更好的身体来生活和工作。人们对体育消费的需求主要表现在以下几个方面。

1. 社会交往需求

社会交往是指在一定的历史条件下，人与人之间相互往来，进行物质、精神交流的社会活动。现在网络在人们生活中的普及，高楼之间的阻碍，造成了人与人之间的交往变得越来越少，关系冷漠，这是我们不愿看到的。人有合群需求，不愿意独处。加强人与人之间的沟

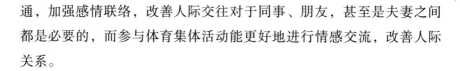

通，加强感情联络，改善人际交往对于同事、朋友，甚至是夫妻之间都是必要的，而参与体育集体活动能更好地进行情感交流，改善人际关系。

2. 生理需求

生理需求是指人们为了达到某种生理稳态（即正常的新陈代谢）时引起的基本需求。人们对体育的生理需求主要表现在人们的体育健身、康复训练和减肥等方面。

（1）体育健身需求。

体育健身是成年人产生体育消费需求的主要原因之一。相关研究表明，促使成年人运动的前四位动机都与健康有关，即改善整体健康、维持整体健康、提高体能、保持体能。

（2）体育康复训练需求。

体育康复训练是通过体育与医学手段相结合，达到治愈疾病的目的。例如，肘关节周围炎的康复训练，按照医生的要求，合理地活动肘关节可以改善肩关节局部的血液循环，加强新陈代谢，缓解肌肉痉挛，达到消炎止痛的效果。同时，可松解肩关节周围肌肉、韧带及关节囊的粘连，恢复肩关节的运动功能。相关研究表明：通过放松与牵拉练习可以消除劳损部位肌肉枯连，使运动员深层稳定肌（多裂肌）及表层运动肌（竖脊肌、髂腰肌）力量得到提高。运动员能感觉到运动后腰部酸痛减弱，腰椎活动度加大，腰肌力量得到提升。

（3）体育减肥需求。

人们生活水平的提高，生活习惯的不合理，导致肥胖人群不断增多。例如，现在很多的家庭只有一个孩子，有些家长溺爱孩子，会把很多好吃的都给孩子吃，也不让孩子参加体育锻炼，结果导致很多儿童过度肥胖。相关研究表明，体育锻炼通过一系列复杂的新陈代谢的变化来影响人体的组成和体重，是消除多余脂肪和降低体重的最经济有效的办法。这导致人们产生了通过体育锻炼达到减肥目的的需求，进而产生了体育消费。

3. 心理需求

心理需求是指个体在生活中感到某种欠缺而力求获得满足的一种内心状态，它是人脑对生理和社会要求的反映。人们对体育消费的产生来源于心理方面的因素。

（1）对缓解心理压力的需求。

现在很多普通白领面临生活节奏快、工作和生活压力大的问题，他们情绪紧张得不到放松。而参与体育活动可以释放工作和生活中的压力，缓解心理疲劳，因此，人们愿意花钱来参与体育活动。户外运动有接近大自然、有助于放松心情的特点，人们的参与性很高。

（2）对形体美的需求。

有些女性为了身材性感苗条而参与体育消费。例如，许多女性参加瑜伽培训班、体育舞蹈班、艺术体操培训班等。一些男性为了使身材健壮、肌肉棱角分明、肌肉清晰而去消费。这就是很多人去体育健身俱乐部参加锻炼的原因。

1.2.2 体育消费需求的特点

1. 体育消费需求具有对象性特点

体育消费总是针对体育的某种需求而产生的。有人是为了体育健身娱乐而消费，也有人为了体育参与观赏而消费，总之人们有各种各样的体育消费，但每一种消费都有它的对象性。人们只有拥有了体育消费的对象，才会产生某种需求，而不会盲目地消费。

2. 体育消费需求具有层次性特点

根据经济条件的不同，居民收入具有不同的层次，即较低收入层次、中等收入层次和较高收入层次。相关研究表明：不同收入阶层居民体育消费结构呈现出各自非常鲜明的特点，较低收入阶层主要以相对便宜的运动服、运动鞋和运动器械等实物性消费品作为主要消费内容，并表现出较强的博弈性消费心理；中等收入阶层的消费结构与较低收入阶层基本类似，但在体育消费过程中表现出更加多元化的倾向，除运动服装、运动鞋和运动器械外，在比赛门票、体育培训、体育俱乐部和消费性锻炼方面都有所消费；较高收入阶层表现出更广泛的参与度和更强的消费实力，在比赛门票、体育培训、体育俱乐部和消费性锻炼中消费金额所占比重大，年消费金额与另外两个阶层具有非常显著的差异。

3. 体育消费需求具有周期性特点

体育消费需求的周期性是指参与体育消费的人群呈周期性的变化。造成体育消费的周期性主要是外界环境和消费者本身的原因。例如，人们参加户外运动一般选择春天、夏天和秋天，冬天参加的人数很少；人们只有在夏季才能参加水上运动；而滑雪项目只能在冬季才能展开，人们也只有在冬季才有机会参与此项运动等。这些都是由于外界的客观原因造成的。而有些现象是由于消费者本身的原因造成的。例如，某位儿童由于兴趣的原因选择了某项运动，随着年龄的增长兴趣发生了变化而放弃该项运动，长大后由于工作的需求，又不得不再次学习该项运动，这也属于体育消费的周期性。

4. 体育消费需求具有伸缩性特点

体育消费者的需求在一定条件下表现出一定的伸缩性。体育消费者在产生某种需求后，由于受到客观条件的限制，他可能选择暂时不购买该产品，等时机成熟后再购买。例如，某位同学想购买一双耐克运动鞋，由于钱不够，会选择过一段时间再购买。

5. 体育消费需求具有可变性特点

体育消费者的需求可能会随着年龄、兴趣、经济条件、文化背景等变化而发生变化。吸引儿童参加体育运动的主要动机是趣味性，据2016 年美国大众体育参与研究：对儿童和青少年来说，有趣是最重要的动机，92% 的儿童是因为有趣才开始参与某种运动，青少年相应的比例是88% 。有趣也是坚持下去的动因，90% 的儿童和84% 的青少年认为有趣是让他们坚持运动的首要原因。随着年龄的增长，兴趣的改变，他们就可能放弃体育运动，选择其他感兴趣的事情，如选择音乐。经济条件是制约体育消费的一个重要的方面，它是是否参加体育运动的物质基础。

6. 体育消费需求具有发展性特点

体育消费随着经济进步和人们文化程度的提高而不断发展。随着人们生活水平的不断提高，人们对物质消费品需求的增势将会减弱，而对服务消费品的需求将会上升。体育作为第三产业与人的健康和生活质量提高有直接的相关性。它是提高居民生活质量的产业，能给人们带来健康、欢愉、享受。由于人们对健康的需求和对生活质量提高的需求是无限制的，人们对体育的消费需求也是无限制的。研究表明，当一座城市人均 GDP 处于 3000 美元时，发展竞技体育成为必然选择；当人均 GDP 达到 5000 美元时，人们对自身健康的追求开始显现；当人均 GDP 达到 8000 美元时，体育成为生活质量、人格完善、城市文明程度的重要标志，并融入市民的日常生活。除此之外，随着人们社会文化程度的提高，人们对体育的认识更加深刻，人们参与体育消费的需求也会增加。

7. 体育消费需求具有互补性和替换性特点

互补性主要是指两种或多种事物之间具有依赖和补充的作用。例如，当人们在购买网球拍时，他会买吸汗带、球包、球线等；某人参加一个网球培训，该培训公司规定：参加培训只收培训费，拍子免费发放。替换性是指两者或更多事物之间可以相互被取代。某人想选择高尔夫运动项目时，可能因为经济收入不高而放弃选择网球、羽毛球等其他

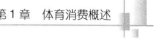

的运动项目。

8. 体育消费需求具有可诱导性特点

体育消费需求的可诱导性主要受到外界商家的刺激和群众规则性刺激两个方面的影响。如耐克店最近推出打折促销活动，人们听说后会抢着去买耐克产品，这属于外界商家的刺激。某女性看到她的朋友练习瑜伽一段时间后，身材更加苗条了，她也报瑜伽班了；某位同学看到他的舍友买了一双耐克鞋，造型非常好，他自己也买了一双；这些属于群众规则性刺激。

1.2.3　体育消费需求的内容

1. 体育实物性消费的需求

（1）体育实物基本功能的需求。

体育实物功能是消费者购买体育用品的最低标准，它直接决定着消费者是否购买此产品。人们之所以购买某一体育产品，归根结底就是该商品的基本价值能够满足他们的需求，其次才是它的附带价值。例如，一双篮球鞋即使外观和造型再好，但不适合打篮球，那它就失去了价值性，它就不是篮球鞋了，人们也不会购买此鞋。健身器材即使材料再好，外观再美，但不能健身，那么它就不是健身器材了，人们也不会购买它。

（2）体育实物销售服务的需求。

人们在购买体育实物产品时，希望能够享受到良好的销售服务。购买商品后还希望能够享受到更好的售后服务。这促使了商家们在对体育实物产品做营销推广时，将其纳为最主要因素之一。国际知名品牌阿迪达斯的成功很大一部分来自它的销售服务体系。例如，在比赛场上，阿迪达斯总是让公司服务员工候场。一有运动员感到鞋子不舒服，阿迪达斯的人就会立即为其解决问题。其中，在一次世界杯比赛中，其代言人德国主力足球队员的腿受伤，公司立即为其连夜制作了一双特制的鞋子，使其能够重新回到球场。

（3）体育实物质量性能的需求。

质量性能是吸引体育消费者的主要内容之一，良好的质量性能能够让消费者更加信赖某产品，进而对此产品产生持续性消费。体育消费者在购买体育实物性商品时，考虑最多的就是该商品的质量性能。把体育实物产品创造成一个品牌的主要前提之一就是它的质量性能够好。例如，耐克的成功很大的一部分来自它的质量性能。耐克设计师肯·林克在研究了勒布朗·詹姆斯以前穿过的所有招牌球鞋后，设计出了穿着舒适至极、轻质和弹性尤为出色的运动鞋。这大大加强了体育运动员对此运动鞋的需求。阿迪达斯一直比较重视产品的质量，从原材料采购到成品交付的每个环节都遵循着国际检测标准，保证每一件产品的质量。

（4）体育物品社会象征性的需求。

此种消费的需求应该属于人们的符号消费的一种，符号消费是指通过某种运动能够将某人的身份、地位、声望等联系起来。某些体育运动项目能够表现出社会的某些特征，如身份、地位、声望等。例如，高尔夫运动可以显示个人或群体的身份、地位和象征财富、成就。

（5）体育物品审美功能的需求。

这是指该物品的色彩、造型等具有审美的价值。当某件体育实物商品的基本功能和质量性能使人们感到满意后，体育实物商品的外表就成为人们决定是否购买该实物商品的主要因素之一。这就是体育实物商品公司不断对产品的外形进行创新，综合不同人们的喜好、审美观点来完善产品的外观的原因。例如，在耐克球星营销策略中，Zoom LBJ V 中国版延续了 Zoom LBJ IV 中国版的概念，鞋款的设计继续将勒布朗的帝王气质与中国最为精粹的紫禁城文化相融合。这大大加强了体育运动员对此运动鞋的需求。

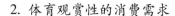

2. 体育观赏性的消费需求

体育观赏性的消费需求应该属于马斯洛需求层次论中归属动机的需求，因而，这一部分的消费者在各地区经济收入人群中属于中上层的消费人群。体育观赏性产品主要由运动员、裁判员、教练员、赛事制作和执行人员等共同提供的赛事表演和一些具有体育元素的建筑（鸟巢、奥林匹克公园等）等共同组成，消费者通过观赏来满足他们的消费需求。具体表现在以下五个方面。

（1）体育赛事的感官体验性需求。

感官体验是人的最基本体验，是由人体的耳、鼻、眼、嘴、手乃至整个身体与外界环境接触的过程中形成的知觉刺激。感官刺激是人们观看体育赛事的很大一部分原因和动力。例如，人们从在赛场上观看到选手之间的激烈对抗和战术的完美发挥中得到美的享受。又如，篮球赛场上队员之间激烈的身体对抗性，美式橄榄球在赛场上迅猛的身体对抗性，这在日常生活中是看不到的，这些都给处于日常生活中的人们带来视觉上的冲击和其他感官上的刺激。

（2）体育赛事的社会认同性需求。

社会认同性是指个体认识到他属于特定的社会群体，同时也认识到作为群体成员带给他的情感和价值意义。社会认同性主要体现在一些运动员的粉丝人群中。他们观看赛事时会和自己偶像的情感达到高度的融合，他们会随着自己偶像的兴奋而兴奋、愤怒而愤怒，从而获得他们群体的认同。例如，2009 上海 ATP 1000 大师赛，人们去现场观看比赛的很大一部分原因是看费德勒、纳达尔、德约科维奇和穆雷打球。

（3）体育赛事结果的戏剧性需求。

戏剧性是指比赛的结果充满了悬念，明明快要输的球队，可能最后赢了，因而不到比赛结束，你永远不知道比赛的结果。只有充满戏剧性的比赛才能够吸引观众，才具有观赏性。篮球比赛只有两队旗鼓相当时，两支球队的激烈争斗才最能给观众带来精神上的冲击和快感，才能使比赛的结果充满悬念即戏剧性。例如，美国职业篮球联赛（NBA）作为一个高度商业化的职业联赛，对各球队实力上的均衡发展向来十分重视。为了保证场面的激烈和比赛的悬念以吸引观众，NBA采取了种种措施以使各球队实力之间尽量保持均衡。

（4）体育赛事的审美性需求。

审美性是人们在观看体育赛事时所感受到的美的享受。还有人观看比赛就是为了欣赏运动员高超的技艺和完美的体型结合所带来的美的享受。例如，艺术体操、花样滑冰、花样游泳都会给人带来美的享受。2013年中国杯花样滑冰大奖赛上，中国17岁的小将闫涵完美地演绎了《小调华尔兹与毒蛇漫步组曲》这个前后节奏鲜明的节目，在比赛中他出色地完成了后外点冰四周跳、阿克塞尔三周跳等高难度动作，给人带来一种惊艳的美。

（5）体育赛事的情感宣泄性需求。

随着信息化社会的日益发展，人们生活节奏的不断加快，工作竞争的不断加剧，人们强烈地感受到来自各方面的压力。人们观看体育赛事，会疯狂地为自己喜欢的队伍呐喊、助威和加油。这样可以释放人们在生活中的一些负面情绪，使自己的情感趋于稳定。例如，体育比赛富有战斗性和激烈的高对抗性为人们的原始争夺欲望和厮杀欲望提供了压力宣泄的直接场所。在比赛现场，球迷打扮奇特，随着比赛进程，发出声响（呐喊、嘘叫、吹号、鸣喇叭、敲铜鼓、跺地板等），尽情欢呼叫骂，宣泄心中各种情感来愉悦身心。

3. 体育参与性消费的需求

体育的参与性是指由体育产品经销商提供相关的活动设施和技术指导，消费者以完成体育活动的形式来达到满足消费需求的目的。群众参与体育消费的目的主要是健身、缓解压力，其次是娱乐消遣和社会交往。体育参与性的需求应该归属于马斯洛的需求层次论中的归属动机的需求。因此，这部分消费人群大部分是中层次和高层次的经济收入人群。随着人们生活水平的提高，这部分消费人群正在快速增加，这一点我们在体育消费需求的发展趋势中，将会详细论述。

（1）体育参与的科学性需求。

主要是指人们按照自身的身体特点，选择合理的方法进行体育参与性活动。人们参加体育健身活动时，是否科学是人们参与体育健身消费所关心的关键问题。科学合理地进行体育活动可让人们在运动的过程中感到愉悦，增强人们的意志力，提高人们的社会适应力，进而增进人们的身心健康。相反，不遵循科学的方法进行身体锻炼，不但起不到所预期的健身效果，还会降低人们参与体育运动的积极性，甚至给身体造成伤害。例如，人们在学习网球时，由于动作不到位会出现网球肘的现象。

（2）体育参与的生理性与心理性需求。

体育参与的生理性主要是指人们为了健身和康复训练而参与体育活动。康复训练主要表现在为使病人的疾病尽早得到康复方面，如运动员受伤后为尽早地参加训练而做的康复训练。2012 年刘翔受伤手术后抵达美国的芝加哥阿泰克康复训练中心进行康复，康复训练时间 8～10 个月。2013 年 NBA 球星科比左跟腱受伤手术后，恢复的过程中在跑步机上进行适度的跑步练习，以加快伤势的恢复。

体育参与的心理性需求主要是指现在几乎所有的经济收入中等层次及中等偏上的人群都有着工作和生活的界限相对模糊、出差多、应酬多、压力大的典型特点。因此，参与体育运动的主要原因是缓解心理压力，增添生活的趣味性。

（3）体育参与的社会交往性需求。

通过参与体育运动来进行人际交往是人们参与体育运动的主要原因之一，相关调查表明，体育参与中的人际关系与体育参与的坚持性和依赖感有密切的关系。机关人员、公司人员、医务人员等，他们一般有较为固定的休息时间，这样就为他们开展有规律的体育锻炼提供了客观条件。在体育锻炼中，当两人的技术、技能水平、性格特征都很相近时，这样便能产生一致的吸引力，心理相容以达成一种默契，可以提高人的积极性与创造性，使人保持良好而愉快的心境，有利于发挥人的主观能动性。这样既锻炼了身体，又提高了自己的社会交往能力。

（4）体育参与的与自然环境的亲近性需求。

现在的人们整天面对着的是高楼大厦，仿佛和大自然完全隔离了，人们生活得很压抑，而参与体育活动可以让人们有更多亲近大自然的机会。例如，越来越多的人喜欢户外运动就是因为它有亲近大自然、放松心情的特点。

1.2.4 消费升级情况下我国体育消费者需求的转变

当前我国经济发展进入了新常态，经济增长从高速转为中高速。在此阶段，居民消费转向了衣食住行、体育、娱乐等小额消费，对需要消费升级的消费者来说，现有的需求已经得不到满足，这部分潜在的需求需要政府引导、企业挖掘才能被释放，一旦实现了这些潜在需求，便形成了消费升级。在消费升级的情况下我国体育消费者需求也发生了转变。

1. 体育项目高端小众化的需求

体育项目是体育产业发展的根本，只有拥有广泛的群众基础才会有持续的体育消费和带动相关产业的发展。2016 年我国人均 GDP 为 8113 美元，远远高于全球人均 GDP，我国居民已经具备了中高端体育消费的能力，可挖掘的消费潜力巨大。在消费升级的背景下，许多体育消费者已经不能满足于传统的、大众参与的体育项目，而是去追求适合自己的项目。近期国家体育总局陆续出台了航空、水上、户外、山地等细分领域的相关政策，并且随着体育消费升级及在中产阶级的消费引领下，"小众"运动受到的关注越来越多，人们对冰雪、航空、户外等项目的需求也逐渐成为消费升级发展的新趋势。

2. 体育意识的转变

在生活中，一些人仍受传统"静以修身"文化的影响，或者对体育仍存在认识的偏见，其运动意识不够主动，即使具有良好的运动时间和空间条件，也不愿意去参与运动，不运动的惯性和惰性在身体和思想中根深蒂固，这严重影响其体育锻炼需求的产生。随着生活水平的不断提高，参与运动逐渐变成了潮流，从起初的跑步、瑜伽到现在户外运动、特色运动。2016 年国务院发布《"健康中国 2030"规划纲要》，国家积极引导居民树立健康的生活方式，广泛开展全民健身活动，我国居民开始把闲暇时间放在体育锻炼上，同时花费更多的时间和金钱进行体育运动、参与体育消费。随着互联网的发展，通过网页、微信、微博等互联网新传媒宣传体育文化、传播体育意识，由此促进了我国居民体育价值观的形成。

3. 体育用品智能化、专业化的需求

科技是改变生活的原动力，"体育＋科技"使得运动装备更加智能化和专业化，这已经成为新的趋势。运动手环、智能衣、心率贴、体征检测等可穿戴设备的应用开始集生活和运动于一体，不仅能满足运动需要，还能满足运动者的生活需要，智能化装备已经成为体育消费中新的增长点。首先专业化、智能化的运动装备能提高运动体验，其次能对运动者实行运动监控和健康管理，如小米手环拥有运动数据监测、睡眠状态监测、智能震动闹钟、关联手机（来电提醒、解锁手机等）等功能。在消费升级及体育需求多样化的背景下，具有智能化、时尚感的专业装备将成为更多运动人群的主流选择。

4. 参与体育消费形式多样化的需求

体育消费水平与国民经济的发展水平是相适应的，我国体育消费水平仅为全球水平的 1/10，还有很大的提升潜力。2014 年，20 岁及以上

人群中，有 39.9% 的人有过体育消费，全年人均消费 926 元，在体育消费形式中，购买运动鞋服的人数比例高达 93.9%，其他依次为购买体育器材、订阅体育书刊、支付锻炼的场租和聘请教练及观看体育比赛等费用。随着消费升级的引领，体育消费将快速增长，同时体育鞋服消费将逐渐下降。现阶段我国居民参与体育形式的需求多种多样，不同的体育参与形式付费的意愿侧重也变得不同，居民根据自己的喜好来选择适合自己的体育参与形式。消费能力最强的中产阶级开始引领新的消费形式，未来人们对竞赛表演、休闲健身及中介培训消费将会产生较强的消费需求。

5. 体育消费注重品牌、品质的需求

据国家统计局最新数据显示，2016 年我国居民恩格尔系数为30.1%，由规律可知，恩格尔系数在 30% ~ 40% 之间属于相对富裕。由此可见，我国居民已接近富足标准，我国居民的消费开始从生存型向发展型转变，品牌和品质化成为消费升级的主要方向。对于体育用品，消费者有着极强的品质和品牌意识，只要价格可以接受，就会选择高端的国际品牌，如 2008 年国际体育用品巨头耐克（Nike）和阿迪达斯（Adidas）公司在我国所占份额为 16.1% 和 13.1%，2016 年这两家公司所占份额分别增加 6% 和 3%，而同期的李宁在国内所占份额则下降了3.4%，安踏、特步则略微增长了 4.5% 和 0.9%。在消费品牌、品质化的需求下，我国消费者不仅会考虑商品的实际用途，而且愿意为产品的高品质、品牌价值或品牌故事支付更高的费用。

1.2.5 我国体育消费需求的发展趋势

1. 消费结构趋向于高级化

（1）整体消费的高级化过程。

在体育消费形态上，解决温饱之后的我国居民，在奥林匹克热潮和全民健身运动的推动下，整体消费水准趋向于它的高级化过程。从 20 世纪 90 年代中后期起，居民的整体体育消费结构已从"初级型"向"小康型"转变，相当一部分高收入的居民群体开始向"贵族型"转变。体育消费者的各类消费意向正在发生变动，消费的重点由传统的实物性消费开始逐渐转向高档次的参与消费；由单一的体育消费转向包括服务在内的综合消费；由大量的普及性体育消费转向追求时尚、个性化消费。随着体育消费需求重心进一步向高档化转移，价位在百元级、千元级甚至万元级的不同档次的体育消费品，逐渐成为各类消费者的主流消费趋势。

（2）消费领域得到发展。

近年来，我国城镇居民整体消费支出中食品消费的比重（即恩格尔系数）连续下降，20 世纪 90 年代以来已经下降了 14 个百分点。由 1990 年的 54%，降至 1998 年的 44%，到 2002 年，降到 40%，在部分经济发达地区，比重已降至 30% 以下。这一指标说明，我国城镇居民的生活消费已接近小康水平，居民消费已开始由基本生活消费过渡到发展性和享受性的消费，在体育消费领域中的范围也大大拓宽，体育消费成为社会消费的新热点。20 世纪八九十年代，城镇居民体育消费的重点可分为基本的实物性消费、一般的体育欣赏消费和廉价的参与消费三大类。这些基本体育消费随着时代的进步，在消费质量上发展变化很快。从 20 世纪 90 年代以来，特别是进入 21 世纪，部分经济发达地区或收入较高的居民群体体育消费重心发生了转移，消费需求发生了三个方面的重要转向：一是基本体育消费逐渐向高档化、贵族化项目扩展（如旅游、打高尔夫球、打保龄球、自驾车外出游等）；二是用品类消费进入更新换代时期（如名牌服装、鞋帽、器材等）；三是体育相关产品的消费比重明显增加（如体育保健食品、药品、体育保险等），反映在支出结构上明显上升。

（3）农业人口体育消费观。

体育消费与农村经济整体发展水平相适应，部分富裕农民生活正处于自温饱向小康过渡阶段，体育消费也由此向数量型、质量型转变，并又向多型转变的趋势日益明显（如参加健身俱乐部、娱乐休闲、观看民俗传统体育表演）。我们曾对福建闽南富裕村镇居民进行过体育调查，发现当地农村人口的体育消费观念，由于长期受华侨经商思想的影响，形成了特有的体育消费价值观，并影响至今，20世纪70~80年代许多乡村每逢春节期间，各自举办一定规模的篮球联赛，邀请省内外高手献艺，有力地推动了闽南地区农村体育事业的发展，促进了当地经济的繁荣，提高了农民的体育消费。诚然，我们也应该认识到，体育消费意识的产生是和一定社会的经济文化基础相联系的。一方面，勤俭持家是中华民族的传统美德，这是在几千年传统文化的浸润下所形成的消费意识和观念；另一方面，在我国许多地区还存在着严重的经济落后现象，从而影响农村人口体育消费水平的提高。这种现象在短期内很难出现一个根本性的改变，对促进农村的体育消费发展不利，在某种程度上也制约了体育消费的整体发展。

（4）个人运动服装消费的发展趋势。

居民家庭的运动服装、鞋帽、袜、盔、手套、护膝（腕）、背包等（统称体育服装）拥有量动态变化，可以从一个侧面说明体育消费需求的高级化变化趋势。20世纪40~80年代，居民对这些产品的消费还处于较低档的水平，甚至大量劣质产品充斥消费市场，流入体育消费者手中。90年代后期，中高档的名牌体育服装作为新的消费产品，成为体育消费者物质消费选购的主流，这些年未出现持续增长的势头。安徽省体育局研究组曾对合肥市社区居民体育服装消费问题进行了调查研究，发现名牌产品拥有量顺序为"李宁""耐克""阿迪达斯""康威""锐步""双星"等。说明现在有相当一部分体育消费者对名牌产品能够接受的价格，依赖性也较大，并且社会普及率提高较快。

（5）中高档家庭健身器材消费热潮居高不下。

随着居民住房制度的改革，大空间的商品房已逐步在市民家庭中实现。从20世纪90年代中后期开始，新一轮的家庭型昂贵健身器材消费热潮开始形成，并有普及性的发展趋势。据南昌市某健身器材商家介绍，近年来，家庭用跑步机、划艇机、固定自行车等器材销售呈兴旺势头，每年的销售额都在增长。

（6）高档体育消费将成为时尚。

21世纪以来的中国居民体育消费，随着社会经济的发展及家庭收入的增加，将在原有消费的基础上向更高层次转移。特别是以体育报纸杂志和名牌体育服装为代表的物质消费、以健身娱乐和提高运动成绩为主的培训消费、以观看高水平精彩体育表演为主的欣赏消费、以旅游和自驾车出行为主的观光消费、体育各类彩票消费，这五个方面将保持长时间的快速增长。从现有情况和发展趋势看，可以预测它将与国际体育消费保持同步增长势头，持续的时间也将更长。

2. 消费需求趋向多样化

（1）家庭收入差异导致消费需求多样化。

体育消费需求的多样化还表现为同一区域居民不同收入的社会阶层具有很不相同的消费需求偏好和购买能力。对较高收入的富裕家庭，高档次的、贵族型的体育消费已经成为经常性的内容，特别是由高收入群体形成的新消费群体，具有追求高档体育消费的需求特征，对其他体育消费者产生了有力的示范和引导作用。而对大多数中低收入家庭的体育消费者来说，实惠、耐用、经济的体育消费品仍是当前体育消费的主流。

（2）体育消费多样化的分层结果。

由于消费者对体育消费的需求不同，体育消费市场必定产生一个特殊的分层现象，且在短期内表现得十分明显。一方面，有消费能力的消费者，价位在千元级、万元级的体育消费随时可满足；另一方面，低收入阶层的体育消费者，其消费需求尚需逐渐成长。从全社会范围讲，由于受经济发展水平的限制，大多数更高层次的体育消费需求仍在积蓄。

（3）消费范围日益扩大。

居民体育消费的范围正在不断扩大，服务性消费迅速形成并快速增长，特别是消费者在体育保险、体育康复医疗、体育保健食品和药品、健身辅导培训等一些新型的朝阳服务领域的支出额明显上升。这些都对传统的体育用品消费产生分流作用，也是形成体育消费项目供应暂时不足的重要原因之一。

3. 体育消费群体的全年龄化趋向

青年人和老年人是体育消费的主要群体，"少年强则中国强"，生活和工作压力都很大的中壮年人更需要参与体育运动，因此体育消费群体趋向全年龄化。

青年人精力旺盛，好胜心强，特别注意身体的外表美，渴望通过提高运动能力体现自己多方面的才华，满足自己对形体美的需求。一方面，年轻人对"感知""体验"型体育消费比例偏大，"尝鲜"式体育消费理念较浓重，特别是都市年轻人，这种体育消费观念表现得较为充分，从呼啦圈、保龄球、卡丁车到健身毯，年轻人消费表现为一哄而上，市场供应也一时颇为火爆。另一方面，我国的体育文化交流日益广泛，传统的体育消费方式和结构也随之发生了较大的变化，年轻人在重视传统体育物质消费的同时，对近年来社会上兴起的体育标志性产品消费也日益升温。体育标志性产品是指正式体育比赛，为迎合消费者心理所制造的与比赛有关的小型产品，如运动令的纪念章，印有运动会会徽的T恤衫、太阳帽，运动会选定的吉祥物，啦啦队用的物品以及体育比赛期间的指定产品等。这是利用体育无形资产引导居民体育新型消费的商机，也是体育产业结构调整良性循环发展的趋势之一。

老年人已经成为我国体育消费领域中的一个重要消费群体。相比其他人群，他们拥有充足的闲暇时间，也有一定的经济来源。老年人积极参与体育锻炼，目的是消除孤独、善度闲暇、治病防病、健康长寿、重建社会交往图等多种因素考虑。

少年儿童是祖国的花朵，在国家一再强调提升少年儿童身体素质的倡导下，作为家长也越来越重视少年儿童的体育素养。越来越多的少年儿童会主动参加体育类运动项目的学习并坚持运动。

中壮年人生活和工作压力大，时间和精力上都有一定限制，但越来越多的中壮年人意识到身体素质提升的重要性，他们会更多地利用业余时间参与体育运动。

1.3　现代居民体育消费方式分析

体育消费是增强人的身体素质、调节生活节奏、获取美的享受、维持并强化脑力劳动和体力劳动的一种必不可少的有偿投资，也可称健康投资、发展投资或享受投资。因为花费在体育消费上的各种支出也可以得到相应的补偿。各种各样的体育消费可以满足劳动者不断增长的精神文化生活的需要。而且，体育消费有助于人们通过参加各种各样的体育活动来增强和提高劳动者的身体素质，有效地开发劳动者的智力、判断力和决策力，避免和防止各种疾病包括职业病的发生，提高劳动者的出勤率和工作效率，从而提高整个社会的劳动生产率。因此，一定程度地增加体育消费无论是对于消费者个人还是对社会经济发展都是有益而无害的。

1.3.1　体育消费方式的概念

体育消费方式，是指人们在体育活动中消耗的体育实物产品、服务产品的方法和形式。体育消费方式作为人们社会生活方式整体系统中的一种消费形式，其内涵是由若干相互关联的方面组成的。具体包括以下方面。

1. 体育的消费意识

消费意识支配、控制人们的体育消费过程，而体育的消费意识是由体育参与者的消费心理和消费观构成的。体育消费心理是浅层的消费意识，即在一定条件下，人们由自身感觉体验的心理活动而形成的体育消费动机、意向和兴趣。体育消费心理往往受社会环境的影响而自发地形成。体育消费观是深层的消费意识，是在一定的人生观、价值观的基础上形成的，具有相对的稳定性。通常，体育消费观为人们的体育活动提供消费模式，而体育消费心理则直接决定和影响着体育参与者的消费行为。因此，把相对稳定的体育消费观与相对不稳定的体育消费心理相结合，就构成了体育参与者的消费意识。

2. 体育的消费结构

体育的消费结构，是指体育参与者在一定时间内的体育消费中，对各类体育产品消费的数量比例和相互关系。体育消费结构一般可分为满足生理需要的生存消费、满足享乐需要的享受消费、满足人的智力发展需要的发展消费的比例关系。此外，体育消费结构还包括个人消费、家庭消费与社会公共消费的比例关系，以及实物体育产品与无形体育产品消费的比例关系等。体育消费结构不仅反映了各类体育消费对象在总消费中的比例状况，而且反映了体育消费方式的基本特征以及体育消费的质量和水准。

3. 体育的消费能力

体育的消费能力，是指体育参与者为满足体育需求而消费体育产品的能力。体育的消费能力包括自然消费能力和社会消费能力。前者指体育参与者为满足自己生理上的自然需求，而对体育活动中衣、食、住、行的消费能力；后者指体育参与者为满足其精神及心理方面的需求，而对体育活动中观赏、娱乐等项目的消费能力。体育消费能力还包括人们获取一定量消费的经济能力。通常，在体育消费对象一定的条件下，体育消费能力的大小取决于消费者身体、经济及文化的条件，这是构成体育消费能力的物质和精神基础。但这只是一种可能的消费能力，要把可能的体育消费能力变成现实的体育消费能力，还需要以体育服务的组织合理化为条件，即体育消费能力同体育服务的质量、水平呈正比例。体育服务质量越好、水平越高，则体育消费能力实现的可能性就越大。

4. 体育的消费水平

体育的消费水平，主要是指在体育活动中体育参与者对体育实物和服务需求方面的满足程度，它从质量上反映体育产品满足体育消费的程度。在现实社会经济中，任何消费方式总是要通过一定的消费水平体现出来，体育实物产品和服务产品的消费更是如此。由于体育消费水平所包含的体育实物产品和服务的需求既包括精神消费及其服务的数量和质量，又包括实物消费品及其服务的数量和质量，因此，对体育消费水平必须从数量与质量、物质消费与精神消费的统一中来认识和把握。

5. 体育的消费习惯

体育的消费习惯，是指在一定环境条件下经常出现的一种体育消费行为，它具有区域性和相对稳定性的特点。通常，不同国家、不同地区和不同民族的体育消费习惯是在各自特定的经济、社会和文化条件下形成的，并凝聚成为一种相对稳定的社会心理或行为规范，也是构成不同国家、不同地区体育消费中文化形态和民族习俗差异的重要因素。因此，体育消费习惯是体育消费方式的重要内容，也是影响体育消费行为的重要因素。

1.3.2　体育消费方式的影响条件

体育消费属于人类高级享受和发展需要的消费，因而它的需求弹性较大，很多因素会影响体育消费的数量和质量。除了政治、经济、环境或气候变化等因素的影响外，体育参与者的收入水平、年龄、性别、职业和受教育程度，乃至风俗习惯、兴趣爱好等，都会影响体育消费形式的变化。概括起来，体育消费方式的主要影响条件有以下三方面。

1. 体育产品的结构、价格与质量

（1）体育产品的结构。

经济学家认为，生产决定消费，消费引导生产。体育产品结构不仅决定着体育参与者的消费水平和消费数量，还从宏观上影响着体育消费方式的发展及发展的合理性。特别是在国民经济中，向体育产业提供服务的各相关产业部门的结构如果搭配不合理，没有形成一个相互协调、平衡发展的产业网，就会导致体育产品结构失调，各构成要素发展不平衡，从而不仅不能满足体育参与者的需求，反而造成供求失衡，破坏了体育产品的整体性，使体育产品在体育市场上失去竞争能力。因此，体育产品的结构在宏观上影响着体育消费的方式和结构。

（2）体育产品的价格。

体育产品的价格也是影响体育消费方式和消费结构的重要条件。由于体育产品的需求弹性大，当体育产品的价格上涨而其他条件不变时，人们就会把体育消费转向其他替代商品的消费，使体育产品的客源受到很大影响。此外，体育参与者的消费偏好、购买习惯也会影响体育产品价格的变化，进而影响体育消费方式和消费结构。

（3）体育产品的质量。

体育产品的质量一般包括三个方面：一是向体育参与者提供的体育产品要适销、适量、适时和适价，符合物美价廉的要求；二是要提高体育服务效率，对每一项体育服务都要求做到熟练、敏捷，为体育参与者节约时间，提供方便；三是在体育服务过程中要高质高量、主动和周到。只有提高了体育产品的质量，使体育者获得物质与精神上的充分满足，才能提高他们的消费水平，促使体育消费方式和消费结构日趋完善。

2. 体育参与者的收入水平

体育消费是满足人们高层次需求的消费。虽然人们产生了体育需

求，但未必就会变成体育消费。只有当人们的可支配收入在支付生活费用之外，尚有一定数量的节余时，才能使体育需求变为现实的消费。所以，收入水平决定着消费水平，也决定着需求的满足程度；不仅决定着需求的满足程度，还决定着消费方式的变化。体育参与者的收入越多，就越能促使体育消费从低层次向高层次发展。

3. 体育参与者的构成

体育参与者的构成是指不同年龄、性别、文化、职业的体育参与者结构，它也是影响体育消费的重要因素。

1.3.3　体育消费方式的合理化

体育消费方式的合理化，是指体育消费从不合理状态向合理化状态转化的渐进过程。一般来说，在人们拥有可支配收入和闲暇时间的前提下，体育消费方式的合理化既要与体育产业和其他同体育消费有关的经济部门的发展水平相适应，又要体现出体育消费的经济性、文化性、精神享受性等特点，最大限度地提高体育消费的合理性，促进体育参与者的身心健康和全面发展。具体地讲，体育消费方式的合理化应满足以下必要条件。

1. 体育消费结构不断优化

体育消费结构优化，是指体育消费的内容、方法和形式丰富多彩、生动活泼。因为体育消费就是人们通过支付一定的货币来获得享受和健康的过程，它要求体育参与者能在消费中玩得痛快、充实、高尚和有益，这也是体育消费合理化的基本要求。

2. 体育消费水平逐步提高

人们为满足物质文化需求的体育产品和服务的消费逐步增多，体育消费的水平就会逐步提高，这是体育消费方式合理化的必然规律。

3. 努力保持体育消费市场供需平衡

由于体育需求具有很大的变动性，而体育供给则具有一定的稳定性，合理的体育消费方式，既应保证在体育的淡季和体育不活跃的地区有一定体育消费规模，以提高体育设施、设备的利用率，充分发挥体育消费对饮食、宾馆、交通运输、通信、金融、商业及娱乐业等行业的带动和促进作用，也应尽量保证在体育旺季和体育活跃地区的体育消费需求能得到满足，使体育消费水平和结构与体育本身的发展能力相适应。要努力保持体育消费市场供需平衡，不断提高体育消费的效果和水平。

4. 促进体育消费的设施环境良性发展

良好的体育设施环境是高品位体育资源和高质量体育产品的重要组成部分，是体育消费得以顺利进行的必备条件。合理的体育消费首先必须有利于维护生态环境和体育设施，特别是某些特定的体育活动，如狩猎、钓鱼、定向越野等，必须以不损害自然界的生态平衡为限。同时，合理的体育消费方式还应该通过体育活动的开展，增强人们对体育设施的维护，促进体育消费的设施环境良性发展。

1.3.4 现代居民体育消费的未来发展方向

1. 反映经济社会阶段特征

我国经济正由高速增长转向高质量发展，总量提高和结构调整既是短期管理面对的基本选择，也是长期改革需要统筹的目标方向。现阶段我国城市化发展持续深化，新旧动能转换亟待突破，经济社会发展仍蕴含巨大潜力空间。其中，消费支出和服务业逐渐成为经济增长的主要驱动。2018 年我国服务业增加值占 GDP 比重为 52.2%；同期人均 GDP 及人均可支配收入增速分别为 6.2% 和 8.7%，最终消费支出对经济增长贡献率达 76.2%。"三新"（新产业、新业态、新商业模式）经济快速发展，据国家统计局核算数据，2018 年 "三新" 经济增加值为 145369 亿元，相当于 GDP 比重 16.1%，比上年现价计算增长 12.2%。体育产业在国民经济地位中不断提升，2013～2017 年，我国体育产业增加值占 GDP 比重由 0.6% 提高到近 1%，直接与居民体育消费相关的体育竞赛表演活动、体育健身休闲活动增加值增长迅速，2017 年增速分别达 39.2% 和 47.5%。在新时代高质量发展背景下，体育消费发展的内外部驱动持续增强。

社会领域，我国人口结构发生显著变化。全国范围内，65 岁及以上老年人绝对数量显著扩大、人群占比迅速提高，人口老龄化趋势越发凸显。2015 年以来，上海市 60 岁及以上人群有体育消费比例稳步提高，2018 年达 60.8%，人均体育消费金额实现较快增长，由 746 元增加至 987 元。老年人群体育消费规模水平的明显提升鲜明表征社会老龄化发展中的消费需求调整。具体从体育领域自身发展角度看，随着体育领域改革的推进，我国体育发展范围和空间持续拓展，各类促进体育有效需求形成的积极因素不断累积，体育消费日益成为新时代体育产业发展的重要基石。

2. 顺应消费转型升级需要

进入新时代，消费较快增长和消费贡献提升，成为高质量发展的重要内容和典型表征。消费转型和消费升级是这一过程的集中体现和关键支撑，新消费代表个性、品质、效率，消费发展趋势持续增强。据国家统计局数据，2018 年我国居民人均消费支出 19853 元，名义增长 8.4%；最终消费支出对经济增长的贡献率为 76.2%。结构上，2018 年我国居民恩格尔系数降至 28.4%；服务消费占居民消费比重近 50%，2018 年为 49.5%。随着消费在国民经济中地位日趋凸显，包括体育消费在内的消费新领域、新业态、新模式发展空间越发广阔。

体育消费本质属于典型精神文化消费范畴，较好代表着消费结构升级重要方向，并体现对需求层次变迁与结构优化的有效引领。从具体消费形态看，服务型体育消费所占比重不断提高，包括如健身培训、赛事观赏、体育旅游等。针对上海市居民的体育消费调查显示，健身消费在18岁及以上人群中日趋流行，中青年人群商业健身办卡率保持较高水平；儿童青少年人群花钱参加体育培训的比例明显高于总体花钱进行体育锻炼（包括场租和聘请教练）的比例，且运动项目覆盖越发广泛；在花钱观看体育比赛方面，不仅现场观看赛事类型基本涉及目前上海范围内举办的高水平职业联赛及特色国际赛事，而且选择出国、出省观看比赛人群也有相当比例，尤以18~59岁人群为最多，占有观赛经历人群的59.2%。体育竞赛表演产业发展具有调动大众消费积极性、挖掘消费潜力的重要作用。随着赛事活动的日益丰富、赛事体系的逐步完善，以及包括安保规范等赛事消费条件的改善，体育赛事消费发展动力将持续增强。在消费内容选择上，体育消费具有典型体验经济的特点，具体运动项目参与体验特征以及相关装备要求、技能指导等状况的不同，能够造成相应体验需求满足条件的明显差异。竞技体育器材、辅助性器材、健身健美体疗康复器材等多类实物器材产品，都有广泛受众基础且需求特色鲜明。

3. 强调结构性促进和提升

从目前体育消费呈现内容和形态看，实物型消费和服务型消费同时构成体育消费的主体。体育消费在本体服务消费逻辑下，存在部分相应实物产品消费，本身即具有一定的内在结构性，因此，体育消费增长的内部结构调整特性较为突出。根本上，体育产业自身综合性项目产业属性决定了其多层次多样化消费需求特征。具体层次方面，体育消费横贯传统、中高端、新兴市场，各具特色和定位的运动项目产业链及相关需求供给，自然形成多元化多样性体育消费产品及其目标人群。如一些体育产业发达国家对普遍参与、大众消费特性突出的传统运动项目，受高品质消费人群青睐的特色精品活动以及高技能性高消费项目等的清晰划分（Kennelly，2017），凸显出不同类型体育消费特点及发展方式、促进策略等的明显差异。从上海体育消费调查对体育消费内容的基本分类情况看，购买运动服装鞋帽、体育器材、书刊等实物型消费，租场地聘教练、购买比赛门票、体育旅游（含旅游的体育项目）消费等，在消费形态、焦点人群、人均花费上均存在一定差异。

进一步从外部结构视角看，目前我国体育消费处于整体消费需求结构较高层次，占总消费支出比重及可支配收入占比有较大上升空间。若从消费的价格弹性、收入弹性来看，上文讨论有关体育消费水平分布情况，正是对体育消费相关弹性结构问题的较好观察。此外，除围绕更广泛需求弹性特征开展相关适用外，体育消费需求与体育产品供给关系的优化平衡，也是体育消费通过根本机制作用、结构性调整实现自身发展水平提升的题中之义。

4. 密切关联城镇化进程

作为新时代结构性转型期经济增长的重要引擎，城镇化是高质量发展的关键目标和实现载体，也是与包括体育消费在内居民最终消费支出密切关联、越发突出的社会环境变量。关于城镇化与经济发展、消费需求增长关系，空间经济学视角的城市规模经济以及微观个体层面的示范效应等是解释相关现象与问题的基本逻辑。一般意义上，城市化发展通过基于人力资本外部性和技能互补性的规模经济效应，实现对经济增长、需求扩张的明显推动。其中蕴含经济集聚带来消费外部性的充分显现，能够较好地促进体育消费代表服务消费的快速发展；具体微观主体行为方面，因个体消费易受所处消费层次的显著影响，即周围人消费与个人消费行为之间关系密切，体育消费决策的示范影响在城市人群密集空间得到放大。

2018 年我国常住人口城镇化率达 59.58%，保持连年上升势头；居民消费率约为 40%，连续多年低位徘徊。相比整体居民消费率的提升乏力，城镇居民消费率随城镇化的推进稳步上升，我国居民消费率变动呈现典型城镇化特征。从单一区域内城市化发展情况看，据国家统计局和中经网数据，2018年上海城镇化率已接近90%，为全国最高水平，同时居民消费率长期高居国内前列；以全国范围内整体城镇化推进视角，上海市是目前国内经济地理空间集聚、引领城市化发展的典型代表，2018年底常住人口数量已达2423.78万。体育消费方面，2014年全民健身活动状况调查结果显示，上海市居民人均体育消费金额远高于全国平均水平；据上海调查数据，2015年以来又以年均10.1%的速度较快增长，2018年达2580元，高于同期江苏省2017年的2028元。对比居民消费率的平稳波动，体育消费发展对于城镇化的过程敏感性更为突出，这一方面反映出体育消费面临城市化发展基本环境；另一方面，从城镇化推进对消费率变动影响，以及包括体育消费在内服务消费的改善情况看，未来城镇化的持续深入与体育消费发展之间的一段并行区间还将越发清晰。

5. 彰显增长空间和潜力优势

2015～2018年，上海市居民人均体育消费由1934元增加至2580元；有体育消费人数比例从71.8%扩大至80.9%，各年龄阶段人群覆盖更加广泛；结构占比上，占消费总支出比重由5.6%提高到6.0%。上海体育消费从人均数额、人群比例到份额占比都发生明显跃升。与2014年全国全民健身活动状况调查相关状况相比，上海体育消费在发展水平及规模扩张上的优势更加明显。但放眼全球，发达经济体普遍在进入上中等收入阶段，出现对体育消费较大规模的实际需求，如美国居民个人的广义户外运动休闲支出常年占据各类消费支出的前三位，占比已经超过20%，这预示着我国体育消费发展未来将有较大上升空间。

作为传统社会领域，体育部门相关经济活动具有一定区别于其他国民经济部门的特殊性。欧洲户外集团（European Outdoor Group，EOG）公布的关于欧洲户外运动用品的销售情况显示，户外运动消费相较欧洲整体经济增长更加富有弹性。从体育参与性及观赏性消费需求的偏好黏性和可持续性特征看，体育消费某种程度的逆周期性对于经济下行波动具有一定平抑作用。同时作为典型基础薄弱、支撑不足、发展滞后的领域，体育消费领域在质量变革、效率变革、动力变革进程中，是必然亟待激发活力、释放增长潜力的重要经济社会活动，具有突出后发优势。调查显示，上海体育消费的增速明显超过同期经济社会发展速度，全市人均体育消费自2015年以来年均增长10.1%，明显高于同期人均消费总支出7.0%的增速。消费类别方面，传统实物型和服务型消费比例保持动态稳定，体育旅游逐渐成为体育消费重要门类。另外，以互联网视频产品为代表的信息消费正不断丰富体育消费内涵，消费人群人均体育类网络视频产品消费稳步增长。

6. 体现综合环境影响约束

作为一类最终消费支出，体育消费受到传统经济因素、社会发展基础、技术进步创新等的普遍影响。从整体体育消费发展看，除上文专门讨论城市化发展、城镇化进程外，收入水平提升、需求层次变迁、社会制度保障等都在深刻作用着体育消费业态模式创新、行为决策机制演变等过程。

经济方面，收入扩张是体育消费能力激发的核心力量。在人均GDP、可支配收入等持续增长背景下，体育消费将迎来快速发展机遇。受相关边际消费倾向、需求收入弹性等影响，不同收入水平及其变化对体育消费行为作用存在差异，如上海市居民人均体育消费水平就明显区分出一定结构层次。此外，有关价格弹性问题也在一定程度反映出体育消费行为的复杂多样。社会层面，体育领域自身发展是体育消费需求增长的根本支撑。全民健身繁荣发展为体育消费基础夯实提供坚强保障。据2014年上海市国民体质监测公报和2014年上海市全民健身活动状况调查公报显示，上海国民体质综合指数107.91，体质达标率97.1%，均位列全国第一；经常参加体育锻炼的人群比例为38.4%，高出全国平均水平 4.5 个百分点。从社会文化心理角度看,有关体育消费需求相关价值要素的偏重,如由相关功能价值要素转向情感价值要素,即更加注重体育消费附带的身心愉悦、社会地位、自我认同等;以及对功能价值要素标准的提高,如对体育消费便利性、体育产品和服务质量等的明确要求等,都较明显改变着体育消费者的基本态度以及具体行为。

第2章

体育消费者的自我概念与生活方式

2.1 体育消费者的自我概念

2.1.1 自我概念

1. 自我概念的含义

自我概念又称自我形象，是指一个人所持有的关于自身特征的信念，以及他对这些特征的评价。也就是个人对自己的能力、气质、性格等特征的感知、态度和自我评价，即个体如何看待自身。尽管一个人的整体自我概念可能是积极的，但是肯定存在对自我某些方面的评价比另一些方面更为积极的现象。比如，与女性身份相比，对职业身份的自我感觉更好。

自我概念是一个非常复杂的结构，它由许多特性组成，而且当我们对自身进行整体评价时会更多强调某些特性。我们能够通过内容（如容貌的魅力与头脑的智力）、积极性（如自尊）、强度、长时间的稳定性以及准确度（如自我评估与事实的匹配程度）来描述自我概念的特性。自我概念以潜在的、稳定的形式参与到行为过程中，对人们的行为产生极为深刻的影响。一般认为，消费者将选择那些与自我概念相一致的产品与服务、避免选择与自我概念相抵触的产品和服务。正是在这个意义上，研究消费者的自我概念对企业营销活动具有重要作用。

2. 自我概念的构成

自我概念由五个子概念构成。

（1）理想的自我概念。

理想的自我概念是指一个人希望自身成为什么样的人。人们通常会通过策略性地选择那些能让我们看起来出众的服装和其他线索，并努力地"管理"其他人对我们的看法。如今，这一过程更加明显了，人们在各种社交网站上夸大自己的优秀品质，那些把真实生活中的自我照片放到网上的人逐渐开始后悔，因为怕其他人看到自己以前真实的相貌而有损自己的形象。当一个消费者将自己的某些特性与理想状态进行比较时，他的判断将会影响其自尊，大多数人都能体验到现实自我和理想自我之间的差距。

（2）现实的自我概念。

现实的自我概念是指个体实际上如何看待自己，是我们对自己拥有的和缺乏的特性所做的更加真实的评价。我们选择一些产品有时是因为它们与现实自我相一致，而另外一些时候则是因为它们有助于我们达到理想自我的标准。

（3）期待的自我概念。

期待的自我概念是指个体期待在将来如何看待自己，它是介于实际的自我与理想的自我之间的一种形式。

（4）理想的社会自我概念。

理想的社会自我概念是指个体希望别人如何看待自己。

（5）现实的社会自我概念。

现实的社会自我概念是指个体感到别人是如何看待自己，自己在别人眼中的形象，是一种自我主观感觉。人们常常会因这种自我感觉而产生各种积极或消极情绪，并且可能根据这种自我感觉来调整自己之后的各种行为，以期达到自己所希望别人看待自己的状态。

这五种要素之间存在着明确的内在联系。通常情况下，人们都具有从实际的自我概念向理想的自我概念转化的意愿和内在冲动，这种冲动成为人们不断修正自身行为，以求自我完善的基本动力。不仅如此，人们还力求使自己的形象符合他人或社会的理想要求，并为此而努力按照社会的理想标准从事行为活动。正是在上述意愿和动机的推动下，自我概念在更深层次上对人们的行为发生影响，制约和调节着行为的方式、方向和程度。而期待的自我概念折射出个体改变"自我"的现实机会，对营销者来说，也许较理想的自我概念和现实的自我概念更有价值。

从某种角度来说，我们每个人实际上都是不同人的集合体，在不同的时间、不同的场合会有不同的行为，使用不同的产品和服务，扮演不同的社会角色，拥有多重自我。

3. 自我概念形成的影响因素

自我概念是在个体自身体验和外部环境综合作用下形成的，是个人在社会化过程中，对自己的行为进行反观自照而形成的。具体来说，自我概念的形成要受到以下四方面的影响。

（1）通过与他人的比较观察而形成和改变自我概念。个体对自身的自我评价还受到与他人比较的影响，个体对自身的评价和他人的评价相比，超过或逊于他人，都会在一定程度上改变个体的自我评价，并驱动人们采取措施来修正自我形象。

（2）通过自我评价来判断自己的行为是否符合社会所接受的标准，并以此为基础形成自我概念。个体会自动把有的行为归入社会可接受的范围，有的行为则归入社会不可接受的范围。通过对自身行为不断地观察、归类和验证，个体就形成了相关的自我概念。

（3）通过从外界环境获取有利信息，来促进和发展自我概念。受趋利避害的心理趋势影响，个体一般希望能够从外界环境中寻找符合自己意愿的信息，对与自己意愿相反的信息则选择主观忽视，以此来证明自己的自我评价是合理的、正确的，证明了人们经常从自己喜欢的方面来看待、评价自己。这一现象从以上影响因素可以看出，个体的自我概念实际上是在综合自身、他人或社会评价基础上形成和发展起来的。

（4）通过他人对自己的评价来进行自我反应评价，从而形成自我概念。自我评价受他人评价影响的程度取决于评价者自身的特点和评价的内容，一般来说，评价者的权威性越大，与被评价者的自我评价一致性越高，对被评价者自我概念形成的影响程度越大。

2.1.2　自我概念与消费者行为

自我概念作为影响个人行为的深层个性因素，同样存在于消费者的心理活动中，对消费者的消费行为有着深刻的影响作用。

1. 自我概念与物质主义

自我概念从某种意义上是由个体所拥有的某些物品（如汽车、住宅、珠宝等）所界定的。然而，不同的个体对这些世俗的拥有物的注重程度是存在差别的。有的人特别关注这些物质类产品，并将其视为追逐的目标；另一些人则可能相对淡泊它们的价值。个体通过拥有世俗物品而追寻幸福、快乐的倾向被称为物质主义。怀有极端物质主义倾向的人将世俗拥有物置于生活中的中心位置，认为它们是满足感的最大来源。由于不同个体在物质主义倾向上存在显著差别，因此测量这种差别是很重要的。

客观地说，关于物质主义与自我概念之关系的研究尚处于起步阶段，但也取得了一些初步的成果。例如，研究发现，被视为具有高物质主义倾向的人表现出四大特点：一是他们对用大量的钱购买汽车和房子持赞许态度；二是他们较少在餐馆用餐；三是他们更可能视圣诞节为购物时间；四是他们较少认为别人会欣赏其助人行为等。说到底，自我概念之所以会影响消费者，是因为任何人的消费行为都有意或者无意地受到消费者自我概念的影响，使其在消费行为中必须保持自我的一致性，即消费者的自我概念和商品的形象之间必须一致。

消费者任何购买行为都可以满足他们两大方面的需要：一方面是满足功能的需要，这种消费者对功能性价值的追求体现了购买行为的功能一致性；另一方面是满足形象的需要，即消费者的购买行为受自我概念所制约，需要通过某种产品的使用表现出自己的个性形象，如穿某一款式、颜色的服饰除了保暖外，还要能表现一定的风度、气质、价值观等，这种消费者对形象性价值的追求体现了购买行为的自我一致性。尤其是随着生活水平的提高，人们的消费观念也发生了变化，对产品的价值追求不再局限于其本身所固有的性能所带来的实际利益，特别是在社会物质资源异常丰富、产品的同质化程度日益突出的今天，人们更多在追求形象性价值，希望自己的购买行为和使用的产品能充分体现自己的自我概念，实现自我一致性。因为产品形象指的是消费者对某一产品典型使用者或者一般使用者所具有的刻板印象。就如消费者使用的产品能够影响他人的感觉一样，相同的产品也可以帮助消费者确定自我概念和社会身份。

2. 自我概念与商品的象征性

个体形象的自我概念是消费者在长期的消费实践中通过与他人及社会的交往逐步形成的。这一概念涉及个人的理想追求和社会存在价值，因而每个消费者都力求不断促进和增强它。而商品和劳务作为人类物质文明的产物，除了具有使用价值外，还具有某些社会象征意义，产品和服务向外界传递着关于自我的很重要的信息。也就是说，不同档次、质地、品牌的商品往往蕴含了特定的社会意义，代表着不同的文化、品位和风格。那么，哪些商品最有可能成为传递自我概念的符号或象征品呢？一般来说，成为象征品的商品应具有三个方面的特征。

一是应具有使用可见性。也就是说，它们的购买、使用和处置能够很容易被人看到。

二是应具有拟人化性质，能在某种程度上体现一般使用者的典型形象。

三是应具有禀赋差异性。换句话说，由于资源禀赋的差异，某些消费者有能力购买，而另一些消费者则无力购买。如果每人都可拥有一辆奔驰车，那么这一商品的象征价值就丧失殆尽了。

2.1.3　体育消费者的自我概念与消费行为

与所有消费者相同，体育消费者的行为也受内部和外部两类因素的影响，外部因素包括文化因素、社会因素、营销因素、个人因素等，这些因素会影响体育消费者对消费问题的识别、信息搜集、评价与选择、购物行为；内部因素包括知觉、学习、动机、个性、情绪、信念和态度等，内外部因素对体育消费者行为的影响通过消费者自我概念、价值观念影响消费者行为，体育消费者选择在哪里进行体育消费、如何消费等一系列选择过程，必须加入自己的判断，有判断就有自我概念的标准，可以说，自我概念在消费者有目的的行为中起决定作用，所以说，每一个消费者的选择都反映了他的自我概念和价值观。

在此，我们归纳出以下七种体育消费者的自我概念。

1. 感官自我

这类消费者以追求感官享乐和刺激为目的，在体育消费过程中享受体育产品带来的感官享受。这类消费者通常喜欢参与型体育消费项目，比如攀岩、搏击等，也喜欢观看某些对抗性强、结果难以预期的赛事。

2. 实用自我

某些消费者处于某些困境时，比如感觉焦虑、疲劳、忧郁、紧张、不安时，可能会利用瑜伽、游泳、球类运动等体育消费活动进行缓解、释放，使身心平和，进而更好地投入新的生活和工作。

3. 情感自我

情感自我比较突出的体育消费者，在对待环境中的各种事物时，通常会特别重视自己的内心感受。由于感受性较强，在消费生活中，通常表现为价格敏感、讲求实惠、追求情调和重视环境氛围等消费态度。在个人消费场所的选择上，会重视周围事物的环境和氛围，消费类型以涂鸦服装类消费、健身咨询和培训、购买体育彩票及观看体育比赛为主。情感自我的消费者受感情和心情影响较大，运动的持续性较差。

4. 品牌自我

品牌自我比较突出的体育消费者，在选购体育用品、健身机构等各方面都会以品牌为主，选择自己认可、喜欢的品牌，对品牌的忠诚度较高。这类品牌自我的消费者，选择何种品牌，一部分是以品牌知名度为依据，选择知名度高的品牌；另一部分是以品牌个性特征为依据，品牌的个性特征越突出，就越是选择的对象。以知名度为依据的消费者，目的在于享受优良的品质或体现自己的社会地位；以品牌个性特征为依据的消费者，主要是为了彰显自己的个性。

5. 发展自我

发展自我是消费者以事业或职业为自我发展的重要目标，追求社会地位、追求事业成功和职业成功的一面。发展自我和表现自我为主的消费者都以装修精美、环境优雅的健身房、游泳馆、网球场、保龄球馆等一些较为高档的健身场所作为首选的个人消费场所，但他们的出发点不同，表现自我突出的消费者是为了有更多的机会展示自己，而发展自我突出的消费者则是为了显示自己的社会地位，发展自己。表现自我突出的消费者往往可能转化为发展自我突出的消费者。发展自我较为突出的消费者在消费类型上以体育服装消费和进行健身咨询和培训为主。锻炼时间较为固定，运动强度和运动时间都有一定的规律。锻炼目的主要是保持身体健康，维持身体活力，能有更多的精力投入工作中。另外，繁重的工作压力通过体育运动得到释放，使身心状态也得到调整。

6. 表现自我

这类消费者喜欢通过各种方式向他人展示自己的个性和思想。因此，凡是能够表达个性的体育产品、服务或品牌都可以成为他们表达自己的工具和延伸物。表现自我较为突出的体育消费者在运动项目的选择上也具有突出的特点。一般会选择流行的体育项目，比如女性会选择健身操、瑜伽、肚皮舞等，男性会选择器械类、网球、保龄球等。对于目前较为前卫的极限项目也会给予更多的关注，具有流行、时尚、消费高的特点。表现自我类的消费者热爱交际，参加运动的目的和动机除了保持良好的身体形态外，以增加交流和交往、娱乐身心为主，其中要求消费能够表达自己的个性。

7. 心灵自我

在消费者的自我概念系统中，心灵自我比较突出的自我概念系统结构处于较高层次的平衡状态，这类消费者的消费态度趋于简单、果断和理性等特征。主张"自然最美"的消费观念，是消费者中最不喜欢追求时尚的人。心灵自我的体育消费者在个人消费场所的选择上注重环境与心灵的和谐统一，会选择形体训练房、户外等环境优雅、安静的场所，在消费类型上以体育服装类、体育书报、体育音像制品、健身咨询与培训、体育旅游等为主。运动时间通常以早上、晚上、周末或节假日为主，以寻求安静、平和的环境和氛围。这类消费者在消费时比较果断，不易受其他因素的影响，其忠诚度较高，不会轻易改变运动项目和运动时间。健身主要以强身健体、娱乐身心、缓解压力、寻求心灵的和谐统一为主。

不同的群体由于个体差异，会由不同的自我概念心理构成；而同一群体在不同的时期其自我概念也会有所不同。上述七种体育消费者的自我概念，对于不同的群体和个体消费者而言，由于性别、年龄、现实生存状况等不同，也会对应不同的自我概念和自我概念组合。

2.2　体育消费者的生活方式

2.2.1　生活方式的内涵分析

生活方式简单地说就是"如何生活"。它不仅仅可以用来指一个人如何生活，还可以用来描述相互影响的一小群人以及一大群人。生活方式的本质就是"什么人做什么事"。在传统社会里，阶级、社会等级、社区或家庭在很大程度上决定了一个人的消费选择。而在现代消费者社会，人们可以更自由地选择产品、服务和活动来界定自我，并反过来创造一个与他人沟通的社会身份。一个人对于产品和服务的选择实际上是一个声明，说明我们是谁、我们所认同的人的类型，甚至那些我们想要远离的人。

生活方式涉及消费模式，也能够代表群体身份。一方面，反映了一个人选择如何使用时间和金钱。从经济学角度看，一个人的生活方式代表了这个人所选择的收入分配方式，包括在不同产品和服务中的相对分配，以及在这些品类里所进行的特定选择。其他或多或少有些类似的区分方法则从各种消费模式角度来描述消费者，比如以消费者的大部分总体支出是花在食物、高科技还是娱乐与教育这样的信息密集型产品上来划分消费者。另一方面，人们会根据自己喜欢做的事、喜欢打发闲暇时间的方式，以及所选择的使用可支配收入的方式将自己归入到不同的群体中。很多在同一社会或经济环境下的人会遵循相同的普通消费模式，这种模式不仅体现了个人对可支配收入的使用方式，也表明了个人所属群体具有某些类似偏好的身份特征。

生活方式并不是根深蒂固的，它不像价值观那样深植于心，人们对身体健康、社会运动、男女性别角色、居家生活和家庭重要性等问题的态度是一直变化的，人们的品位和偏好同样随时间而变化。事实上，某一时期受欢迎的消费模式几年后可能会受到漠视或者嘲笑，因此，学会观察社会环境以预测这些变化的方向对于营销者而言至关重要。

总体来说，生活方式的内涵可以表述为：生活方式是个体在成长过程中，在与社会诸因素交互作用下表现出来的活动、兴趣和态度模式。个体和家庭均有生活方式，一个家庭的生活方式部分地由家庭成员的个人生活方式所决定，反过来，个人生活方式也受家庭生活方式的影响。

生活方式的内涵构成包含四个方面。

（1）生活方式是日常生活的活动方式，个体自觉和有准备地进行日常的事情和整个人生的事情；

（2）生活方式是有组织地计划个人或家庭预算，安排居住和着装习惯，如核心生活兴趣、期望、烦恼和关心的事情等；

（3）生活方式可以通过仔细选择的变量进行描述和测试；

（4）生活方式不是被动接受的，而是自己主动规划的结果。

生活方式与个性、自我概念既有区别又有联系：一方面，生活方式在很大程度上受个性、自我概念的影响，在一定程度上可以说生活方式是个性特质的外在表现。一个具有保守、拘谨性格，或者把自己看作一位传统、严谨家庭主妇的消费者，其生活方式不大可能太多地包容诸如登山、跳伞、丛林探险之类的活动。另一方面，生活方式更倾向于用外在表现的不同来区分不同的人群，它关注的是人们如何决策、如何消费、如何安排时间的外显行为，而个性特质、自我概念则从内部来描述个体，倾向于描述消费者特有的思维、情感和知觉特征。可以说，三者是从不同的侧面来刻画个体。

2.2.2　生活方式与心理图式

1. 产品、生活方式与消费行为

人们常常能准确地选择一个产品，因为它与特定的生活方式相联系。因此，生活方式营销策略试图通过使产品与某种现存的消费模式相适应，并创造一个与多种产品和环境相关的品牌个性来为产品定位。因为生活方式营销的目的是使消费者能够以他们选择的方式享受人生并表达自己的社会身份，这种策略的一个关键就是关注消费者在其所期望的社会情境下使用产品的方式。通过观察消费者如何在各种不同产品种类中进行选择，可以更好地理解人们如何利用产品来定义生活方式。

生活方式对产品购买行为具有显著的影响。消费者对于物质与心理的需求会透过其日常的生活方式表现出来，生活方式作为主要的市场细分变量，其重要程度不亚于人口统计变量。通过研究消费者的生活方式，可以很好地预测消费者对产品的购买行为。而消费者对于产品的态度会影响产品的购买行为，产品是搭建生活方式的积木，产品态度在生活方式与产品购买行为之间起到了中介变量的作用，生活方式对于产品购买行为的影响很大一部分是通过产品态度这个中介变量进行传递的。

产品态度对于企业而言是一个内生性很强的变量，企业可以通过广告以及新产品导入等营销活动，改变消费者的产品态度，从而影响其购买行为。建议企业可以先利用生活方式这个外生性比较强的变量对消费者进行细分，然后再针对不同的细分市场分布进行其产品态度与营销活动间的关联研究。在此基础上，设计最有效的营销策略来改变与营销各个细分市场消费者的产品态度，从而间接地促使消费者采取符合企业利益的购买行为。

2. 心理图式

营销者通常会发现，开发迎合不同生活方式群体的产品是十分有效的，而仅仅知道一个人的收入并不能预测他的产品购买态度和消费行为，必须寻找一种方法为人口统计数据"注入活力"，以真正地识别、理解和瞄准那些对产品和服务有着一系列共同偏好的消费者细分市场。

消费者具有不同的个性，这些不同点对产品选择过程有较大影响。当个性变量与生活方式的偏好信息相结合时，营销者就有了聚焦于消费者细分市场的强力"透镜"。例如，阿迪达斯按照生活方式描述了不同类型的购买者，因此，它可以强调不同细分市场的需求。我们把这种方法称作心理图式，它包括"使用心理学、社会学和人类学因素……来确定如何根据市场上各群体的倾向细分市场，以及确定各群体对产品、个人和意识形态做出特定的决策，或持有某种态度、使用某种媒介的原因"。心理图式能帮助营销者对产品和服务进行精确定位，以满足不同细分市场的需要。营销者用很多心理细分变量来细分消费者，但所有这些维度都不仅仅是从表面特征了解消费者购买及使用产品的动机。人口统计特征使我们能够描述"谁购买"，而心理图式则告诉我们人们"为什么购买"。

2.2.3 生活方式的测量

在目前的研究成果中，有很多测量个性、自我意识及生活方式的方法，VALS 心理学方法和 AIO 结构法这两种测量生活方式的方法是最常被企业用来细分化市场的，本书就主要介绍这两种方法的内容和运用。

1. VALS 量表法

价值观与生活方式系统（values and lifestyles system，VALS）是一个著名的市场细分体系，是斯坦福国际研究所（SRI）于 1978 年开发的价值观与生活方式项目。它是一种更受企业欢迎的调查方法，包括建立在动机和发展心理学基础上特别是马斯洛需要层次理论上的 VALS 和专门用于测量消费者购买模式的 VALS2。

VALS2 较之于 VALS 更具广泛的心理学基础，并更强调对活动与兴趣方面问题的研究。它包括两个层面：资源的多寡和自我取向。VALS2 将自我取向分为三种：（1）原则导向。持原则导向的人根据信念而不是感觉、事件或对感知的渴望做出消费选择。（2）身份导向。此类人多在意他人的看法。（3）行为导向。此类人依据对行为多样性、冒险性的渴望来进行决策。

VALS2 按照以上资源的多寡和自我取向两个层面的标准，将美国消费者分为八个细分化市场，分别为实现者、完成者、信奉者、成就者、奋争者、体验者、制造者和挣扎者。他们由于占有资源丰富程度的不同以及原则、身份和行为的不同而形成了各自不同的特点与地位。

（1）实现者（actualizes）。拥有丰富的资源、原则和行动取向；活跃，购买活动体现趣味、独立和个性。

（2）完成者（fulfilleds）。拥有较丰富的资源，原则取向；成熟、满足、富于思考，受过良好教育，从事专业性工作；一般已婚并有年龄较大的小孩，休闲活动以家庭为中心。

（3）信奉者（believers）。资源较少，地位取向；传统、保守、信守规则，活动很大程度上是以家庭、社区或教堂为中心；垂青于美国产品和有声望的产品，不喜欢创新。

（4）成就者（achievers）。拥有丰富资源，地位取向；成功、事业性，重视意志和稳定甚于风险和自我发现；注重形象、崇尚地位和权威；受过大学教育。

（5）奋争者（strivers）。拥有资源较少，地位取向；寻求从外部获得激励、赞赏和自我界定；将金钱视为成功的标准，因常感经济的拮据而抱怨命运的不公，易于厌倦和冲动；他们中的很多人追赶时尚，企图模仿社会资源更为丰富的人群，但总是因超越其能力而倍感沮丧。

（6）体验者（experiencers）。拥有较丰富的资源，行动取向；年轻、充满朝气、喜欢运动和冒险；单身、尚未完成学业，属冲动型购买者。

（7）制造者（makers）。拥有资源较少，行动取向；保守、务实，注重家庭生活，勤于动手；怀疑新观点，崇尚权威，对物质财富的拥有不是十分关注。

（8）挣扎者（strugglers）。生活窘迫，教育程度低，缺乏技能，没有广泛的社会联系；一般年纪较大，常为健康担心，常受制于人和处于被动；他们最关心的是健康和安全，在消费上比较谨慎，对大多数产品和服务来说，他们代表了一个中等程度的市场，对喜爱的品牌比较忠诚。

2. AIO 结构法

AIO 结构法又被称为活动、兴趣、意见（activity，interest，opinion）测量法，是为销售者了解市场消费者生活方式而设计的问卷调查方法。它从活动、兴趣、意见三个主要方面对消费者进行调查以期获得细分化市场的相关资料，见表 2-1。活动问题的主要内容通常包括消费者从事哪些活动、购买什么产品和如何分配时间；兴趣问题主要包括消费者的偏好和优先选择；意见问题主要询问消费者对社会、经济、文化事件的观点和感受。

表 2-1　　　　　　　　　　　生活方式维度

活动	兴趣	意见
工作	家庭	自我
嗜好	食物	社会问题
假期	时尚	政治
娱乐	社区	商业
运动	消遣	经济

活动	兴趣	意见
购物	传播媒体	教育
俱乐部成员资格	工作	产品
会议	成就	未来
社区活动	职业	文化

AIO 问题分为两类：一类是笼统性问题，比如消费者喜欢户外活动还是室内活动，消费者觉得自己是内向还是外向。这种问题的目的在于了解消费者中的流行趋势以制定相关战略目标。另一类是具体性问题，比如消费者是否消费过某种类型的体育产品，是否喜欢，认为它的特点是什么，等等。其目的在于使销售者对某一特定产品的优缺点有一定的把握，进而采取相应行动，以提高企业的服务质量和改进产品。

AIO 结构法在活动方面的问题范围包括工作中的活动、爱好所偏向的活动、社会活动、度假、娱乐、购物、社区活动、体育活动等方面；兴趣问题的范围包括对家庭、工作、家务、社区事务、流行、休闲、食物、媒体、成就等方面的兴趣倾向；爱好方面的问题包括自身、社会问题、政治、商业、经济、教育、产品、未来、文化方面。

编制一份 AIO 量表的基本步骤为：首先，尽量收集可能得到的有关市场调研的资料，找出有意义的关键变量。其次，针对关键变量，形成各种类型的陈述，以便反映研究者打算了解的消费者的活动、兴趣和意见。最后，将诸多陈述排列起来，以便让消费者去回答他们对每条陈述的同意程度。AIO 量表可以作为体育企业进行市场细分化、产品定位和促销宣传活动的重要依据。

为了将消费者划入各种 AIO 类型，受访者会拿到一份长长的陈述列表，并被要求指出他们对每一陈述的赞同程度。这样，生活方式就被总结成人们如何使用他们的时间、他们觉得什么东西是有趣和重要的，以及他们如何看待自己和身边的这个世界。

2.2.4　生活方式与体育

1. 生活方式与体育生活方式

　　来自不同文化群体、不同社会阶层、不同职业的人，可能会具有完全不同的生活方式。有的人选择"归属型"的生活方式，有的人选择"成就型"的生活方式，有的人选择"潇洒型"的生活方式。这些不同的生活方式在一定程度上都是消费者自我概念的反映，它提供了纯粹的描述性统计数据所无法提供的洞察消费者动机、情感和信念的可能性。另外，生活方式与消费者的价值观、兴趣和活动模式密切相关。

　　研究消费者生活方式通常有两种途径：一种途径是研究人们一般的生活方式模式；另一种途径是将生活方式分析运用于具体的消费领域，如户外活动或与公司所提供的产品、服务最为相关的方面。在现实生活中，消费者很少明确地意识到生活方式在其购买决策中所起的作用。例如，在购买登山鞋、野营帐篷等产品时，很少有消费者想到这是为了保持其生活方式。然而，追求户外活动和刺激生活方式的人可能不需多加考虑就购买这些产品，因为这类产品所提供的利益与其活动和兴趣相吻合。

　　在现代市场营销中，生活方式是被广泛运用的一个概念。它为营销者理解消费者行为提供了有效途径。越来越多的人支持企业基于消费者的生活方式开展市场营销活动，他们承认，消费者根据他们自己喜欢做的事，他们对闲暇时间的安排以及他们如何花费可支配的收入来把自己归到某一特定的群体。消费者的这种倾向为营销创造了机会，因为营销人员在认识到消费者已选择的生活方式对决定其购买的产品类型和特殊品牌上的潜力后制定营销策略，更有可能吸引具有该种生活方式的消费者群体。

　　企业基于消费者的生活方式进行的营销活动，我们可称之为"生活方式营销"，生活方式营销的意义源自"产品是人们生活方式的基石"。因此，开展"生活方式营销"，就必须将产品定位于某一特定的生活方式，使产品与目标消费者理想的生活方式相适应，从而更好地满足消费者的需要和欲望。例如，斯巴鲁（Subaru）汽车最初进入美国市场时只是一个毫不起眼的牌子，奋力与其他进口车竞争，当斯巴鲁成为美国滑雪队的专用车之后，这一名字便与那些滑雪爱好者们的生活方式联系了起来，从而在美国积雪地区的进口车市场中占有了很大的市场份额。生活方式营销的目标在于促使人们在追求他们的生活方式时，不要忘了特定的产品或服务，并使这些产品或服务成为他们生活方式的一部分。只有当产品与特定的人、社会背景融为一体时，它才能创造出一种特有的生活方式或消费方式。如果产品脱离特定的人群、特定的社会背景，那么它不管是出现在高尔夫球场、鸡尾酒会上，还是舞会上，都不会有什么分别。正因为如此，我们往往可以通过描绘人们使用产品的情景或画面，根据他们对不同产品的选择来定义他们的生活方式。人们的生活方式是由产品、消费者和一定的社会背景共同创造的，离开了三个要素中的任何一个要素，特有的生活方式便不能成立。

现代社会，人的个性化的自由发展，使人具有多姿多彩的生活方式。紧张的工作，体力活动的减少，现代文明病的增加，使体育活动成为人们日常生活的需要，体育生活方式便成为越来越多人的一种生活方式。所谓体育生活方式是指在一定社会客观条件的制约下，社会中的个人、群体或全体成员为一定价值观所形成的满足多层次需要的全部体育活动的稳定形式和行为特征。

健康是人类生存、发展的基本因素之一，生活条件和生活方式是影响人类健康的主要因素，而体育是促进人类身心健康的重要途径之一。体育生活方式的形成原因包括人们追求健康的因素，还有生活方式、社会经济发展、人们生活观念等诸多因素。作为一种闲暇的生活方式，体育生活方式一方面是社会进步和经济发展的产物；另一方面其最终目的是塑造人们健康的身体素质和提高人们的生命质量，从而实现精神文明的可持续发展。因此，也可以认为它是健康与体育相结合的产物——人们愉快自由地享受体育生活，发展体能、智力和认知能力，轻松愉快地与人、社会和大自然产生沟通和交流，从而拥有健全的人格，体验人生的幸福和美满。

2. 生活方式与体育消费行为

消费学认为，消费本身的物质形态的使用价值被打上了文化的烙印，成为人们"自我表达"的一种形式，"身份认同"的主要来源。因此，在社会学家看来，消费与生活方式已不仅仅是一个经济的、实用的过程，更是一个涉及文化符号与象征偏好的过程，它传递的是一种生活方式的向往和信息。体育消费行为是在体育文化这个背景下所进行的一种消费行为。而它的阶段性内容的实施或实现，即体育消费本身就是体育文化的消费或是由体育文化所引发的一种消费活动。因此，体育消费行为也是涉及体育文化符号象征偏好的过程，它所传递的是人们对于体育生活方式的信息理解和向往。

科技进步解放了生产力，提高了人们的生活水平，人们在基本的消费需求得到满足的基础上，开始寻求一种更高层次上的消费。因此，越是经济发达的国家和社会，人的消费需求就越是多样化，体育消费就越容易成为常见的生活方式。体育消费不仅是人们日常生活中的一项基本消费活动，还是一项实现消费者精神、心理升华的高层次的消费活动。当各种需求与健康、运动、品位、美好等形象发生联系的时候，体育消费文化就成为体育生活方式的全部内容和主要价值观念。也就是说，体育生活方式的实质是借助体育消费行为这种非语言的交流和信息传递形式创造出社会价值认同，以实现人们自我形象的塑造。尤其是近年来"花钱买健康"等消费理念的提出，表明人们希望通过体育消费这一手段，去寻求建立一种以人为本、关爱健康、追求生活品位、讲究理性生活的新型体育生活方式。

第3章

城市居民体育消费心理与影响因素

3.1 城市居民体育消费心理与参照群体

3.1.1 体育消费行为心理特征结构

体育消费者一般的消费行为有其心理特征，心理特征的基本结构如图 3 - 1 所示。

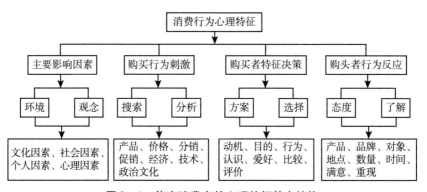

图 3 - 1 体育消费者的心理特征基本结构

根据消费心理学原理，影响体育消费者消费行为的心理特征因素有文化因素、社会因素、个人因素、心理因素。

（1）文化因素包括文化与亚文化。文化属于一种宏观环境因素，它影响和决定一个社会的消费习俗、价值观念和思维方式。亚文化则是某些较少的社会团体所遵循的文化标准。

（2）社会因素包括社会阶层、相关团体、家庭、角色地位。

（3）个人因素包括年龄和生命周期的阶段现状、职业状况、经济状况、生活方式、个性和自我观念。

（4）心理因素包括动机、感觉、学习、信念和态度。

3.1.2 体育消费者动机与消费行为规律

1. 体育消费者动机的产生

行为科学认为，需要是动机产生的源泉和基础，没有需要就不会有动机，只有需要而没有满足需要的目标和诱因，也难构成动机。因此，当外界出现能够满足需要的对象时，需要进一步转化为行为的动机，并推动人们进行有目的的体育消费行为，也就是说只有需要指向一定的目标而客观环境也具备达到目标的可能性时，才能形成动机。可用以下公式表示：

体育消费的动机＝需要＋目标＋实现目标的可能性。

2. 体育消费者动机的功能

动机是发动和维持消费者行为的内在原因和直接动力。它具有以下三种功能。

一是始发功能，即其有引发和驱使体育消费者产生体育消费行为的作用。

二是指向和选择功能，即能使体育消费者的消费行为指向一定的方向。选择一定的消费目标。

三是调整与反馈功能，即动机能保护和巩固行为，并贯穿于行为的发动、加强、维持直到行为终止的全部过程。另外，体育消费者的行为结果对动机也有很大影响。良好的行为结果会强化动机，不好的行为结果会使动机削弱并降低行为的内在驱动力。

总之，动机来源于需要，需要是形成动机的基础。体育消费的动机首先来自人们对体育的需要，其次是体育消费的需要，这些需要决定体育消费取向、动机和行为方式。但由于人与人之间存在明显的个体差异，其生理、心理状况不同，兴趣爱好不同，所处环境和经济条件不同，因此，人们对体育的需要和体育消费的需要也是多种多样的，其动机和行为方式也不尽相同。

3. 体育消费者消费行为过程的一般规律

市场的核心在于供与需的关系，"供"属于生产者和营销者，而"需"属于消费者，消费者对某种物质或精神的需要，是通过消费行为来满足的，任何消费者的消费行为活动都是建立在对商品及与商品有关方面的认识基础上，具备足够的信息与认识，才能最后做出决策，并进一步付之于行动。尽管人们的消费行为千差万别，且会受到各种主客观因素的影响，但总的来说，其消费行为过程可分为注意、认识、决策执行和回顾四个阶段，当然，在不同的情况下，各阶段所经历的时间、过程、形式、方法也不尽相同。

（1）消费行为过程的注意阶段。

消费者对商品的注意，往往是由商品的形象、属性以及传播媒介输送的各种信息引起的，是消费者相应的感觉器官的反应，它是消费者消费行为的第一步。同时消费者对商品的注意，还可分为有意注意和无意注意两种。有意注意是指消费者从自己的需求或兴趣出发，在各种体育商品和有关信息中选择某些有关的商品或信息作为自己认识了解的对象，它是一种主动的，服从于一定目的要求的注意；而无意注意则是指消费者偶然地、不自觉地对某些体育商品信息产生的注意，这种无意注意到的事物，如果引起了消费者的兴趣，也会进一步发展为有意注意，进而激发其消费的欲望。

（2）消费行为过程中的认识阶段。

消费者对商品和有关信息的注意，仅仅是消费者实施消费行为的准备阶段，如果某商品或信息引起消费者的注意和兴趣，激起了消费者的消费欲望，消费者便会从注意阶段进一步发展到对某商品或信息进行深入了解、分析、比较、综合的全面认识阶段。整个认识过程主要通过消费者的感觉、知觉、记忆、思维等一系列心理活动来完成。

（3）消费行为的决策与执行阶段。

决策意味着做出决定，消费者在对商品或消费对象有了一定的认识之后，实施消费行为之前，将会考虑究竟是否消费、如何实现消费等问题，只有把这些问题解决了，消费者才能做出决策并导致最后的消费行为。一般情况下，消费行为的决策过程主要包括以下三个方面：确认需要、收集信息、评估选择，当消费者做出最后决策之后，将进入消费行为的执行阶段，即消费决策转化为实际的消费行为过程。

（4）消费后的回顾阶段。

消费行为的回顾阶段即消费者通过自己的亲身实践和感受而对其消费对象的再认识过程，也是消费者对消费对象认识的延续和发展，它可以作为一种经验，进一步加深消费者对体育消费的认识，并将影响其下一次的消费决策和消费。

3.1.3 体育消费过程中的模仿、暗示与从众心理

1. 消费模仿心理

模仿是指仿照一定榜样做出类似动作和行为的过程。消费模仿是指当消费者对他人的消费行为认可并羡慕、向往时，便会产生效仿和重复

他人行为的倾向，从而形成消费模仿。在消费活动中，经常会有一些消费者（如名人、消费专家等）做出示范性的消费行为。这些特殊消费者的示范性行为会引起其他消费者的模仿，模仿者也以能仿效他们的行为而感到愉快。

在消费心理领域，消费模仿是一种常见的社会心理现象。从外在的表现上看，是在非强制因素作用下按照某参照对象所产生出的相同的或类似行为的活动。从内在本质看，是一种学习的方式，是一个学习的过程。

分析消费活动中的模仿行为，大致有以下特点。

（1）模仿行为的发出者即热衷于模仿的消费者，对消费活动大都有广泛的兴趣，喜欢追随消费时尚和潮流，经常被别人的生活方式所吸引，并力求按他人的方式改变自己的消费行为和消费习惯。他们大多对新事物反应敏感，接受能力强。

（2）模仿行为是一种非强制性行为，即引起模仿的心理冲动不是通过社会或群体的命令强制发生的，而是消费者自愿将他人的行为视为榜样，并主动努力加以模仿。模仿的结果会给消费者带来愉悦、满足的心理体验。

（3）消费者理性思考的表现也可以是消费者感性驱使的行为结果。成熟度较高、消费意识明确的消费者，其模仿的行为通常经过深思熟虑，认真选择；相反，观念模糊、缺乏明确目标的消费者，其模仿行为往往带有较大的盲目性。

（4）发生范围广泛、形式多样。所有的消费者都可以模仿他人的行为，也都可以成为他人模仿的对象。而消费领域的一切活动，都可以成为模仿的内容。

（5）通常以个体或少数人的形式出现，因而一般规模较小。当模仿规模扩大，发展成多数人的共同行为时，就衍生为从众行为或消费流行了。

2. 消费暗示心理

消费暗示，是指在外部环境的影响下产生新的需求从而引发额外的消费。暗示又称提示，是在无对抗条件下，用含蓄、间接的方式对个体的心理和行为产生影响，从而使个体产生顺从性的反应或接受暗示者的观点或按暗示者要求的方式行事。

社会心理学的研究认为，群体对个体的影响，主要是由于"感染"的结果。处于群体中的个体几乎都会受到一种精神感染式的暗示或提示，在这种感染下人们会不由自主地产生这样的信念：多数人的看法比一个人的看法更值得信赖。因此，暗示的主要影响因素就是暗示者的数目，或者说暗示所形成的舆论力量的大小。暗示得当，就会"迫使"个人行为服从群体的行为。

暗示的具体方式多种多样，个人的词语和语调、手势和姿势、表情和眼神以及动作等，都可以成为传递暗示信息的载体。暗示还可以以群体动作的方式出现，如信誉暗示、词语暗示、行为暗示等。

在消费活动中，消费者受暗示而影响购买决策及行为的现象是极为常见的。实践证明，暗示越含蓄，其效果越好。

3. 从众心理

从众行为是个体在群体的压力下改变个人意见而与多数人取得一致认识的行为倾向。从众也是在社会生活中普遍存在的一种社会心理和行为现象。在消费领域中表现为消费者自觉或不自觉地跟从大多数消费者的消费行为，以保持自身行为与多数人行为的一致性，从而避免个人心理上的矛盾和冲突。这种个人受群体影响而遵照多数人消费行为的方式，就是从众消费行为。

（1）从众行为产生的心理依据与原因。

消费者之间相互暗示、模仿、循环反应的过程就是心理学研究证实的求同心理过程，正是这种求同心理，构成了从众行为的心理基础。

具体来说，之所以产生从众行为，是由于人们寻求社会认同感和安全感的结果。在社会生活中，人们通常有一种共同的心理倾向，即希望自己归属于某一较大群体，为大多数人所接受，以便得到群体的保护、帮助和支持。此外，对个人判断力缺乏信心，认为多数人的意见值得信赖，也是从众行为产生的另一重要原因。有些消费者由于缺乏自主性和判断力，在复杂的消费活动中犹豫不定、无所适从，因而，从众便成为他们最为便捷、安全的选择。

（2）消费者从众行为的特点。

从众行为尽管在表现形式上有所区别，但也具有某些共同特征。

①从众行为往往是被动接受的过程。许多消费者为寻求保护，避免因行为特殊引起的群体压力和心理不安而被迫选择从众。在从众过程中，消费者会产生复杂的心理感受，除安全感、被保护感等积极感受外，还会有无奈、被动等消极的心理体验。

②从众消费行为发生的规模较大。从众现象通常从少数人的模仿、追随开始，继而扩展为多数人的共同行为。多数人的共同行为出现后，又刺激和推动了在更大范围内更多的消费者做出相同或相似的消费行为，从而形成更大规模的流行浪潮。因此，从众行为是消费流行的先导。

（3）消费行为的发生和发展受到群体及个体等多方面因素的影响。

①群体因素。一般来说，群体的规模越大，群体内持相同意见的人数就越多，所产生的群体压力也越大，此时越容易产生从众行为。同时，群体的内聚力、一致性越强，群体领袖人物的权威性越高、影响力越大，从众行为就越容易发生。再者，个体在群体中的地位越低，越容易被影响，也就越容易采取从众行为。

②个体因素。一般来说，容易发生从众行为的消费者，大多对社会舆论和别人的意见十分敏感，缺乏自信，非常注意社会和别人对自己的评价。有研究资料表明，性别差异也对从众行为有所影响。从总的情况看，女性比男性更容易出现从众行为。

从众消费行为作为一种多数消费者共同采取的大规模消费现象，必然对宏观经济运行、社会消费状况产生重要影响。这种影响既有积极的一面，又有消极的一面。一方面，由于从众现象是通过多数人的行为来影响和改变个人的观念与行为的，因此，政府部门可以通过各种媒介宣传提倡正确的消费观念，鼓励引导健康的消费行为，使之成为大多数消费者共同遵从的行为规范，然后利用从众心理的影响，带动其他个别消费者，促进形成全社会健康文明的消费氛围。企业也可以利用从众心理，抓住时机进行宣传诱导，培育新的消费市场，引导新的消费观念和时尚的形成或改变，进而促进大规模购买行为的实现。另一方面，在特定条件下，从众行为也有可能导致盲目攀比、超前消费、抢购风潮等畸形消费现象的发生。

3.1.4 参照群体及其对体育消费行为心理的作用

参照群体是消费者行为领域的一个焦点和热点，尤其是体育消费者行为研究。多数学者认为，体育消费者行为必定受到参照群体的作用和影响，特别是在中国市场环境下，参照群体对体育消费者行为影响研究有着重要的意义。这里的体育消费参照群体是指体育产品或服务消费个体在形成其购买、消费服务或者产品决定时，用以作为消费行为进行参照、比较的个体或组织。参照群体是个体在心理上所认可和归属的个人或群体，是个人认同的为其树立和维持的行为标准提供比较框架的个人或群体。

参照群体的含义会随着时代的发展变化而发展变化。参照群体这一概念最开始是指家庭、朋友、亲戚等个体及与之具有直接相互作用的个人或群体，但是现在它不仅包括这些具有直接相互作用的个人或群体，而且也包含与个体并没有直接面对面接触但对个体的行为也产生了影响的个人和群体。体育消费参照群体也是随着时代的发展变化而不断发展变化的。

1. 参照群体的主要功能与体育消费行为

通常需要两个或两个以上的个体才能形成群体，但体育消费参照群体比较普遍地被用于描述所有提供社会提示的外部影响。参照群体对象可能是对社会大众产生影响的单个个体，如刘翔、姚明，也有可能是影响局限于体育消费者周边环境的个体或组织，比如健身俱乐部、各种协会等。影响体育消费行为的参照群体比较广泛，包括体育消费者家长、健身俱乐部伙伴，也可能为球队、体育明星等。

一般来说，参照群体具有规范和比较两大功能。体育消费参照群体的功能也包括规范和比较功能。

体育消费参照群体的规范功能在于给予体育消费个体建立一定的行为标准并使这些个体遵从这一行为标准。比如受家庭因素的影响，在加入体育俱乐部、参加体育运动项目、购买体育用品等方面形成了比较固定的观念和态度。这些体育消费个体在这些方面所受的影响对其体育消费行为产生了直接的规范和示范作用。

体育消费参照群体比较功能是指社会体育消费个体把参照群体作为评价自己和他人的比较标准和着眼点。比如体育消费个体在做出购买体育品牌服装或体育器材的决定时，其很有可能以同学、朋友、邻居、亲戚、体育明星等所消费的体育用品或服务作为参照和模仿对象进行消费。

2. 参照群体的影响方式与体育消费行为

在体育消费者的一些参照群体中，不同参照群体对体育消费者消费行为的影响程度和方式也不尽相同。有时一些参照群体比另一些参照群体更具有影响力，而且影响的方式也更加多样化，比如体育消费者家庭成员消费行为的影响，就属于具有规范性的影响力，这样的参照群体可以帮助人们确立并实施基本的行为准则。相比之下，一个健身俱乐部可能只具有比较性的影响力，即只对具体的体育品牌产生影响。参照群体的影响方式对体育消费者消费行为影响主要体现在规范性影响、价值观表达、功利影响和信息影响等四个方面。

（1）规范性对体育消费行为的影响。

规范性对体育消费行为的影响是指在参照群体的群体行为规范和示

范的作用下对体育消费者的行为产生的影响。这里所说的规范是指在一定社会环境下，参照群体对其所属成员行为合法性、合理性的期待，它是社会群体为其组织成员确定的行为准则。只要有群体能够存在，不需要经过任何语言沟通和直接思考，规范就会一直发挥作用。

参照群体对体育消费行为的规范性影响之所以发生和起到作用，是由于对体育消费行为奖励和惩罚的存在。为了获得奖赏和避免惩罚，体育消费者个体就会按照群体的规则行事。比如体育产品广告商在广告上声称，如果使用某种体育商品，就能得到全世界的广泛接受、赞许。利用的就是群体对体育消费者个体的规范性影响。同样，如果参照群体不使用某种体育产品或服务就得不到这个群体的认同，也是运用了参照群体对体育消费者消费行为的规范性影响。

（2）价值表达对体育消费行为的影响。

价值表达对体育消费行为的影响就是指体育消费者为了在心理上、行为上得到参照群体认同，而接受这个参照群体的行为规范和价值观念。体育消费者在与参照群体成员长期的交往中受到参照群体潜移默化的作用，从而认可并内化自觉遵循参照群体的理念和价值观，在选择和购买体育商品或服务时有明显的体现。这类影响的产生以体育消费者对参照群体价值观和群体规范的内化为前提。在群体价值观和规范内化的情况下，不需要任何外在的奖惩，体育消费者就会自觉依据参照群体观念与规范行事，因为体育消费者已经完全接受了参照群体的规范，参照群体的价值观念实际上已成为体育消费者自身的价值观。

价值表达对体育消费行为的影响具体体现在：

第一，体育消费者觉得购买某一特定的体育品牌产品或服务会提高他（她）在群体成员心目中的地位和形象；

第二，体育消费者觉得购买和使用某一特定品牌产品或服务拥有他（她）所希望拥有的品质；

第三，体育消费者有时会觉得像广告中使用某一特定品牌产品或服务的人那样；

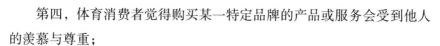

第四，体育消费者觉得购买某一特定品牌的产品或服务会受到他人的羡慕与尊重；

第五，体育消费者觉得购买某一特定体育产品或服务有助于向别人展示他（她）希望成为那样的人。

（3）功利色彩对消费行为的影响。

功利色彩对消费行为的影响是指体育消费者为了避免惩罚或者获得赞赏而采取的满足群体期望的体育消费行为。体育消费者会为了获得参照群体的奖励或者避免惩罚而做出群体认同行为。奖惩形式是多样的，可以是有形的，也可以是思想上的、心理上的或社会性的结果，体育消费者通过效仿那种能体现自己所需文化内涵的参照群体的体育消费行为，从中获得自己想要得到的文化含义，实现群体认同与满意的自我定义。

消费者受功利色彩影响，为了得到体育消费参照群体成员的认同或避免惩罚而与参照群体做出了相似的体育消费选择，而不是以自我体育消费体验为中心，这种选择是基于体育消费者的外部动机，会体现出非自愿行为。因此，功利色彩影响容易形成炫耀性等社会导向感知价值，不易引发体育消费者自我愉悦、内在自我一致等个人导向感知。体育消费者为了迎合参照群体的期望，个人购买某一特定体育产品或服务的行为受到群体成员偏好的影响；体育消费者购买某一特定体育产品或服务的决策行为受到与其有社会交往的人的影响；个人购买某一特定体育产品或服务的决策行为受到家庭成员偏好的影响；体育消费者为满足他人对自己的期望，个人的体育消费行为也会受到影响。

（4）信息对体育消费行为的影响。

信息对体育消费行为的影响是指为从其他人那里接收信息以作为事实依据的一种思想倾向，个体通过从参照群体成员那里直接获取信息，或通过观察参照群体成员的行为、听取意见作为指导其行为的信息来源，从而影响其消费行为。

信息影响表现在体育消费参照群体成员的行为、观念、建议、意见被体育消费者个体作为有用的信息予以借鉴和参考，因此在其思想和行为上产生重要影响。当体育消费者对所购体育产品或服务缺乏了解时，仅凭其眼看手摸难以对这些产品品质和服务质量做出科学判断时，他人的使用和推荐将被体育消费者视为非常有用的证据，对体育消费行为产生重要影响。

参照群体在这一方面对体育消费者个体行为的影响程度，取决于被影响者与群体成员之间的相似性，以及施加影响的群体成员的权威性。比如，某人发现球队里好几位队友都在使用某种品牌的篮球鞋，于是他决定购买这样一双篮球鞋。因为这么多队友在使用它，意味着该品牌一定具有其突出的优点和特色。

体育消费信息的来源可以有以下五个渠道。

第一，体育消费个体可以向专业人士、俱乐部、协会或独立的专家群体寻求关于体育产品或服务的信息；

第二，体育消费向专业生产或销售体育产品、提供体育服务的个体或群体寻求信息；

第三，体育消费者向拥有可靠的品牌信息的同学、亲戚、朋友、邻居或同事等寻求相关体育品牌知识和使用经验；

第四，体育消费对观察独立测试机构的认同影响个人对体育品牌的选择及其体育消费行为；

第五，体育消费者通过对专家使用体育产品或服务行为的观察来影响他的体育消费行为，即专家使用哪种体育产品或服务他就使用哪种产品和服务。

3. 参照群体的决定因素与体育消费者行为

参照群体的决定因素主要包括产品可见性、产品生命周期、产品必需程度、个体对群体的忠诚程度、产品相关性、个体在购买中的自信程度六个方面。体育消费参照群体对其体育消费者成员的影响程度也取决于以上六个方面的因素。

（1）可见性对体育消费者行为的影响。

一般来说，体育产品或服务使用时的可见性越高，参照群体影响力就越大，反之就越小。有学者研究发现，体育产品和服务的"炫耀性"（conspicuousness）是决定参照群体影响强度的一个非常重要的因素。

后来的一些研究探索了不同产品领域参照群体对产品与品牌选择所产生的影响。其中，拜尔顿（Bearden）和埃内尔（Etzel）的研究从产品可见性和产品的必需程度两个层面将消费情形分类，然后分析在这些具体情形下参照群体所产生的影响。

（2）生命周期时体育消费者行为的影响。

当体育产品处于导入期时，体育消费者的产品或服务购买决策行为受参照群体影响很大，但体育品牌决策行为受参照群体影响较小。在产品成长期，参照群体对体育产品及服务品牌的购买行为的影响都很大。在产品成熟期，参照群体影响在体育品牌选择上大而在体育产品选择上小。在产品的衰退期，群体影响在体育产品和服务品牌选择上都比较小。

（3）必需程度对体育消费者行为的影响。

对于一些食品、衣服等生活必需品，大众消费者都十分熟悉，并且已形成了习惯性购买，此时参照群体的影响程度相对较小。而体育产品或服务的消费行为受到参照群体的影响程度较大，特别是体育类奢侈品等非必需品，体育消费者购买时受参照群体的影响十分大。体育奢侈品不仅价格昂贵，而且具有高品质、地位象征等符号价值，且每个体育消费者都能轻易地"读"懂，都能明白体育奢侈品牌的背后是财富、社会地位及个性品位的象征。

（4）忠诚程度对体育消费者行为的影响。

前面提到，体育消费者对参照群体越忠诚和内化，他就越可能遵守参照群体规范。当参加一个渴望群体的体育活动时，在体育服装选择上，我们可能更多地考虑参照群体的期望，而参加不是十分重要的体育活动时，这种体育消费行为考虑可能就少得多。

（5）相关性对体育消费者行为的影响。

某种体育活动与群体功能的实现关系越密切，体育消费者在该活动中遵守参照群体规范的压力就越大。例如，对于经常出入豪华体育俱乐部等高级场所的体育消费参照群体成员来说，体育消费行为是非常正式的；而对于在校大学生每周几次的篮球活动的参照群体成员来说，其体育消费行为的重要性就小得多。

（6）自信程度对体育消费者行为的影响。

研究表明，社会个体在购买家用电器、汽车、保险、书籍、服装时，最易受参照群体影响。这些消费产品既非可见又同群体功能没有太大关系，但是它们对于消费个体十分重要，而大多数人对它们又只拥有有限的知识与信息。这样，参照群体的影响力就因为个体在购买这些日常产品时信心不足而逐渐强大起来，体育消费者也是如此。

体育消费者消费行为的自信程度并不一定与消费者的知识成正比。知识丰富的体育消费者比其他体育消费者更容易在信息层面受到参照群体的影响，并喜欢和同样有知识的体育消费者交换信息和意见，从而完成体育消费行为。

总之，体育消费参照群体是在思想和行动上对体育消费者的消费行为产生重大影响的个人或群体。他们的期望、规范和偏好能够影响体育消费者的消费行为和购买决策，这是因为，体育消费者也希望归属于许多不同的社会群体，或者希望通过重要参照群体实现自身的愿望、地位。

3.2　城市居民体育消费影响因素研究

3.2.1　体育消费者自身因素

体育消费者购买行为首先受其自身因素的影响，特别受其家庭经济状况、职业与文化水平、个性与爱好、年龄与性别等因素的影响。

1. 家庭经济状况

在我国，个人的消费通常以家庭消费为前提，因此家庭经济状况会强烈影响每个消费者的消费水平和消费范围，并决定个人的购买能力和消费模式。家庭经济状况好，消费者就可能享受较高级的生活消费，并有足够的实力进行体育消费，而家庭经济状况差，消费者通常先满足衣、食、住、行等基本生活需求。衡量消费者家庭经济状况的指标有家庭收入状况、储蓄和资产情况以及借贷能力等。体育经营单位应根据体育消费者家庭经济状况，处理好体育产品价格和体育产品功能的关系，协调好体育产品价格、功能与目标市场购买力的关系等。

2. 职业和文化水平

不同职业的体育消费者，对于体育商品的爱好与需求往往不尽相同。一般地说，白领阶层、脑力劳动者对高尔夫球、保龄球、健身房等休闲娱乐型体育消费项目较感兴趣，这些体育消费追求时尚、前卫，讲究品位（环境优雅）、品牌；而对于体力劳动者来说，则比较钟情于各类运动竞赛、体育表演以及各种大众化的体育服务产品。例如，据有关研究的结果表明：观赏型体育消费者主要集中在青年学生和工人，保龄球、网球、健身健美等项目的体育消费者则主要集中在白领阶层。

体育消费者文化水平和文化素养的差异也会导致其对体育商品评价的雅俗观和价值观的差别。文化程度较高的体育消费者一般选择高雅朴实、精神消费性强，且与社会的风俗道德相一致的体育商品或消费方式；反之，文化程度较低的体育消费者，则较多地选择华丽炫目、实用性较强的体育商品或消费方式。根据澳门居民体育消费的调查显示：不同文化程度的被调查者的特点，不同文化程度的被调查者的体育消费支出随着学历的提高而出现上升的趋势。

体育经营单位应根据不同职业和文化水平的体育消费者制定相应的

营销策略。同时要正确引导体育消费，使之向有利于体育经营且不违背社会利益的方向转化。

3. 个性与爱好

个性是指一个人特有的心理素质和素养，通常可用自信、支配、自主、顺从、交际、保守和适应等性格特征去描述。爱好则指体育消费者在从事体育消费活动中，对某些体育商品产生的一种偏爱。体育消费者在选择购买体育商品过程中常受其个性的影响。坚定、独立性强的体育消费者在挑选体育商品过程中表现出大胆、自信，为了满足自己的体育消费需要，不怕冒风险，即使挑选错了也不后悔。软弱、依赖性强的体育消费者，在挑选体育商品时则表现得缩手缩脚，不敢冒风险。

体育消费者的购买与爱好也有密切关系。当体育消费者已形成对某牌号的体育商品，或对某种体育服务产品，或对某个竞赛项目、某个著名球队、某个著名球星等的偏爱后，则会不假思索地购买。由此可见，现存的体育消费者的偏爱是体育经营单位的无形财富。体育经营单位的营销活动应当正确把握体育消费者的心理特征，注意体育消费者的不同个性和爱好，针对目标体育消费者的个性特点及爱好进行促销宣传，并努力培养其偏爱，维护体育经营单位及产品在体育消费者心目中的良好形象。培养追星族的途径：请球星和球迷见面、签名进行推广；制作各种球星产品，如球星卡、印有球星号码的运动服装等。

4. 年龄和性别

体育消费者在购买体育商品过程中，由于年龄和性别的差异，会产生不同的体育消费需求和体育消费欲望，形成不同的消费层次和结构。年龄和性别差异是体育经营单位进行体育市场细分的常用标志。

不同性别的体育消费者，其体育消费的偏好和特征不同，如男性体育消费者喜欢竞争激烈的运动项目，女性体育消费者则更喜欢优雅、柔美的运动项目。例如，观赏型体育消费、网球、台球等项目主要以男性体育消费者为主，而健身健美则主要以女性体育消费者为主。从运动健身来说，女子参加有氧健身操的人数占 90% 以上，而男子健身则以器械健身为多。

不同年龄的体育消费者对体育商品的偏好也是不一样的。青少年喜爱参与流行的体育活动，青壮年喜欢健美、减肥等体育服务产品，中老年人则更钟情于强身健体、延年益寿、防病去病的体育服务产品。例如，观赏型体育消费主要集中在 18～45 岁的中青年体育消费者，高尔夫球的消费者主要集中在 36～60 岁的中老年体育消费者，健身健美的消费者主要集中在 18～45 岁的中青年女性体育消费者，旱冰轮滑则主要集中在 18～25 岁的青年体育消费者。

体育经营单位应根据不同性别和年龄的体育消费者的体育消费特征及其变化，选择合适的目标市场，尽可能满足不同体育消费者的体育消费需求。

3.2.2　体育消费者的相关群体

相关群体是指影响体育消费者行为的个人或组织。体育消费者作为社会一员，在参与或从事体育消费活动时要经常与家庭、学校、工作单位、左邻右舍、社会团体等发生各种各样的联系。在购买体育商品时，相关群体总会直接或间接地、正面或侧面地影响体育消费者对体育商品的意见或对购买的看法。相关群体是影响体育消费者行为的重要因素，有时甚至是决定性因素。相关群体可分为直接相关群体和间接相关群体。

1. 直接相关群体

直接相关群体是指直接影响体育消费者行为的个人或组织，主要包括家庭、亲朋好友、同事、同学、左邻右舍等。

（1）家庭。

家庭对体育消费者行为有着决定性影响，是体育消费者最基本的相关群体。我国是一个具有几千年家庭传统观念的国家，体育消费者无论是生活、工作和学习，都与家庭有着密切的依赖关系。家庭对体育消费者行为的影响，主要体现在购买决策上。体育消费者作为家庭一员，在购买活动中通常扮演五种不同的角色。

提议者——促使家庭其他成员对体育商品发生兴趣的人。

影响者——提供体育商品信息和购买建议，影响挑选体育商品的人。

决策者——有权做出购买决策的人。

购买者——执行购买决策，从事购买的人。

使用者——使用所购体育商品或服务的人。

在以上五种角色中，决策者是购买行为能否实现的关键人物。在家庭中，可以把购买决策分为四种类型，即丈夫决策型、妻子决策型、协商决策型及各自决策型。一个家庭在购买决策时是何种类型，主要取决于以下五点。

①家庭中的民主气氛。

家庭中民主气氛浓厚，购买决策常是协商型的，而在家长制严重的家庭往往由单个人做出决策。

②所购体育商品的重要性。

所购体育商品对家庭越重要，家庭成员共同做出购买决策的可能性越大，反之则是各自决策型。

③家庭生命周期。

处于不同生命周期的家庭，其购买方式不一样。新婚家庭，购买决策一般共同做出；老年阶段的家庭，孩子已独立，家庭中独立购买决策的机会也就会相应增加。例如，独生子女家庭消费受孩子影响较大。

④家庭分工。

家庭成员间分工越具体，就越有可能做出与各自分工有关的购买决策。

⑤购买需要的时间。

需要迅速即刻购买的体育用品（如热门的比赛门票等）各自决策

的可能性较大。

总之，家庭是影响体育消费者行为的主要相关群体。体育经营单位应重点研究家庭决策者的心理和偏好，采取针对性强的营销策略，激发体育消费者的购买欲望，促使购买行为的发生。

（2）亲戚朋友、同学、同事和邻居。

亲戚朋友也是影响体育消费者购买的重要相关群体。人们常与亲朋好友一起谈论或购买体育商品，参与体育消费活动。因此，亲朋好友的意见对体育消费者有较大的影响，有时他们的看法要比体育消费者家里人的意见更为重要。

由于经常在一起学习、工作，因此体育消费者也常受到来自同学、同事的影响，特别是一些参与型（如健身健美、打球等）的体育消费者活动和观赏型（如比赛、表演等）的体育消费者活动受同学、同事的影响更大。因此，有些体育经营单位就制定了一些与此相关的营销策略。例如，舒适宝健身中心一个会员可以免费带一人入会的促销活动；天马高尔夫球俱乐部一张会员卡可以带四个非会员打球；等等。

除此之外，体育消费者在平时生活中与左邻右舍的往来也十分密切，购买体育商品时邻居之间相互影响也较强烈。

2．间接相关群体

间接相关群体是指与体育消费者接触不太密切或根本没有接触，但对体育消费者行为有一定影响的个人或组织，间接相关群体一般可分为两类，即体育商品品评者和潮流导向者。

（1）体育商品品评者。

日常生活中，有人常谈论商品，喜欢给别人出主意、提建议，帮助别人选购商品，这些人可称为商品品评人。专门对体育商品发表建议的人称为体育商品品评人。随着体育消费层次的逐渐提高，体育消费范围的不断扩大，还出现了引导或组织体育消费活动的职业协会、学会及其他社会团体组织，如球迷学会、沙龙等。这些团体通过向体育消费者传递体育商品信息，组织体育消费者参与体育消费活动，以此对体育消费者行为产生影响。

商品品评者能够影响体育消费者的购买行为，其原因如下。

①"精通"体育商品。

"精通"仅指某种体育商品的品评者，在评论这种体育商品时，十分自信地义务提供体育商品的信息和建议。如果某个体育消费者正在选购家庭健身器材，而又对家庭健身器材缺乏技术知识，那么体育商品品评人的意见将对其购买何种功能、何种品牌的家庭健身器会起到决定性影响作用。

②让人相信，易于接受。

体育商品品评者是在没有报酬的情况下发表见解（除非经营单位有意安排），只是出于热情，或出于显示自己的专长、知识等，帮助体育消费者分析体育商品的优缺点。因而，体育消费者乐意接受品评者的信息和观点，并认为这种信息和观点比较客观，且无偏见。

③既有肯定，也有否定。

一般地说，发自经营单位的体育商品信息，以宣传体育商品的优点为主，而体育商品品评者发出的体育商品信息往往既有肯定，也有否定。品评者常把体育商品或服务的优点、缺点如实地告诉体育消费者，这也大大增强购买者对信息的可信程度。

（2）潮流导向者。

潮流导向者主要指社会各界名流，如影坛明星、歌星、体育明星等。体育消费者个人不是这种团体的成员，但仰慕这些社会名流，狂热模仿其消费行为。潮流导向者的体育消费行为是导致体育商品流行的主要原因。体育经营单位应充分重视体育消费者的崇拜心理，利用潮流导向者，引导体育消费者的流行消费，以扩大体育产品的销售。如中国女足队长孙雯率领中国女足获得了世界杯比赛的亚军，由于她本人技术精湛、品质顽强、射门进球最多，被评为世界球星并荣获"金靴奖"。

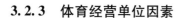

3.2.3　体育经营单位因素

体育经营单位作为体育市场营销的主体，其行为每时每刻都受到体育消费者的关注。如果多数体育消费者对体育经营单位产生好感，并形成有利的舆论，就会踊跃地购买该企业的产品。因此，体育经营单位在分析影响体育消费者行为因素时，切不可忽视自身因素对体育消费者行为的反作用。影响体育消费者行为的体育经营单位自身的因素很多，主要有以下三个方面。

1. 体育经营单位形象

体育经营单位形象是指经营单位在社会和人们心目中的地位，它是体育经营单位经营能力、公关能力等各种能力的综合体现。良好的体育经营单位形象是经营单位的无形财富。在体育市场已经建立良好形象的体育经营单位，其体育产品就容易得到体育消费者的信赖和偏爱。如果体育经营单位的形象低劣，体育消费者就会对其体育产品产生抵触情绪，使经营单位失去体育市场。因此，体育经营单位必须注意通过各种有效途径，如赞助公益事业、为体育消费者提供周到服务等，树立和维护其良好的社会形象。体育经营单位应该认识到，写在意见簿上或向经营管理人员直接反映的意见只是少数体育消费者的意见，而多数体育消费者总是将自己的意见于体育经营单位外部传播。体育经营单位的营销人员偶有处事不当或服务态度不周到，使经营单位失去的就不只是一两个体育消费者或一两笔生意，而往往导致体育经营单位在体育消费者心目中良好形象的消失。

2. 体育产品形象

体育消费者对于经常接触的体育商品往往形成一种印象。体育产品形象实质上是体育经营单位形象的体现，体育产品形象的好坏直接影响到体育产品的销路。

一个体育产品进入体育市场后能否引起体育消费者的注意，首先取决于体育产品本身的吸引力。体育消费者对吸引力大的产品做出较迅速的良好反应（观察、向往、购买），没有吸引力的体育产品，体育消费者则会无视其存在。如商业性比赛，被邀请的客队水平高、阵容齐，则比赛门票就比较好销；反之则相反。因此，体育经营单位要使自己的体育产品为体育消费者所喜爱，必须从两个方面着手：一是搞好体育产品定位，使体育产品在目标体育消费者心目中被视为满足某种体育消费需要的必需品；二是根据体育消费者的情趣和爱好及体育消费研究消费热点，使体育产品的设计、特点、品牌及广告宣传等都能投体育消费者所好。多数体育消费者对体育产品的看法是建立在客观、明智的基础之上的。因此，体育经营单位要善于听取和重视体育消费者的意见，为自己的体育产品创造容易被人们认识接受的形象。

3. 体育经营单位的销售服务工作

体育经营单位销售服务工作的好坏，不仅关系到体育消费者是否当时、当次购买，而且关系到体育经营单位的地位和形象，从而决定着体育消费者是否重复购买，决定着目标市场的存在。通常体育经营单位的销售服务工作包括以下三个方面。

（1）售前服务。

售前服务是指体育经营单位与体育消费者在体育商品销售前的信息沟通：信息交流需要调查、交往。体育经营单位通过调查、交往可以了解其在体育消费者心目中的地位和信誉，把握体育消费变动趋势。没有对体育经营单位体育经营与体育消费者需求的差距。进行周密的调查研究，体育经营单位的经营活动就可能陷入盲目境地。

经常与体育消费者保持有效的沟通和联系，赢得体育消费者的友谊和支持，能使体育经营单位占领和保护体育市场。沟通的方式很多，如口头沟通、书面沟通、宣传沟通、销售沟通等。体育经营单位只有不断地与体育消费者保持信息的交流，才能促进和指导体育消费，通过使体育消费者满意而达到自己的目标。

（2）售中服务。

售中服务是影响体育消费者将购买决策转变为购买行动的重要因素。一个善于同体育消费者打交道的体育经营单位，就会在体育产品的销售过程中，根据体育消费者的不同心理，提供各种咨询服务，排除购买疑惑，提供技术指导。热情、耐心和周到的售中服务，往往能促使体育消费者在良好的气氛中迅速实现购买。

（3）售后服务。

体育经营单位的体育产品售出以后，特别是一些实物型体育产品售出以后，不是销售工作的完成和结束，而是销售工作仅完成了第一步。体育消费者在购买体育商品后，通过购买评价，若对该体育商品不满意，就会导致下次购买的转移，且这种转移的扩散力很大。体育经营单位的售后服务工作往往还可以弥补体育产品本身的缺陷，且在售后服务当中能进一步加强与体育消费者的沟通，为体育经营单位提供反馈信息，促使体育消费者重复购买。售后服务是一门竞争性很强的艺术，每个体育经营单位都应当根据自己的特点，在售后服务中充分发挥想象力和创造力，创造出各具特色的售后服务内容和形式，以赢得体育消费者的青睐。

除此之外，体育消费者行为还受其他一些因素的影响，如闲暇时间、气候条件、大众传播媒介的炒作以及其他文化消费市场的竞争等。体育经营单位只有认真分析研究影响体育消费者的各种因素，才能在经营活动中掌握主动权并取得较好经济效益。

第4章

消费社会影响下的城市居民体育消费

4.1　消费社会基本概述

随着科学技术的进步、生产工具和劳动的转变，人们进入消费社会的时代。在资本主义社会之前，生产的交换是剩余物品的交换。在资本主义社会，生产的目的从使用价值变为交换价值，商品的交换形式逐渐渗入人们的社会生活中。进入消费社会之后，消费占据主导地位。人们通过消费来建立社会关系，消费者和消费产品之间的角色关系发生了翻转，消费者不再是具有选择权和自由决定权的主动性和能动性的主体，而是在被消费所绑架的状态下的无意识的、被动的消费机器。鲍德里亚看到了消费社会的本质，进行了对消费社会的理论研究。本书关于消费社会的理论采用鲍德里亚的思想。

4.1.1　消费社会的内涵与特征

1. 消费社会的内涵

消费在古典经济学中被解释为对物品的使用和对服务的拥有，消费是为了满足人们的基本生活需求。鲍德里亚认为，在消费社会，人们消费的对象不再只是与衣食住行有关的内容，身体、意识形态等都能成为消费的对象。商品在消费社会被赋予了一定的符号意义，人们在消费某一商品时会优先关注其背后的符号价值。鲍德里亚认为，消费社会是一个被符号操纵的社会，与以往的生产社会相比，消费社会的生产力水平更高，消费在社会中具有支配作用，消费决定生产。大众传媒通过广告等形式刺激大众消费，人们不再为了满足基本的生存需要而消费，而是关注商品背后的符号意义，通过消费来体现或提升自身的社会地位。

鲍德里亚指出，消费成为一种整体性的行为，是如今一切其他存在的基础。他认为，消费的对象——商品在消费社会中进行了一种升级和进化，由原本被动的、被选择的状态进化为主动消费的引导者。而真正的主体——人（消费者）在消费行为中则沦落为物的附属品，成为索绪尔所说的，被消费品支配的存在。正如鲍德里亚在《消费社会》中写道，生产者以符号取代了商品本身，并借助于符号之间的逻辑联系构建商品之间的关系桥梁，人们面对产品时，面对的不仅仅是单一的产品，而是与之相关的整个生产链条，消费不再是独立的消费活动，消费活动凭借商品符号链接为一个整体。在鲍德里亚看来，人们生活在消费社会中，消费都是被控制的。所以在他看来，在消费社会中，消费者是被操控着的。我们处在"消费"控制着整个生活的境地，所有的活动都以相同的组合方式束缚，满足的脉络被提前一小时一小时地勾画了出来。鲍德里亚消费理论的核心就是符号理论。

"丰盛"造成物质消费行为的变化，消费的对象从商品的使用价值转变为符号，生产也不再是商品使用价值的生产而是对符号意义的附加，在虚假的生产繁荣中，符号夺取了生产的控制权。消费达到了一个很高的水平，变为消费主导着社会，消费是生产的目的，消费也是消费的目的。在此基础上，广告等大众传媒的推动对消费起着很大的引导作用，在此引导下，消费推动着社会的发展，引导着社会的生产与消费，社会消费不断刺激着新的消费的出现。在消费社会中，人们觉得实现了自身的价值与意义。

"消费社会也是进行消费培训、进行面向消费的社会驯化的社会，也就是与新型生产力的出现以及一种生产力高度发达的经济体系的垄断性调整相适应的一种新的特定社会化模式。"鲍德里亚的消费社会与其他的消费社会研究不同之处在于对消费社会的定义上，理论及基础前提是商品的使用价值不再是消费社会中的对象。在鲍德里亚看来，传统的消费在消费时主要看到的是消费的商品与服务，通过单纯的购买来满足消费需求。但在消费社会中，消费者被消费欲望所控制，人们对消费欲望的满足已经不再是单纯的对购买商品和服务这些最基本的需求。消费者在消费时也不是单纯地购买物品了，而是这些物品之间存在差异的符号，在加入了人自身之后，人、物、主体、客体之间都存在于符号体系之下，符号社会就产生了。

鲍德里亚消费社会在传统社会的基础上，与之前的生产社会相比，其改造客观物质世界的能力逐渐增强，社会物资越来越充分。消费社会也不再像之前的生产社会一样，将生产作为整个社会的核心，消费社会更多的是鼓励消费，促进社会消费，从而促进社会的发展。生产是生产社会的主要目的，而消费社会中只需要达到消费这一个终极目的。消费社会的所有都是消费，消费者按自己的喜好购买商品，并依据自身的消费水平去购买，这是生产社会中出现的现象。在消费社会中，广告等大众传媒引导着消费者的消费，决定着消费者的喜好，无限制地引导人们去消费，制造消费，刺激消费，尽可能地让社会充满物质，形成物质丰富的社会。人们在消费中得到满足，实现自己的价值。

2. 消费社会的特征

首先，劳动产品不再仅仅是物质生活的基本需求，而是跃居消费前列。正如鲍德里亚所描写：人们为过剩的商品建造了繁华的聚集地——大型商场，在这里，商品构建了一个完美的乐园，人们沉溺于物的极大丰富之中，对于遗留在基因中的对于物的缺乏的不安全感淹没于商品的琳琅满目之中，过剩的劳动产品充斥在人们眼前。过剩的劳动产品无处消耗，资本家为使这些本不需要的过剩产品转化为利益，推动了消费的产生，制造虚假的消费需求，人们的消费行为不再局限于"所需"商品，而是转入"娱乐消费"。消费渗透到了每一个人的日常生活中，成为人们的生活方式。消费行为产生于对劳动产品使用价值的需求，这是自然产生的合理状态，而问题在于，在资本主义生产力飞跃式的进步以后，生产远超过需求，物质世界的改变带来了观念的变化，人们为自己生产的每一种劳动产品都冠以独立的商品名称。当工人作为消费者而非生产者的时候，在他们的观念中，消费的对象成为一个整体。在这个观念转变的过程中，现代传播手段起到了至关重要的作用。鲍德里亚认为，商品符号就是通过广告这一现代商业传播手段渗透到人们的意识中去的。符号的意义不仅是表征，而且符号不仅是商品的抽象代表，在对商品的抽象表达中，符号也同时象征着人们的社会财富和社会身份。鲍德里亚批判这种符号带来的虚假性自我安慰是商品大生产带来的表象，它建立在消费基础之上，使人们丧失与物的真正联系，人的个性仅能通过消费这些虚假符号来实现。

其次，鲍德里亚批判人们在资本主义商品生产条件下对商品符号的极度迷恋，这种虚假性的迷恋掩盖了真正的剥削关系，使剥削这一事实变得日趋复杂，难以厘清，最终将导致人们对剥削行为的视而不见，资产阶级与无产阶级的对立被消解在消费的虚假之中。中产阶级的崛起作为后现代资本主义的显著变化，正在向人们展示剥削逐渐被掩盖的历史进程，值得注意的是，中产阶级作为资产阶级和无产阶级的"缓和地带"并不是不存在剥削现象，资本主义同样在剥削着中产阶级。伴随着科技的飞跃发展，资本主义生产产品的能力也同样极大增强，为了消耗这些商品，获取更多的利益，资本主义利用大众传媒引导人们的消费行为，将人们引诱至物质生活和精神生活的永远不满足的渴求状态。人们对虚假符号的无止境的渴望，在造就商业帝国神话的同时，也在造就着消费社会的意识形态。

人们在丰富物质的前提下，表现出对物的崇拜和价值的需求。在消费社会中我们可以看到"今天，在我们周围，存在着一种由不断增长的物、服务和物质财富所构成的惊人的消费和丰富现象，它构成了人类自然环境中的一种根本变化。""物"构成了消费社会的全部基础，它存在于社会生活的全部领域，对消费社会的考察一定要从对"物"的研究开始。什么是"物"？鲍德里亚将"物"定义为由社会劳动所生产的劳动产品，相对于"自然之物"，鲍德里亚所指的"物的丰盛"更是包含了人的劳动的商品的丰富。他认为，只有在商品极大丰富的情况下，消费社会才是有可能实现的。这不仅是消费社会的前提基础，也是消费社会的首要特征。在消费社会，"物"是如何成为资本家获利的商品的？鲍德里亚指出，商家在消费社会改变了以往的销售模式，商品不再是以单独的、完整的形式提供给消费者，而是被拆分为不同的商品部分去诱导或者是说强迫消费者消费。系列化商品的出现正是这种经营模式的产物，消费者被一步一步引入商家的圈套，在永无止境的消费的监牢里困顿求生。商家通过更新换代甚至是微小的改变不断刺激新的消费产生，商品不是唯一的消费对象，人自身也将成为消费的对象。鲍德里亚指出，由于对于消费品的价值的不正确认知，消费品的价值脱离了价值规律，以不正常的价格成为人们追逐消费的对象，这种过度赋予导致了人们忽视了商品本身的使用价值而仅仅看到被消费附加的符号价值。人们沉浸在商品之中，商品逐渐渗透到人们的生活乃至身心。如何生活、如何行为、如何思考等都将受到商品的支配和影响，人们对自身的审视，对世界的审视，也在被商品所改写。鲍德里亚对"物"的深刻剖析使得整个"消费社会"清晰地展现在人们面前。同时，鲍德里亚毫不犹豫地表示了对这个商品构成的、虚假的"物的丰富"的社会的厌弃，与其他学者对商品的美化态度不同，鲍德里亚并不认为商品的极大丰富就是历史前进的标志。他更为向往原始社会的生存状态，他指出，由于原始社会时期人们的生产能力有限，只能生产维持生活必需的物品以保持种族的延续，这种"物的匮乏"反而体现了公有制的最大优势——无功利关系。人与人之间不存在功利的利益算计，因而人们之间的社会关系也是和谐而友善的。他指出，正是"物的丰富"带来的商品交换破坏了这种风气，使得美好的社会形态被打破。他渴望回归到交换产生之前，人们还是通过自给自足满足全部生活，在自己的能力范围内满足自身，不去贪婪虚假的不必要消费。在这里，鲍德里亚打碎了资本主义渲染的商品神话，消解了虚假的所谓"物的丰富"的商品堆积，物的需求的满足不再是量化的结果。

4.1.2　消费社会思想的源泉

1. 马克思的消费思想

马克思的著作中对于消费异化的论述虽然多有体现，但他本人并未明确提出消费异化的概念，此后无数学者在马克思对劳动异化的分析中开辟新的批判道路，这一新概念是他的异化思想在资本主义商品生产条件下对消费行为的全新分析而得出的新理论。马克思在《资本论》中以商品为出发点，围绕资本这一核心展开对资本主义的全面批判。在此过程中，消费异化作为资本主义状况下的必然产物也逐渐清晰地展现在世人面前。马克思指出，资本主义的消费，实质上就是资本生产的产物，由于资本生产的本质正是剩余价值的生产，那么资本主义状况下的消费，就不仅仅是人满足自身需要的自然消费，而是被资本异化了的对剩余价值的消费。

在鲍德里亚看来，马克思的拜物教理论是通过商品和货币两个维度来实现对资本主义社会的统治实质的揭露和批判。马克思在《资本论》中开篇即是对作为资本主义基础的商品的分析，不同于以往古典经济学的研究，马克思在对商品的分析时详细区分了商品的价值和使用价值的区别。在马克思看来，在商品自然属性的使用中体现的是人同物之间的关系，而作为商品社会属性的交换价值，体现的则是人与人之间的关系。只不过，在资本主义状况下，这种人与人的关系被物与物的关系所掩盖，而物对人的支配关系作为更深层次的隐含关系，更是被古典经济学家们完全忽视了。

马克思在《资本论》中指出，在以私有制为基础的商品经济中，人与人的社会关系被物与物的关系所掩盖，从而使商品具有一种神秘的属性，似乎它具有决定商品生产者命运的神秘力量。马克思把商品世界的这种神秘性比喻为拜物教，称之为商品拜物教。按照马克思的观点，商品的魔力就在于，在资本主义私有制中，商品体现的物与物的关系掩盖了商品体现的人与人之间的关系，从而使人们对商品的"价值"魔力充满崇敬和崇拜，商品拜物教也因此诞生。这种宗教般的狂热来自人们对商品自身属性的模糊解读，根源上讲，来源于被物与物关系遮盖的人与人的关系。

2. 卢卡奇的"物化"理论

卢卡奇是西方马克思主义的杰出代表，他的"物化"理论与马克思的异化思想和商品拜物教具有内在的关联性。卢卡奇指出，人们受控于商品并逐渐丧失了主体性，变得机械化，人与人之间的关系也变得越来越冷漠，人与人的关系被人与物的关系所取代。鲍德里亚的思想中也有卢卡奇"物化"理论的影子，他认为人们在消费社会中被丰富的物所包围，渐渐忘记自身的不幸。

3. 列斐伏尔的日常生活学说

列斐伏尔是鲍德里亚在就读博士学位期间的导师，他的思想对鲍德里亚具有重要影响。列斐伏尔运用马克思的异化理论对日常生活中的异化现象进行批判，鲍德里亚和列斐伏尔一样，都关注到日常生活中的消费异化现象。列斐伏尔提出了"受控消费的官僚社会"这一说法，他认为社会大众的消费行为体现了统治者对社会的控制，大众逐渐丧失主体性，被统治阶级操纵。另外，列斐伏尔认为，在日常生活中人们的消费行为被广告所主导，鲍德里亚也在其思想中阐述了广告符号编码对人类生活的控制。

4. 符号学理论

索绪尔是符号学的代表人物，他认为符号由能指和所指构成，能指是指声音想象，所指是指概念。罗兰·巴特在分析了索绪尔语言学的基础上，将对意识形态的批判由对主体性操控的分析转向对客体的物进行分析。运用符号学的理论，具体分析物在意识形态领域中的存在模式。通过这种方式，揭露资本主义对意识形态的操控手段。罗兰·巴特在索绪尔语言学的基础上，认为符号语言包括语言的声音和语言的概念，即能指和所指。语言的声音构成了语言的物质基础，语言的概念是语言的意义和内行，是语言的精髓，二者共同构成语言。罗兰·巴特同时将符号与物结合，认为物在被赋予了符号的意义之后，它的价值才会显现，但在此时，物的使用功能便被抛弃。罗兰·巴特认为通过符号将物与人们的生产方式联系起来，物具有了新的符号内涵，物获得了人们的重视，人们通过物与物之间的交换、购买等其他的行为实现物的功能。在赋予符号功能之后，物变得越来越抽象化。物被符号化之后，就变成了语言的承托，物通过语言变成了符号，物也代表了语言，物就代替了符号。物的功能在符号相比之下，符号又变成了物。鲍德里亚采取了巴特的符号学研究，都揭示了物与符号之间的关系，以及对资本主义意识形态的作用，巴特的符号学分析为鲍德里亚思想的形成提供了依据，尤其是罗兰·巴特的流行服装符号学分析，进一步为政治经济学批判提供依据。

5. 马尔库塞的"虚假需求"

马尔库塞将他所处的社会描述成一个没有灵魂的社会，人们丧失了批判意识，促使社会变成单向度的社会，而身在这个社会当中的人变成了单向度的人。马尔库塞介绍了"虚假需求"和"实际需求"的区别，

"虚假需求"是外界强加给消费者的,而"实际需求"是满足人们生存所必需的。这一点在鲍德里亚的思想中也有所体现,鲍德里亚认为大众传媒尤其是广告在很大程度上刺激了消费者的消费欲望,消费者更关注的是商品的符号价值,而不是它的使用价值。

4.1.3 消费社会背景下我国经济社会的发展

1. 我国社会的消费现状

随着时代的不同,科技的发展,人与人之间的沟通更便利了,信息的传递更有效率了,打开朋友圈,铺天盖地的认识的不认识的都在晒着自己的幸福生活。打开微博,明星吃什么、明星穿什么、这个季节最流行的服装、最时尚的生活方式,无时无刻不在刺激着消费。在商业媒体的煽动下,花多少钱,消费什么商品和品位、智商、阶级紧密地绑在一起了。举个很简单的例子,很多人都不了解 Supreme 到底是怎么一回事儿,甚至经常有拼成 Superme 的。这个潮牌最值钱的就是这个标志(logo),花好几千买件这样的衣服套在身上就是时尚潮人了,无时无刻不在刺激人们去消费。有数据调查,从 2016 ~ 2018 年,"90 后"群体的消费总额涨了好几倍,可是收入却只提高了百分之十几,花呗、白条、信用网贷又一次拉动了内需,刺激了经济,很多人早早陷入了这种"马蒂尔德陷阱"。官方发布的《2017 年年轻人消费生活报告》,数据显示,中收入群体似乎在消费行为上更加大胆,也更倾向于贷款消费。中国 1.7 亿的"90 后"中,平均 4 个"90 后"就有 1 个人在用花呗进行信用消费。淘宝一类的网络购物平台带来了营销理念的狂轰滥炸,新媒体平台和网络社交平台成为这些消费理念灌输的主要阵地,营销号赋予物质消费各种没有的词汇,通过符号构造理想的生活状态,刺激消费者的不满足心理,进而推动购物欲望。"消费主义"成为年轻群体的普遍认知,中高档奢侈品几乎成为青年群体人生价值的首要象征符号,商家为了刺激消费无所不用其极，偷换概念、饥渴营销、发放贷款等手段已经屡见不鲜。近十年来，中国金融行业尤其是互联网贷款业务迎来了发展的黄金时期，各种混乱的贷款公司以青年群体为目标，大发横财，"校园贷"现象也屡禁不止。

在今天，拜金主义仍然存在我们的社会中，还有些人盲目追求高消费。这对政治、经济、社会、思想各个方面都带来了影响。

现如今我国的不同消费模式造成了不平衡的消费现象，各地区消费水平差异很大，对比西方社会，我国目前消费状况更加复杂。所以，我们要具体分析我国的实际消费情况，不能照搬西方社会的消费理论，在此基础上，取其精华，去其糟粕，吸取对我国社会有益的部分，形成适合我国国情的理论，进而构建和谐消费模态，促进我国社会的发展。

2. 处理好生产和消费的相互关系

在马克思的生产与消费的关系中，认为二者是辩证统一的。生产决定消费的对象，生产决定消费的方式，生产决定消费的质量和水平，同时生产为消费创造动力。马克思认为，生产直接是消费，消费直接是生产，每一方直接是它的对方。鲍德里亚指出，二者的统一在消费社会被无限放大，消费成为具有延展性的行为，生产也成为链条式的产业模式，生产与消费是彼此的媒介，生产媒介着消费，消费也媒介着生产。消费生产着生产，生产出来的产品流入市场，变成商品被消费。消费也会成为新一轮生产的源泉。在消费社会中，消费带动生产，消费引导着生产，越来越多的人觉得只有消费才能创造价值。随着我国社会的发展，物质生活的丰富，马克思的消费理论在当今仍具有现实意义。改革开放以后，我国生产力迅速发展，同时也具有巨大的提高空间，仍应该进一步发展生产力，依靠生产力的提升进一步优化消费，以人为本，促进新的消费模式的产生。改变依靠投资拉动消费促进经济增长的模式。在马克思看来，商品的购买力主要由收入水平和分配关系决定。同时要注重精神层面的消费，提高个人修养，重视文化、旅游、教育等方面的消费，充实精神世界，这样才能更好地对待消费与生产的关系。在理性消费的同时树立正确的消费观念。

3. 构建科学健康的消费模式

目前我国还处于社会主义初级阶段，在这种背景下要求我们要具有理性和节约的消费观念。然而随着经济全球化的加深，发达资本主义国家的消费方式也日益影响着我国的消费者。在西方发达国家人们的意识中，符号消费占据主体，大量的广告等营销方式无时无刻不在刺激人们去消费，人们认为在消费过程中能体现出自己的社会地位和自身价值。

科学消费主要包括安全健康消费、适时适度消费、正确选用商品和可持续消费等，是指符合人类身心健康和全面发展的要求、促进经济和社会发展、追求人与自然和谐进步的消费观念、消费方式、消费结构和消费行为。在我们的消费中，主要包括精神消费和物质消费。我们要处理好二者之间的关系，才能促进其共同的发展。物质条件是人类生活的基础，在满足了基本的物质条件乃至更高追求的物质需要之后，对精神生活的满足就变得越来越重要。随着西方社会现代化的进程，消费主义在带来利益的同时也对社会现代化产生了一些障碍。一些人认为金钱地位崇高，一味地追求金钱，这与我国所倡导的优秀传统文化背道而驰。在社会劳动中，也越来越带有功利色彩，人们把金钱作为衡量自身价值的最高标准，丧失了理性的批判功能。所以，对于物质消费和精神消费来说，正确处理二者关系就显得格外重要。所以我们要树立正确的消费观，正确处理物质消费和精神消费之间的关系，使二者健康协调发展，进而促进人和社会的全面发展。我们生活在社会中，一个人自身的价值不是看我们有多少财富、多么华丽的外表，重要的是我们精神世界的充实。树立科学的消费观就要求我们在简单生活的同时自觉树立健康的消费观念，树立积极文明的消费意识，进而促进社会的发展，将物质消费和精神消费有机结合，树立正确的消费观念，最终实现人的全面发展。

4.2　炫耀性体育消费基本解读

体育消费对我国经济的发展具有重要的推动作用，炫耀性体育消费又具有特殊的功能，但也存在着弊端。当今社会处在消费时代，客观研究认识炫耀性体育消费的意义，有助于推动体育消费对经济发展的促进作用；对炫耀性体育消费中的铺张浪费行为进行原因揭示，有针对性地提出解决措施，有助于对炫耀性体育消费的蔓延之风进行遏制；对于广大体育消费群体来说，经过分析炫耀性体育消费的功能和弊端，初步探讨出解决方法，可以帮助体育消费者更加科学地认识炫耀性体育消费，合理把握炫耀性体育消费的度，争取做到趋利避害。

4.2.1　炫耀性体育消费研究的理论基础

关于炫耀性消费，最早的理论来源是加拿大经济学家和社会学家约翰雷的炫耀性消费，他主要从虚荣心的角度来分析炫耀性消费，不过这种理论兴起于 19 世纪 30 年代，与目前所研究的炫耀性消费理论有一些相似的地方，但还是存在很大的差异。美国的经济学家凡勃仑对炫耀性消费进行了深入细致的研究，认为炫耀性消费是有闲阶级为了炫耀有闲、巩固地位和博取荣誉的手段。但是，随着社会生产力的发展，阶级地位逐渐淡化，社会分化增强，炫耀有闲已经不再有效，有闲阶级开始通过消费来促进自身能力的可视化，和他人的消费进行歧视性对比，进而保护或者提高自己的自尊心。这种认识普遍被美国的社会学界和经济学界认可和关注。

4.2.2 炫耀性体育消费的内涵、特征与分类

1. 炫耀性体育消费的内涵

对于炫耀性消费的内涵，国内外并没有形成一个统一的认识，不过，有几个比较有代表性的观点。比如，凡勃伦认为炫耀性消费就是人们为了给自身的权利和财富提供证明，用来获得和保持别人的尊重，满足荣誉需要的消费活动；贝克认为炫耀性消费就是消费者为了提升自我形象，并且希望他们认知自己而进行消费的行为；马尔库（Marcoux）认为炫耀性消费是一个多维的消费概念，有显示社会地位、享乐主义、归属感、人际关系协调和炫示五个维度；奥卡斯（O'Cass）认为炫耀性消费就是人们通过公开消费，向他们传递自身的地位信息，强化自身的形象进行的消费。总之，虽然表述各有不同，但具有很多共性，就是认为炫耀性消费是以消费为途径，向外界传递自身的地位、权利、品味和财富等信息，希望得到他人的认可。

炫耀性体育消费从诞生开始，就和体育联系在一起，凡勃伦在其著作中，认为体育活动、体育比赛、战争和宗教活动一起构成有闲阶级的重要业务，酷爱体育运动是有闲阶级相当突出的特点，不仅表现在有闲阶级喜欢参与体育运动，也表现在有闲阶级喜欢从情感上和精神上支持体育运动，体育消费是有闲阶级进行炫耀性消费的重要途径。不过，本次研究，对炫耀性体育消费进行的是一个广泛意义上的研究，包括炫耀性体育消费的行为、意识和现象，等等，基于此种原因，我们把炫耀性体育消费界定为人们在体育消费中存在的炫耀性消费意识和行为。

2. 炫耀性体育消费的特征

（1）炫耀性体育消费具有普遍性特征。

炫耀性体育消费也是具有普遍性的，只是不同阶层的人的具体表现

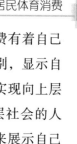

不太一样。比如，处于上层社会的群体，进行炫耀性体育消费有着自己的时间和条件，并且把炫耀性体育消费作为壁垒与其他人区别，显示自己的优势地位；中层社会的群体，希望通过炫耀性体育消费实现向上层社会的圈子的迈进，对于炫耀性的体育消费更加敏感；底层社会的人群，虽然进行体育消费很少，但也希望通过炫耀性体育消费来展示自己的优势。总之，不同学历、不同性别、不同职业、不同年龄、不同体育爱好等人群，只要存在体育消费的地方，基本都可以找到炫耀性体育消费的存在。对于体育运动来说，项目繁多，然而无论哪种体育项目，都有炫耀性体育消费的存在。

（2）炫耀性体育消费具有不稳定性特征。

对于同一个体育消费群体，在不同时间、不同地点、不同环境下的炫耀性体育消费就存在着差异。比如，学生时期，炫耀性体育消费程度稍高，中年时期，程度就会降低；同性面前，炫耀性体育消费的程度稍低，但异性面前程度就会增加。就同一个体育项目来说，不同时间炫耀性程度就不一样，比如网球运动、保龄球运动，在不同时期炫耀性程度就不一样。体育消费是一种非紧迫性和非必须性消费，因时间、环境、心态、经济条件等的改变而变化。

（3）炫耀性体育消费具有差异性特征。

炫耀性体育消费也具有差异性，主要表现在两个方面：不同的体育运动项目的炫耀性强度存在差异，不同体育消费群体的炫耀性特征存在差异。首先，不同体育运动项目的炫耀性强度存在差异，指的是体育运动项目的炫耀性强度分为三个层次：一是高炫耀性强度，比如高尔夫、保龄球、游艇、网球、马术、热气球等，这些类型的体育项目往往需要投入较多资金，容易成为炫耀性体育消费的温床；二是中炫耀性强度，比如篮球、足球、排球、羽毛球、乒乓球等项目，这类消费人群容易将体育运动的服饰、运动装备等作为炫耀资本；三是低炫耀性强度，比如散步、广场舞、民族传统体育等，虽然这种消费群体是以健身为目的，炫耀性程度最低，但也是存在炫耀性成分的，主要是通过运动服装和运动器材进行炫耀，只是程度比中炫耀性强度稍低一点儿。其次，不同体育消费群体的炫耀性特征存在差异，比如我国不同地区的健身人群的健身爱好、经济实力、民族习惯等各方面存在差异，人们的炫耀性消费也存在差异。比如，学生的体育消费，就比那些已成家立业的中年群体炫耀性成分更强；男性和女性相比，女性的体育消费呈现出更强的炫耀性。

（4）炫耀性体育消费具有争议性特征。

炫耀性体育消费自诞生之日起，就存在很大的争议性，炫耀性体育消费拥有炫耀性消费的虚荣攀比的特点，客观上造成体育消费的浪费，并不是基本生存需要，而是满足个人虚荣心的需要。虽然从学术上来讲，炫耀性体育消费是一个中性词，但由于自身所处语境，一般都带有贬义的色彩。因为炫耀性体育消费，尺度很难把握，很容易就造成恶劣影响。比如，高尔夫运动在我国野蛮扩张后，不仅造成浪费耕地，而且浪费水源，造成水污染和环境污染，给社会造成了很不好的影响，对于高尔夫项目和消费群体来说，都有很大程度上的伤害。

（5）炫耀性体育消费具有多元性特征。

体育运动的场地器材设施是实现体育消费炫耀性的场所，不同层次的体育消费群体选择的炫耀性体育消费也不一样。炫耀性体育消费中，物质消费炫耀逐渐向享受消费炫耀转变，不同体育消费人群由于运动项目和炫耀程度不同，呈现出多元化的特征。

3. 炫耀性体育消费的分类

（1）实物型炫耀体育消费。

实物型炫耀体育消费指的是人们购买与体育活动相关的实物而进行的消费，比如名牌的体育运动服装、体育运动杂志、体育运动器材、体育运动食物、体育运动杂志等。不过我们还可以进行深层次的划分，比如名牌的体育运动器材、名牌体育运动服装的购买是为了直接参与体育运动，通过直接参与体现优越感；高价的体育杂志、网站信息、限量体育图书等，是为了增加自身的谈资，通过这些来体现自身优越感；而有些运动纪念品，体育明星海报等，并不能促进人们直接进行体育运动。

（2）参与型炫耀体育消费。

参与型炫耀体育消费指的是购买与体育运动相关的服务型消费，比如健身培训、健康咨询、高端体育运动等，这种高端体育消费，普通家庭很难承受，这也就成为很多人彰显身份的方法。尤其是一些高端会员俱乐部，会费往往令人吃惊，但很多人依然喜欢通过这种消费方式展现其特殊身份。

（3）观赏型炫耀体育消费。

观赏型炫耀体育消费指的是人们通过购买体育门票、比赛入场券等，观看和欣赏体育竞赛或者体育表演，在满足视听觉神经的同时，显示自身的优越感，尤其是购买高价票、购买包厢票，购买热门体育赛事的门票等。比如，上海的网球大师赛，票价比平时高十倍左右，但仍然一票难求。其实，从欣赏比赛的角度来看，其价值未必有平常轮次比赛质量高，但人们就是享受决赛的这种感觉。

4.2.3　炫耀性体育消费的影响

1. 积极影响

从宏观层面来看，炫耀性体育消费对于提升消费群体的社会认同感、提高个人幸福感、促进社会和谐发展、推动全面健身运动水平的提高、提高体育消费群体的生命质量有着重要的推动作用；炫耀性体育消费还可以促进体育产业的发展，包括实物型体育产业、观赏型体育产业、参与型体育产业的发展；炫耀性体育消费还可以成为社会文化的传播载体，促进传媒事业的发展。从中观层面来看，炫耀性体育消费可以促进体育项目的流行，提升公众参与体育运动的兴趣和意愿，促进体育运动项目的推广开展。从微观层面来看，炫耀性体育消费有助于实现消费人群的自我价值，改善消费群体的生活理念，打造健康的生活方式。

2. 消极影响

从宏观层面来看，炫耀性体育消费可能成为造成社会不和谐的重要因素，造成体育消费的异化发展，占用公共体育资源，增加社会负担，甚至破坏生态环境，造成环境污染；从中观层面来看，炫耀性体育消费可能会使一些体育运动项目走向衰落，比如一时兴起的保龄球运动；从微观层面来看，炫耀性体育消费可能会导致体育消费群体的价值观出现歪曲，造成不良的社会影响。

4.2.4 炫耀性体育消费研究的必要性

1. 消费社会来临

根据鲍德里亚的观点，消费社会可简单理解为由于物质的极大富余而兴起的一种以大规模消费为中心的社会形态。"在消费社会，不断增长的消费即意味着个人对幸福的追求……人们现在根据所消费的商品和劳务的质量和数量判断一个人的地位、价值和成功"。这种特点使消费的目的逐步超出追求使用价值和本质功能的范畴，走向炫耀性是其重要表现之一。历经改革开放 40 余年，我国日益呈现出消费社会之特征。不论是进入或正在进入，当今中国消费在社会中所占的位置已越来越重要。国家近年不断强调扩大内需也正是基于对消费功能重要性的认识。

2. 炫耀性消费风行体育消费领域

在消费社会中，消费被赋予更多的意义。很多消费目的已并非满足基本的消费需求，而是用来彰显与展示自己的身份、地位、优越感等，这种消费行为被西方学术界称为"炫耀性消费"。当今社会，炫耀性消费现象随处可见：酒席喜宴，竞相攀比，以贵为尊；奢侈用品、珠宝豪车，非贵不买；吃穿用住，看重品牌……可以说，炫耀性消费具有普适性。这种普适性既体现在不同阶层、人群都具有炫耀性消费行为，也体现在社会各行业包括体育领域均存在炫耀性风气。

将炫耀性消费视角投射到体育消费上可发现：在体育用品方面，追求品牌有时更甚于追求实用；在体育观赏方面，以拥有豪华包厢而自豪不已；在体育参与方面，崇尚贵族运动等。一个具有典型性意义的表现：身着识别度很高的专业装备参与马拉松、高尔夫球、网球等带有"时尚""贵族"标签的运动，并将照片放在社交网络上进行展示，自我满足等情绪溢于言表。有学者发现，一些人进行旅游、休闲、体育活动，是为了把它作为炫耀的工具。这些现象都可置于炫耀性体育消费的研究视野。

3. 体育消费重要性凸显

在消费领域，体育消费发展迅速且潜力巨大。国家不断出台激励政策，为促进体育产业发展、扩大体育消费保驾护航。国务院 2014 年 10 月发布的《关于加快发展体育产业　促进体育消费的若干意见》（以下简称《意见》）提出，到 2025 年，体育产品和服务更加丰富，消费需求愈加旺盛，对其他产业带动作用明显提升，体育产业总规模超 5 万亿元。2015 年更加明确表示："今后的工作重点会放在大力培育体育消费上，让业界感到体育产业巨大的市场蛋糕正在到来。"2016 年 6 月印发的《全民健身计划（2016—2020）》明确指出："到 2020 年，体育消费总规模达到 1.5 万亿元，全民健身成为促进体育产业发展、拉动内需和形成新的经济增长点的动力源。"放眼世界，体育产业在美国、日本等发达国家的 GDP 中的比重远高于我国，预示着体育产业的美好前景。作为体育产业发展的归宿和源动力，体育消费的价值不言而喻。同时，体育消费发展中存在一些问题。主要表现在消费结构不完善、消费观念落后、消费行为异化等方面。调查结果显示，在我国的体育消费中，实物型消费占据主导地位，而参与性消费、服务类消费比重较低，观赏型体育消费还大有增长空间。体育消费结构的不完善与消费观念的落后密不可分，而消费行为中的一些新动向须及早审视，一些新问题应防微杜渐。

4.3　消费社会背景下的城市居民炫耀性体育消费研究

4.3.1　消费社会背景下城市居民炫耀性体育消费形成的理论依据

消费社会理论涉及的符号消费、消费与认同之关系、消费与社会区隔（分层）之关系等理论常被用于炫耀性消费及体育消费的研究和分析中。相应地，炫耀性体育消费现象中的诸多困惑也可在该理论指引下找到答案。

1. 社会分层理论视角

社会分层理论是社会学中最为常用的理论之一，消费社会理论十分重视消费与社会区隔的关系研究。这里的社会分层和社会区隔，表述方式不同，从内涵来讲是异曲同工的。德国学者韦伯（Max Weber）认为，经济地位、社会生活方式和名望、消费方式和偏好等因素将人们归属不同的社会阶层，而且这个划分是不断调整的过程，并非一成不变。这既可作为社会分层理论的朴素内涵，亦交代了该理论的两个主要分支——社会分层、社会流动。

社会分层、社会流动被无数学者作为炫耀性消费、体育消费研究中的重要理论依据或主要研究变量。炫耀性体育消费的产生、发展亦可从这个角度寻求阐释。

（1）社会分层与炫耀性体育消费。

社会分层视角强调消费与社会阶层、个人地位相关。一方面社会阶层、地位、条件决定人的消费水平、消费模式，反过来消费又在建构、塑造着阶层、地位。从社会分层视角阐释消费现象的代表有凡勃伦的地位消费论、布迪厄的身份区隔论等。凡勃伦（Veblen，1899）认为出于展示自我地位的需要，上流社会通过炫耀性消费来显示自己的社会地位，并通过消费竞争来展示地位差别。他同时认识到炫耀性体育参与、炫耀性有闲是其中的重要手段。布迪厄（Bourdieu，1984）认为，消费是各阶层人士进行身份构建并利用自身资本与他人进行身份区隔的方式。

置于体育消费领域，有学者认为对不同体育消费项目的选择与追求，成为区分不同等级和阶层的重要标志。社会下层人士体育消费能力有限；社会中层人士看重体育的实用性；社会上层人士喜欢选择能够满足身份显示和社交功能的体育项目，带有较为明显的炫耀性消费色彩。当然也有研究指出，中产阶级的炫耀性消费倾向最为明显。因为须同时承受向下沦陷的危机和向上发展的欲望，"中产阶级身份焦虑感"最为强烈。面对双重压力，他们除了要小心保护已有的地位和财富外，还需要用炫耀性消费维护和展示符合自己阶层身份的生活方式。炫耀性体育消费既可以满足这种展示需要，又能有助于中产阶级通过体育社交获得进入上层社会的资源，往往成为他们的不二选择。

（2）社会流动与炫耀性体育消费。

社会流动即个人或社会对象从一个社会坐标到另一个坐标的转变，分为水平流动和垂直流动。垂直流动是个人或群体社会分层的上下变化。

体育参与作为提升社会地位的手段由来已久。罗伯特·莱克（Robert J. Lake，2009）归纳了 12～18 世纪法国贵族"参与宫廷网球→体现炫耀性消费→实现向上流动"的逻辑过程。维多利亚时代，许多中产阶级热衷于将参与炫耀性体育运动、加入高层次体育俱乐部作为进入上流社会的途径。闻名遐迩的全英草地网球俱乐部，被作为尊贵地位、身份的象征，就创建于此背景下。进入 20 世纪，部分社会下层群体也拥有了通过参与体育运动实现向上流动的机会。职业体育的发展使得工人阶级通过参与运动获得经济收入及社会地位双丰收成为可能。一名牧马工人参与马术运动这一炫耀性色彩浓厚的体育项目，最开始可能仅仅是因为职业需要。

（3）体育消费分层与炫耀性体育消费。

部分学者利用社会分层理论审视体育消费，并形成了"体育消费分层"的说法。胡乐乐等引用学者彭森（Penson）的观点，用金字塔型模拟社会阶层与体育运动参与间的关系：处于塔尖的上层，选择马术、高尔夫、网球等项目；处于塔身的中层，选择登山、羽毛球、游泳等项目；处于塔底下层，多选择健身操、足球、篮球、排球等项目。张宇等（2012）根据符号消费的差别，将目前我国体育消费划分为"贵族运动"体育消费、时尚体育消费、公共空间体育消费、"麻将"体育消费。其中前两类带有较明显的炫耀性消费色彩。在此，社会阶层与体育参与消费的选择直接挂钩，阶层越高，选择炫耀性体育消费项目的可能性越大。

社会上层因掌握的社会财富、资源优势便于参与炫耀性体育消费；社会中层可能因为身份焦虑选择参与炫耀性体育消费；社会下层因向上流动的强烈动机而借势于炫耀性体育消费。从这个角度看，炫耀性体育消费也具有一定的普适性。

2. 符号消费理论视角

同样由鲍德里亚（Baudrillard，1968 年著，2001 年译）提出的符号消费理论是消费社会理论的重要组成部分。它将消费看作一个虚拟的总体，其中所有的物品和信息，构成了一种符号化的系统操控活动。简单地说，符号消费就是把商品当作"表达意义或传递信息的符号来操纵和使用"的消费。很多学者看到了炫耀性消费和符号消费之间的密切关联，更有部分学者将炫耀性消费归入符号消费理论范畴之中。"符号消费其实是消费者的一种自我实现，或是为了体现自我价值，也包括'炫耀性'因素在内。"鲍德里亚认为炫耀性消费本身是一种符号消费。

无论以传统还是新锐视角审视，炫耀性体育消费的内涵和表现都与符号消费有很大的契合性。

（1）地位、名誉——传统视角下炫耀性体育消费中的符号意义。

首先回望炫耀性体育消费的产生之路：消费者通过某种特定的体育消费过程来实现身份、财富、权力、声望等的彰显和提升。这里的"身份、财富、权力"基本可归纳为"地位"，"声望"基本等同于"名誉"，如此一来，与凡勃伦（Veblen，1899）对炫耀性消费定义中所提的为追求"地位、名誉"而消费完全符合，因此这种特定的体育消费就成为炫耀性体育消费。进而，按照符号消费理念，"地位、名誉"都是体育商品抽象的、触不到的价值，也就是其本身所承载的符号意义，人们之所以愿意花更高价格来参与某些特定体育消费就是因其具有这种符号价值，这样炫耀性体育消费从某种程度上成了符号消费。

炫耀性体育消费常被作为符号消费的宠儿。因为"体育能明显提升和强化符号……将体育与消费品结合，可以给一个简单的功能性的产品赋予特殊意义，显著提升其价值和层次，让消费者产生情感性和认知性的卷入。"在提升体育商品的价值和层次等方面，炫耀性体育消费无疑表现更为突出。

（2）品位、个性——新锐视角下炫耀性体育消费中的符号意义。

随着时代的发展，炫耀性消费的符号意义出现了新的旨归：购买高价物品不再是唯一的炫耀途径，相反，有时还会有"土豪""庸俗"之嫌，人们越来越倾向于以消费的"品位"来凸显自己的特殊价值。正如布迪厄（Bourdieu，1984）所言，炫耀性消费的符号价值诉求不一定通过购买高价商品，而完全可以通过文化品位来实现。基于此，"品位"成了炫耀性体育消费的另一个重要符号意义。"以运动服为例，如今服装的分类出现了专门的网球衫、高尔夫球衫等。身着专业服装的人，展示出一种符号，即：我有独特的品位，同时还是该项运动中的高手……折射出他（她）的品位特征、消费倾向等。"

除此之外，当炫耀性体育消费个体的社会、经济资本（地位等）和文化资本（品位等）保有量趋同时，"个性"这一符号意义逐渐受到重视，主要体现在体育消费的独特性需求上。近年极限运动、探险运动之所以深受时尚人士追捧，很大原因是这些项目可以彰显个性这一符号信息，就连最普通的路跑运动中，爱好者们也会竞相在装备和造型的个性上下苦功，甚至不惜代价。

至此，炫耀性体育消费定义中的"身份、财富、权力、声望、个性、品位等地位或识别信息"都已经纳入符号消费的视野中。地位（身份、财富、权力）、名誉（声望）、品位、个性的符号意义组合可大体划分为两个层面：社会层面——地位和名誉，个人层面——品位和个性。一般而言，社会层面的符号意义受到外界环境、社会传统等客观因素制约，个人层面的符号意义容易被个人价值观等主观意识左右。

3. 认同理论视角

认同（identity）堪称西方现代社会学、社会心理学最流行的术语之一，也有译作"同一性、识别、身份"等。认同理论思考和解决的是"我（我们）是谁，我（我们）属于谁，我（我们）来自哪里"这几个基本问题。随着全球化和现代化的冲击，一系列的认同问题随之而来，催生了认同研究的热潮，衍生出很多理论分支，运用较多的如"自我认同、社会认同、国家认同、民族认同、集体认同"等。

消费社会倾向于将体育消费行为作为认同过程。其中，社会认同、自我认同对炫耀性体育消费的解释作用正可与前文对炫耀性体育消费符号意义的社会层面和个人层面的两方面划分相契合。

（1）社会认同与炫耀性体育消费。

社会认同（social identity）是一个人对其所属的社会类别或群体的

认识，也包含两个层面：一是个人属于或感到自己属于某个社会类别（阶层、政治团体、体育团队等），二是根据所属的类别来描述和界定自己。社会认同对炫耀性体育消费的影响，可以借助塔费尔（H. Tajfel，1982）的认同思想进行分析。他将社会认同分为三个过程或部分：社会分类、社会比较、积极区分。

①社会分类。"物以类聚，人以群分"，生活中，常按照一定标准把人归入不同的范畴或类别，以方便认识。这种分类的目的和效果有"群内偏向"和"群外歧视"两种。以体育消费参与为例，消费者选择某一体育消费项目，往往主动组建团队，团队内部互相鼓励和认可，体现出归属感；对外大力宣传，体现出优越感和炫耀性。一些带有显著炫耀性标签的体育俱乐部，如游艇俱乐部、高尔夫俱乐部等团队，其运作较一般体育项目俱乐部更明显体现出这样的特点。这种归属感和炫耀性有利于加强群体内部稳定性和向心力。

②社会比较。塔费尔（1982）认为，群体之间的互相比较是群体成员获取社会认同的重要手段之一。比较过程中，个体倾向于将所属群体贴上积极标签，将其他群体贴上消极标签。如果比较结果令其不满，他就可能离开其所属群体而投身他认为更优秀的群体。通常，炫耀性体育消费者构成的群体，会带有比较耀眼的光环，使其在社会比较过程中占据一定优势，从而吸引某些对原有消费圈不甚满意的体育消费者投身其中。

③积极区分。指的是个体积极突出自己相比于外群体成员的某些特长的心理和表现。一般而言，炫耀性体育消费涉及的运动项目，普及性相对不高，个体在参与过程中容易取得较突出的成绩和表现。举例来说，为代表所属单位参加上级组织的体育竞赛，甲、乙二人分别选择练习高尔夫和乒乓球，结果可能是，甲轻松在少数参赛者中取得好成绩，而乙则在高手如云的乒乓球比赛中名落孙山。这也是炫耀性体育消费项目受人追捧的原因之一。

（2）自我认同与炫耀性体育消费。

自我认同（self-identity）理论将个人作为社会的一种反映，自我应该被视为一种多维的和组织化的结构，即一个人对自身属性的认知和判断，包含"镜像自我"认同和"反思性自我"认同两个层面。

镜像自我认同，即通过以人为镜建立个人认同，指的是一个人将所属群体的评判标准作为自我认同的依据或者通过他人眼中的自己来进行自我评价。人们购买运动装备、参与体育活动、观看体育赛事已超出对体育的健身、娱乐等本质价值的追求，更希望通过体育消费以达成建构自我认同的目的。一方面，此类消费者将自己设想为周围人群关注的焦点，而将周边人群作为假想的观众，为了使自己在"舞台"上更加特别、与众不同，寄希望于炫耀性体育消费的彰显作用；另一方面，周边人群（参照群体）的体育消费选择具有导向功能，能促使个体在消费过程中表现出跟从性、攀比性和虚饰性，并向其认可的周边人群表达自我，寻求理解，获取肯定和归属感，从而化解自我认同中的焦虑和迷茫。也就是说，参照人群的炫耀性体育消费行为会引发该团体其他成员的跟风、连锁反应。

反思性自我认同，指的是在自我反思指导下构建的自我认同。按照马斯洛的观点，人们都有倾听内在声音并将内部自我向外界表达的意愿。这里的倾听即是反思，表达即是一种构建。这种表达是个人意识外显的过程，其中，消费意识是十分重要的组成部分。尤其是在消费社会中，炫耀性体育消费活动是人们表达自我预期、反映自我意识的重要载体。经过主观抽象，炫耀性体育消费商品和消费过程都容易成为一种自我标榜的符号，这也是为什么一些学者认为自我认同理论与"符号互动论"有传承关系的原因。

认同理论与炫耀性体育消费的相关研究在西方学界多有先例。Belinda Wheaton（2000）以帆板、山地自行车、滑雪等为代表的"新运动"为例，探讨了炫耀性消费与身份认同的关系；Jean Williams（2015）认为人们将足球运动鞋和网球、高尔夫等运动装备作为参与炫耀性消费进而

实现认同的工具。

4.3.2　消费社会背景下城市居民炫耀性体育消费的形成条件

1. 丰富的炫耀性体育消费商品为炫耀性体育消费提供了基础

（1）体育用品极大丰富，高档体育商品琳琅满目。

经过多年积累，体育用品行业供给能力充足，近年仍保持较高增速。以李宁、安踏、匹克为代表的国内运动品牌日益壮大，与此同时，国外高端运动品牌纷纷抢滩中国市场，提供了更多选择。一件高档冲锋衣价格过万，一套高尔夫球杆几十万，大家都已司空见惯。无论是考虑经济实惠还是非贵不买，都可以轻松获得满足。

（2）体育比赛丰富多彩，高端赛事精彩纷呈。

历经 20 余年探索，以足球、篮球、排球、羽毛球、乒乓球、围棋等职业联赛为代表的国内较高层次体育赛事已较为成熟，初步形成品牌效应。同时，越来越多的国际赛事在中国举办。据统计，2012 年国内 1616 项高级别赛事中，有 372 项国际赛事，其中数量最多的依次是高尔夫、网球、马拉松、汽车、围棋、台球、登山、铁人三项、排球、帆船、马术等。诸如上海网球大师赛、F1 中国大奖赛、高尔夫汇丰冠军赛等顶级赛事纷纷落户中国，门票虽价格不菲，仍常常一票难求。

（3）体育设施逐渐健全，高档运动场所增速较快。

截至 2017 年，全国共有体育场馆 195.7 万个，体育场馆服务规模达 1338.5 亿元。其中，高档运动场馆增速突出。例如，2010～2015 年足球、篮球、排球三个项目的新增体育场地基本没有大的变化，而令人惊奇的是网球场地有了良好的发展态势；2009～2013 年，中国高尔夫设施数量净增长 173 家，增幅 49.7%，年均增长 10.6%；18 洞球场净增长 207 个，增幅 47.9%，年均增长 10.3%。2010 年中端健身品牌占 54%，到 2016 年下降为 30%，高端品牌逐渐增多，个人工作室大量涌现。此外，以"私教""个人定制"为代表的高端体育培训业也呈现较一般体育培训领域更为蓬勃的发展势头。以上种种，为满足炫耀性体育消费涉及的实物、观赏、参与、学习等消费需求提供了沃土。

2. 居民炫耀性体育商品购买力提升，消费风潮持续增加

按照国际通行标准，当人均 GDP 达到 5000 美元，体育产业会呈现"井喷"态势，目前中国人均 GDP 已到 8000 多美元，但人均体育消费只相当于全球平均水平的 1/10，未来体育消费潜力将更大程度释放。2015 年我国居民人均可支配收入达 21966 元，排除价格因素，实际增长 7% 以上，体育消费能力相应提高。另据统计，中国中产人数已超过 2 亿。按照前文分析，中产阶层是炫耀性体育消费的主力军。

全民健身热潮的不断涌起，为炫耀性体育消费的迅速增长营造了良好的温度。在这场全民健身热潮中，炫耀性消费是其中一朵惹眼的浪花。当下席卷各地的"马拉松风暴"便是很好的注解。据统计，在中国田径协会备案的马拉松赛事数量由 2010 年的 13 场飙升到 2016 年的 400 多场。而据估算，一个人参加一场马拉松比赛的最低成本在 1000 元左右；一般人做稍微充分准备，花费就要增至 3000 元左右；而充分准备，携精良装备参赛的话，花费可能需要近 2 万元，尚不算交通和住宿等花费。功能先进的高端装备、款式精美的运动服饰、风格特异的个人造型，都可以在马拉松赛场上尽情炫耀。并且，炫耀绝不局限在赛场，"朋友圈"才是最重要的"炫马"舞台：比赛前后、晒装备、晒成绩、晒身材，不一而足，这似乎成了马拉松参赛爱好者的标配，其炫耀心理往往溢于言表。

3. 相关政策、法规日趋完备

一系列与体育产业、体育消费有关的政策、法规的出台，提供了有力保障和助推：《关于加快发展体育产业促进体育消费的若干意见》《全民健身计划（2016－2020）》等明确提出为促进体育消费保驾护航；

2016 年出台的《航空运动产业发展规划》《冰雪运动发展规划（2016—2025 年）》等分行业规划，为航空运动、冰雪运动等原本略显小众、带有高端色彩的运动项目注入了强心剂。可预见，包括炫耀性体育消费在内的各种体育消费形态都会得益于这些政策的助力而迎来更好发展契机。

4. 大众传媒、虚拟社群推动了炫耀性体育消费

（1）大众传媒。

消费社会理论认为大众传媒是消费的主要影响因素之一。媒介不仅反映着现实，更在某些方面塑造着现实。传播学中经典的"议程设置"理论在新的媒体环境下，依然发挥效用。大众传媒在垂直模式下向受众传播着大量体育消费信息，而受众只有接收效果的强弱之分。这种影响犹如阵阵东风，不断吹向大众，在很多方面为炫耀性体育消费的开展起到了推动作用。

①促使大众聚焦炫耀性体育消费。

报业巨人普利策曾把体育、罪恶、绯闻作为媒介吸引受众的三大法宝。在铺天盖地的体育消息传播中，受众不同程度地提升了对体育消费这一议程的关注度。炫耀性体育消费的高端性、争议性使其更容易受瞩目。

②重塑大众体育消费理念。

一方面，激发大众的体育消费热情。在传媒引导下"花钱买健康"的观念已深入人心，许多先锋人士更实现了超越，希望在多彩的体育健身锻炼、娱乐休闲中重塑自我的时尚、个性标签。另一方面，促进大众体育消费层次的提升。媒体对极限运动、新兴运动、高端运动的大力宣传，使这些原本曲高和寡的项目渐渐为人熟知并慢慢走入寻常百姓家。

③成为大众参与炫耀性体育消费的中介。

随着网络购物平台、电子支付、手机运动客户端等技术的发展，网络成为炫耀性体育消费达成的重要途径。"咕咚""健康猫"等体育App 的用户已超过千万。大众参与高端体育消费变得更加容易，一些团购、低价体验等网络营销手段使得很多贵族运动的门槛大大降低，给炫耀性体育消费的入门带来方便。

④营造明星效应，刺激炫耀性体育消费开展。

部分优秀运动员借助媒体包装成为家喻户晓的明星，乔丹、贝克汉姆、费德勒等明星已经成为影响无数人消费观念的符号。一双普通篮球鞋的价格100元足矣，一双耐克牌球鞋的价格要1000元，而一双带有"23"号标志的明星款球鞋的价格可能要高达几千元，许多消费者仍会为其买单。这早已超出了运动鞋使用价值层面，更多是追求炫耀性等符号价值。

（2）虚拟社群传播。

虚拟社群传播也称群体传播，指的是人们在互联网上因某种共同需求而聚集的群体借助新媒体创造的传播模式。其主要载体是以微博、微信为代表的社会化媒体。因为基于共同生活圈或者兴趣而建立，社群传播在"朋友圈"范围内的影响力比传统媒体更加直接和显著。其传播模式和影响犹似蜜蜂和蝴蝶的授粉作用：小众、直接而明确。随着虚拟社群传媒服务的不断延伸，消费信息的交流成为群体传播的重要内容。虚拟社群也逐步成为体育消费决策的重要参照，因为它可以提供更直观、可信的体育消费品价格、外观、时尚、潮流等信息。一个典型的例子，微信"朋友圈"里秀高端运动参与经历，"晒"高档运动装备成为一种潮流，鼓动着受众的炫耀性消费欲望。

5. 某些个人主观意识推动了炫耀性体育消费

（1）面子意识存续。

炫耀性消费既有传统渊源又是时代风尚，影响力辐射体育消费领域。中国人历来爱讲"面子"，"面子"是中国传统价值观、人格特征、社会文化的耻感取向共同作用的综合体。炫耀性消费理论来自西方，但这种现象并无国界之分，中国传统的面子文化与之有一脉相承之处。放眼当下，炫富、攀比现象比比皆是，炫耀性体育消费风行体育界：现场观赛，以贵为尊；体育装备，非贵不买；运动服饰，看重品牌……此类消费现象不胜枚举。

（2）体育意识增强。

体育意识强弱左右体育消费所分蛋糕的大小。在个人消费总额度一定的前提下，体育意识越强，体育消费在消费中的比重往往越高，相应地，炫耀性体育消费总体份额也会提高。这里所谓的体育意识，包括体育运动水平、体育参与习惯、体育爱好程度、体育信息关注程度等方面。

（3）消费意识革新。

消费意识革新扩大炫耀性体育产品购买欲。现阶段个人消费观念正在发生巨大改变，主要包含：消费额度方面，心理预期和承受能力提高；消费习惯方面，超前消费意识流行；消费结构方面，实物消费欲求降低，文化、娱乐消费期望值增加，关乎生命、生活质量的消费需求提升最明显。其中具有代表性的表现之一就是体育消费欲望的显著提高。"请人吃饭不如请人流汗"的说法就很好地体现了人们消费理念的转变。在这些理念影响下，以往仅少数精英人士参与的炫耀性体育消费正飞入寻常百姓家。

（4）新兴价值观冲击。

个体通过炫耀性体育消费展开对品位、个性的追寻，较容易受到部分新兴价值观的影响，其中较有代表性的有近年流行的物质主义和自我实现等价值观。炫耀性体育消费是很多体育消费者追求的一种自我实现方式，试图通过它来体现个人的价值。一般而言，品位和个性的彰显是以一定的物质为基础的，所以物质主义和自我实现的价值观会促发个体层面的炫耀性体育消费。

4.3.3　炫耀性体育消费的消极影响

1. 带来体育消费的异化

主要包括体育消费中的畸形消费、非理性消费和浪费等。盲目的攀比和无节制的炫耀都是畸形消费的表现。一些人对于明星款、限量版运动产品趋之若鹜，以此满足虚荣心，而这些消费意识很容易受到广告等外界因素左右，呈现多变性，很容易走向异化；一些人在选择运动项目时，仅选择能够代表身份、地位的高消费项目，并不考虑项目是否适合自己；更有甚者，选择超出自身经济承受能力的项目，仅为博取面子。另外，无节制的炫耀性消费必然带来体育消费中的浪费现象。很多品牌为了增加产品销量，都会积极创设能够影响消费者的象征符号，这些符号嵌入消费者消费观念后，消费者容易被商家的营销策略控制。例如，耐克公司推出的乔丹系列球鞋，至今已经更新了很多款，一代代鞋款更新永不止步，拥趸们跟随商家节奏消费，快速淘汰还没有穿破的旧款球鞋，导致体育商品的快速"死亡"，带来浪费。

2. 干扰公平、公正的原则

在人与人关系方面，过度的炫耀性体育消费会产生消费中的不公平现象，使贫富差距问题加剧。一张高尔夫球会的会员身份卡，可能是普通人一年的所有收入；而有些特殊运动场所，唯有特权阶层才能享受。大众对于这些高消费、特权专享项目望而却步，心怀不满却无计可施。富有者垄断过多的体育资源，就意味着普通人能够消费的资源的减少，这干扰了社会公平性原则。

3. 成为社会不和谐隐患

消费虽是个人行为，也属于个人的正当权利，但是它必须以不违背社会规范为前提，以不损害社会道德和不污染社会风气为标准。若任其蔓延，"炫耀性消费会带来不良的社会风气，助长腐败和享乐主义等消极社会现象。此外还有一个更加负面的作用，即造成贫富差距的拉大、劳动者积极性的丧失。"久而久之，还会引发公众对社会现实的不满和失望情绪，从而加剧社会的不和谐不稳定因素，甚至会造成整个社会停滞不前。高档体育会所也是腐败行为的温床之一，目前各地政府出台的领导干部行为规定中，都将高档体育会所与高端娱乐场所等一同列入禁区。

4. 挤占公共资源，加重社会负担

最有代表性的是越来越频发的驴友失联事件。随着户外穿越运动的流行，很多驴友出于挑战极限、追求不凡或者仅是跟风等心理，选择挑战无人区等危险地带。从他们对参与这些活动前后所发布在社交媒体上的照片和语言不难发现炫耀性的痕迹。难度的提升带来了高关注度和高炫耀性资本，但随之而来的是意外和危险的高发，失联事件频繁见诸报端。为了搜救一个失联人员，通常要派出 30 人以上的搜救人员和直升机等装备，极大浪费社会公共资源。

5. 破坏生态环境，带来环境污染

在人与自然关系方面，炫耀性体育消费涉及的一些运动项目对开展条件和场所要求较高，如不加控制，会造成自然资源的浪费，也会对生态和自然环境带来直接破坏。高尔夫球场的野蛮扩张带来了严重环境污染以及水污染和浪费。另外，近海浮潜、高山攀登等项目涉及的地域生态都非常脆弱，因为潜水旅游项目的过度开发，海南三亚周边海域的珊瑚大面积退化，近海已经很少能存活；而珠峰也被发现大量垃圾存留。这些地域生态环境的恢复是十分困难的事情。

6. 无度炫耀性可能导致人的价值观念歪曲

炫耀心理是虚荣和攀比心理的近亲，炫耀性体育消费行为中不可避免带有一定虚荣性、攀比性心理特征，也带来了体育消费浪费性、挥霍性的隐忧。炫耀性消费最初的含义就包含"欲获取荣誉，就不能免于浪费。""从价值观方面看，炫耀性消费者关注的不是基本的生存需要，而是不断被激发的物欲的满足。排斥道德导向和奉献精神。"这种观念和行为是对人的基本需要和商品使用价值的背离，如与面子观念打成一

片，会形成炫富习气，助长攀比消费心理。如果不加以控制，会导致浪费、挥霍的产生。

4.3.4 对炫耀性体育消费的反思与把握

1. 对炫耀性体育消费的反思

（1）以消费高低作为体育消费是否炫耀的标准。

有关炫耀性消费的研究，多不可避免地谈及高档消费、奢侈品消费、名牌商品等概念；本研究也多以高端体育消费、贵族运动等为例对炫耀性体育消费进行阐释。但须指出，消费档次的高低与是否属于炫耀性体育消费并非直接对等关系。一方面，高消费并不一定代表炫耀，例如纯粹为了健身休闲而去打高尔夫，只是普通的体育参与消费行为而已；另一方面，低消费并不一定属于非炫耀性，对于特定的群体而言，参与一场普通的体育活动，也可以成为炫耀的资本。社会生活中的每一个人、每个群体都有不同的教育、职业、经历等背景和条件，因而有不同消费水平和消费观念。一样的产品，对其来讲是炫耀还是必要，这种判断是相对的、动态的和发展的。

判断体育消费是否属于炫耀性只有两个标准：一是体育消费者是否存在主观上的炫耀意愿；二是是否通过公开的体育消费行为展示出来。

（2）炫耀性体育消费不能丢失体育的本质功能。

对炫耀性体育消费本质功能的把握，可以采用回溯的方式，首先回到体育消费，进而回到体育本质的认知上。关于体育的概念，流传较广的定义方式为：以身体练习为基本手段，以增强体质、促进人的全面发展，丰富社会文化生活和促进精神文明为目的，有意识、有组织的社会活动。对于体育功能的认识和分类，最常见的提法是将体育功能分为本质功能和派生（附加、衍生）功能。"体育的本质反映了人类对体育存在的基本认识，外延功能则体现了社会对体育发展的新要求"。体育的根本目的是让参与体育活动的人得到身体锻炼和体能提高；或者通过体育技能学习达到教化作用。在促进人的全面发展、丰富社会文化生活和促进精神文明消费社会视域下，体育的功能与价值的实现离不开体育消费环节。因为人们对于体育方面的消费需求只有通过体育消费得到满足后，体育的价值才能转化为对社会的实际意义，才能对体育消费者产生实际影响，体育的价值才能从抽象变成实在。如果将体育消费的概念泛化、广义化，它的内涵和外延可以无限接近于"体育"本身。刘亮等人的观点对此加以印证，"从广义来说，体育消费既包括以货币支付方式用于体育消费支出的形式，也涵盖了参与体育活动所付出的劳务项目（时间、精力）等，从而把自我投射到各种体育形式的消费过程。"归根结底，无论是炫耀性体育消费还是体育消费，只追求炫耀而忽视体育，就脱离了体育消费的本质。因而，可得出如下结论：体育消费的本质功能应该是通过体育消费促进体育本质目的的实现，具体来说有以下两点。

①强健身体，提高体能。这是体育最根本的目的，因而是体育消费最本质的功能。炫耀性体育消费若是脱离了这一点，必将成为无本之木，失去根本生命力。

②休闲娱乐和社会关系维护。体育消费的这一项本质功能，正符合艾伦·杜宁（1997）所提的人们获得幸福的两大源泉："社会关系和休闲"。通过体育消费来实现休闲娱乐和促进社会交往符合体育的本质功能要求，不排斥一定的炫耀性。一句话，体育的本质功能的发挥是包括炫耀性体育消费在内的所有类型体育消费的根本生命力。

（3）体育消费不能以炫耀目的追求幸福。

无数研究已得出结论，消费与幸福之间并无必然联系。相反，经济增长与主观幸福感常常是"失配"的，美国、日本等发达国家的研究证实："经济指数与幸福感指数的变动呈现出分离趋势"。因为消费是无止境的，消费带来的物质满足快感往往伴随精神的空虚和困惑，需要继续依靠更多消费来化解认同危机。但随着消费时尚的变化，刚刚通过消费建立的身份感可能瞬间又会消失，迫使人追求更高消费，这样就形成了恶性循环。

同样的，追求体育消费中的炫耀性，也会偏离追求幸福的道路。"消费与幸福之间的关系是微乎其微的，更糟糕的是，人类获得满足感的两个主要源泉——社会关系和休闲，似乎在奔向富裕的过程中已经停滞或枯竭"。这里提到的"社会关系和休闲"，正是体育消费可以满足的基本功能。这提示人们，探寻炫耀性体育消费的根本价值，还应回归到体育消费和体育的本质上来，而不应片面追求体育消费中的炫耀性。

（4）体育消费的终极目标应是自我实现。

马斯洛的需要层次理论对于合理认识炫耀性体育消费也有启发性意义。1943 年美国心理学家马斯洛提出人的"需要层次论"，将人的需求由低级到高级依次归为五大类：生理需要、安全需要、社交需要、尊重需要和自我实现需要。炫耀性消费满足的需求层次对应在社交需要和尊重需要上，尤以尊重需要最为符合。社交需要，包括集体依赖、人际交往、隶属关系及亲情、友情、爱情等。尊重需要，分为自我尊重与他人尊重。自我尊重是人们对自我获得能力、信心、成就、自由的肯定与认可；他人尊重是因名誉、威望、地位与赏识而获得社会其他成员的尊重。炫耀性体育消费的开展，实质是在人们的社交需求满足后，进一步寻求获取尊重需要满足的消费行为。炫耀性消费此时充当的是个人地位或经济实力向外界展示的媒介，或称象征符号，而"对这种象征符号的追寻也正是人们对尊重需要满足的期望"。

居于需要层次塔尖的自我实现需要，是超越了物质层面的高层次精神需要。在未进入自我实现阶段前，人们会更重视他人与社会对自我的看法，期望通过地位、名誉、威望赢得别人的尊重。然而，事实已经证明通过消费获得尊重的结果往往是虚妄的，人们只有通过"不断认识与了解自己，对自身内在本性的充分发掘和认知，将个人内心世界不断完善、整合和协同"，才能真正获得内心的满足，这个过程就是自我实现需要的满足过程。因而，应将自我实现需要的满足作为炫耀性体育消费的最终旨归。

2. 对体育消费中炫耀性的把握

体育消费中的炫耀性可以从引导、控制、借力三个方面进行把握。

（1）对炫耀性的引导。

以网球项目的发展为例，探讨如何有效引导炫耀性体育消费运动更好发展。网球项目也属于舶来品，有着贵族运动、绅士运动的称号。引入中国逾百年，直至 20 世纪末期，依然属于曲高和寡的项目，进入 21 世纪，快速发展并进入大众视野，网球人口急剧增加，成为大众喜闻乐见的运动项目并呈现出持续快速发展的良好势头。其中发展经验值得总结。李郁（2017）以网球为例研究贵族运动的发展方向时指出"贵族"文化符号对网球项目具有巨大的推动价值，"精贵、高贵、昂贵"的贵族特征，是以网球为代表的贵族运动发展的客观动力。"正是由于小人群、多限制、高消费的特点，在很大程度上推动了网球在我国的快速发展。"对于人们经常提出的贵族运动大众化，李郁持不同看法：将"无限制、低消费、普及作为贵族运动的发展方向，并不是贵族运动项目在大众体育领域中健康的发展方式。"换言之，炫耀性是以网球为代表的贵族运动发展动力和独特魅力，不宜盲目打压，不宜因片面追求大众化而抹杀贵族、绅士等炫耀性符号。网球运动在中国的良好发展，为正确引导、利用运动项目的炫耀性提供了很好参考，大体可归为三个过程。

①项目开始发展阶段，注重"贵族"符号价值。如李郁所言，"小人群不等于小力量，多限制意味多机遇，高消费意味高利润。"项目发展之初，参与人不在多，小人群不等于参与者力量微小，因为早期参与者多为精英人群，对运动项目的反哺和带动作用很强。

②项目快速发展阶段，注重把握"时尚"热力。项目的快速发展需要契机，2004 年雅典奥运会李婷、孙甜甜在女双项目上夺冠更是让网球成为热点话题。借助这个契机，网球成为时尚的标签，从看球、评

球到打球，网球时尚风靡了大江南北。

③项目持续发展阶段，注重挖掘"绅士"风度。绅士和贵族，都属于炫耀性标签，然而绅士不同于贵族之处，在于更强调礼仪、修养、气质而非经济基础。经济发展的今天，网球已经不再是贵族专享。然而绅士风度，是可以持续挖掘并保持的炫耀价值。衣着得体、言行礼貌、注重礼仪、互相鼓励、尊重对手、控制情绪，这些都是网球项目身上特有的魅力，也是保持其持续健康发展的活力。

（2）控制炫耀性。

基于前文对于体育消费中的炫耀性失度带来的对社会、自然、运动项目和个人的危害分析，应着力控制体育消费中的炫耀性成分，使之维持在安全的边界之内。这个度的具体把握，可以参照这些原则。

①不扰乱社会和谐。避免因体育消费的炫耀性过度而引起体育消费中的浪费、畸形消费、非理性消费等异化现象；避免成为滋生享乐主义、炫富行为和腐败作风的温床；避免过分挤占社会公共资源、加重社会负担；避免干扰社会公平原则、加剧社会矛盾。

②不威胁生态环境。在相关运动项目的场馆建设、项目推广、活动开展时，不过度消耗自然资源，注重对生态和自然环境的保护，不影响人与自然和谐、可持续发展。

③不危害自身安全。避免因为炫耀性而引发他人嫉妒、仇富等心理，给个人和家庭成员人身安全、财产安全以及名誉安全带来隐忧。

④不破坏生活网络。"幸福依赖基本的社会和谐交往"，过分的炫耀容易造成与生活网络中其他人在话语、情感、自由等方面隔阂，招致别人的不满和排斥，造成生活网络的冲突甚至"断裂"。因而处于较高社会层次的人群在体育消费中要采取适当的自我约束和控制，尽量与他人保持较为平等的交往和对话。

⑤不超越支付能力。追求高质量、高品位的体育消费无可厚非，但应时刻保持理性，以超出个人和家庭经济承受能力的体育消费为手段来达到炫耀性目的是不可取的。

⑥不歪曲价值观念。始终牢记体育消费的本质功能，以自我实现为追求目标，避免因为过度的物欲放大而造成盲目攀比、过分虚荣、贪图享乐、道德沦丧等价值观的歪曲现象。

（3）借力炫耀性。

炫耀性并非体育消费中的洪水猛兽，若能对其价值善加利用，无论对社会、经济、文化发展，运动项目推广还是个人生活理念和生活方式的改善，都会有很好的促进作用。体育的本质功能是炫耀性体育消费的生命力。那么，炫耀性可以成为部分体育项目发展的活力。

①马拉松借力炫耀性的启示。

近年国内的马拉松热有目共睹，马拉松的快速推广是炫耀性与大众健身、社交媒体相结合发展的结果。跑步是门槛最低的体育运动项目，对于群众日常健身有很高价值；但马拉松才能更好满足跑步爱好者的炫耀性心理；而手机社交媒体的普及给了马拉松爱好者极好的炫耀性平台。

②高尔夫借力炫耀性的启示。

我国高尔夫球场的数量，每年以约 30% 的速度增长；现在参与高尔夫球运动的人约有 300 万人，业余运动员约 3000 余人，职业运动员 400 余人。但参与者、职业、业余运动员、教练员、裁判员和经理人、球童等专业人员在过去两年中以 40% ~50% 的速度猛增。促进高尔夫球运动衍生而来的产业链逐步形成。

高尔夫在一片争议声中保持着高速发展。作为贵族运动的典型代表，它身上的炫耀性不言而喻。贵族化、精英化是高尔夫的一大亮点和吸引力，而它的另一大价值就是为精英们提供高端的社交平台。

媒体的评价如下："高尔夫本来就是一项比较高端的运动"，"参与者非富即贵，几乎都是著名企业的总裁、副总裁和高层管理人士，等等"，"门槛"的目标很明确，就是"商界精英"。参与者大都认可："打高尔夫很重要的一个功能是会友，是商务活动"，"不得不承认，高尔夫是谈生意的上佳之选"。

基于此，高尔夫与炫耀性成功结合的模式可概括为："炫耀性＋精英化＋高端社交＝高尔夫稳步发展"。精英、高端、炫耀，既是门槛，也是吸引力和推动力，高尔夫运动借力炫耀性走出的发展之路为其他高端体育运动项目带来了启示。

第5章

全民健身影响下的城市居民体育消费

5.1 全民健身基本概述

5.1.1 全民健身的内涵与特征

1. 全民健身的内涵

我国的全民健身事业是一项伟大的全民实践，具有重要意义。全民健身事业需要立足于我国逐步建立的社会主义市场经济体制，需要依靠党和政府的资源配置和发展导向。推行全民健身计划本身就是我国进行体育改革和推动群众体育发展的产物。要理解全民健身的内涵，我们先要对国家政策文件中关于全民健身的主要内容进行了解。自1995年以来部分国家政策文件关于全民健身含义的主要内容如表 5 - 1所示。

表 5 - 1   部分国家政策文件关于全民健身含义的主要内容

文件名称	全民健身含义相关的主要内容
《全民健身计划纲要》（1995 年 6 月）	全民健身计划以全国人民为实施对象，以青少年和儿童为重点；要对学生进行终身体育的教育，培养学生体育锻炼的意识、技能与习惯； 以普遍增强人民体质为重点
《全民健身条例》（2009 年 8 月）	规范了全民健身的相关工作，为我国全民健身事业发展提供了制度安排和法律保障
《全民健身计划（2011—2015）》（2011 年 2 月）	全民健身关系人民群众身体健康和生活幸福，是综合国力和社会文明进步的重要标志； 丰富人民群众精神文化生活，形成健康文明的生活方式，提高全民族身体素质、健康水平和生活质量，促进人的全面发展，促进社会和谐和文明进步，努力奠定建设体育强国的坚实基础；城乡居民体育健身意识和科学健身素养普遍增强，体育健身成为更多人的基本生活方式； 坚持健康第一指导思想，把增强学生体质作为学校教育的基本目标和重要评价内容； 重在参与、重在交流、重在健身、重在快乐
《关于加快发展体育产业促进体育消费的若干意见》（2014 年 10 月）	把增强人民体质、提高健康水平作为根本目标，解放思想、深化改革、开拓创新、激发活力； 树立文明健康生活方式，推进健康关口前移，延长健康寿命，提高生活品质，激发群众参与体育活动热情，推动形成投资健康的消费理念和充满活力的体育消费市场； 营造重视体育、支持体育、参与体育的社会氛围，将全民健身上升为国家战略
《全民健身计划（2016 - 2020 年）》（2016 年 6 月）	需要面对全面建成小康社会的目标要求和推动健康中国建设的机遇挑战，更加准确把握新时期全民健身发展内涵的深刻变化，不断开拓发展新境界，使其成为健康中国建设的有力支撑和全面建成小康社会的国家名片

全民健身的内涵主要包括以下三点。

（1）全民健身是一项以全国人民为实施对象、以青少年和儿童为重点的健身活动。

社会主义制度要求体育是广大人民群众的体育，它最根本、最集中体现在一切为了人民的体质与健康，最大限度地满足人民对体育的需求，通过全民健身，全面提高国民的健康水平，使国人走出"食物进补、药物保健"的误区，提高大众对体育锻炼意义的认识，形成科学的"体育健身观"，从而使人民生活得更加幸福美满。

（2）全民健身是一个终身体育意识的培养过程。

全民健身是在原来广泛开展的群众体育工作基础上，从我国社会主义市场经济发展的实际出发，使人民群众从科学健身中享受到实际健身效果，养成科学的健身习惯，从而培养自身的终身体育意识。

（3）全民健身是一种健康文明的生活方式。

全民健身内容和形式的多样性赋予全民健身更为丰富的价值，使得全民健身在生活中具有了更多的可能，全民健身扩展了生活，生活融入了全民健身，当全民健身渗透进了人类的生活本身，就上升为了一种健康文明的生活方式。

2. 全民健身的基本特征

（1）全民健身以人本思想为指导。

体育应该是直面人的生命、关注人的生命，为了人们生命质量的提升和生命价值的创造而进行的活动，是一项最能体现人的生命关怀的事业。体育存在的价值和根本动力是促进人的发展。因此，唤醒人的主体意识，使人成为真正的主体是当前体育改革的主要方向。在 1995 年颁布的《全民健身计划纲要》牢牢围绕"以人为本"这一主题，将尊重人、尊重人的生命作为最高的价值，倡导关注生命、珍爱生命、提升生命和发展生命。这一理念的贯彻要求实现主体的全民性，最终将促进人的全面发展，使体育更具生命活力。在这里，人的物质经济需要、政治参与需要、文化精神需要、健康需要等都得到了全面反映，这是一种面向人的一切合理需要和人民美好生活的真正的人文关怀。

（2）全民健身的开展强调服务特点。

全民健身的公共服务设施是健身锻炼的载体，包括用于全民健身活动的建筑物、场地和固定的器材设备等，是政府全民健身计划的重要部分，是根据人们身心发展的特殊需要和社会走向健康文明的需要而设计建设的，往往反映出一种生活方式和价值取向，体现着人们对生活质量和生命质量的态度及期望。这些要求和期望反映在人们的日常生活中，渗透于健身活动中，形成具有代表性的健身资源，集中体现了社会成员的体育生活。公共服务是用以解决公共问题，维护社会经济秩序的主要手段，还是一种资源重组的过程，它的主要目标是解决每一个独立的自由市场主体因自身的市场手段限制而不能解决的若干问题。完善全民健身的公共服务体系，能够为民众提供良好的锻炼条件，满足群众体育发展的基本要求。因此，推进体育公共服务体系建设，对于落实全民健身计划具有重要作用。

（3）全民健身反映更为全面的体育功能。

体育功能的"全面性"强调全民健身体育工作要和整个社会、经济、文化发展以及社会各个方面发展协调一致，包括竞技体育和群众体育的协调发展、人的全面发展、人与社会和谐统一等。群众体育能为竞技体育的发展提供良好的社会人文环境，而竞技体育是群众体育发展的关键。可以说两者的关系是相互依靠、相互渗透的。把"竞技体育"与"群众体育"有机结合，把"为国争光"的竞技体育转变为"休闲体育"以健身娱乐的形式融入人们的生活方式中已成为人们的普遍共识。

（4）全民健身的组织体现社会性。

全民健身把公共参与作为主要目标，关注社会体育组织的培育和社会化体育组织网络体系建设，关注体育社会组织培育以及体育社会组织的企业化取向，关注社会发展与公民体育参与，关注城市社区体育"自治"与社会发展关系。建立由企业、政府与社会组织等共同参与生产并一起供应产品的体育公共服务体系，注重非营利体育组织和体育社团的培育与发展以及体育社团的运行机制、社会责任、主体地位等举措极大调动了社会各个方面的积极性，促进了社会调节与政府管理权力之间的互动、社会自治功能与政府行政能力互补，进而也有效整合了社会资源。广泛动员社会力量参加体育公共服务是推进全民健身的有效措施。

不同级别或类别的社会体育团体组织好比血管对人的作用，是体育迈向社会化不可缺失的重要条件，是全社会发展体育事业的依托，对推动群众性体育活动有着重要意义。

5.1.2　全民健身开展的主要目的

大力发展全民健身事业是满足不同民族、不同阶层、不同区域广大人民群众日益增长的体育健身需求，从而贯彻落实科学发展观、构建和谐社会的重要内容。国家大力发展全民健身事业的目的主要体现在以下五个方面。

1. 满足广大人民群众日益增长的文化和体育需求，提高人民的生活水平

我国人民生活在基本实现温饱之后正大步迈向小康，生活水平提高了，闲暇时间增多了，各方面的需求也随之增加，其中一个重要的方面就是对健康生活的追求。全民健身正是动员和组织广大群众积极投身于体育锻炼，从而满足群众健康生活需求的一个惠民行动。

2. 大力发展社会主义体育事业的需要

体育事业是社会主义事业的重要组成部分，是为人民谋利益的一项重要事业，必须坚持为人民服务的根本宗旨，把工作重点放在增强广大人民群众的体质与健康上面，这是我们党和国家发展体育事业的一贯方针。

3. 推动全世界人类社会的共同发展

大力提高人口素质和生活质量、高度重视人力资源的开发已经成为一种国际潮流，以强身健体为宗旨的群众体育正在全世界范围内迅速发展。国际奥委会和世界卫生组织签署双方合作备忘录，制定其合作的核心目标是全民体育和全民健康，并提出了"体育为人人，健康为人人"的口号。我国政府也积极响应"人人享有卫生保健"的全球性卫生战略，在拥有 14 亿多人口的国家开展全民健身事业，必然对世界群众体育的发展产生积极影响，为全人类社会的文明与进步做出积极的贡献。

4. 确保公民参与体育的权利

我国宪法明确规定："国家发展体育事业，开展群众性的体育活动，增强人民体质。"这从国家根本大法的层面上确定了公民享有体育锻炼的权利。全民健身就是要使公民意识到参加体育锻炼是自己的权利，并为公民享受和实现这一权利创造条件。

5. 提高劳动者素质，促进人才的全面发展

一国经济发展水平的高低、综合实力的强弱最终取决于劳动者的素质。身体是"载知识之车，寓道德之舍"，身体素质是思想道德素质和科学文化素质的物质基础，全民健身可以有效地提高劳动者的素质，以人的全面发展为中心，促进劳动者德、智、体、美的全方位提升。

5.1.3　全民健身运动项目开发创新原则以及创新模式

1. 全民健身运动项目开发创新原则

全民健身运动的项目开发创新是有着社会需求的，这是城市社区文化发展的需要。社区健康开展是全民健身发展的重要方式，这也是新兴社会文化形态的重要组成。体育健身运动能使健身者机能优化，并且为健身者带来快乐和增加人与人之间的交流等。全民健身运动项目的开发创新也是促进全民健身发展的客观要求尤其是处在当前的社会经济发展阶段，人们对自身的健康越来越重视，这就使得人们的健身需要更为强烈，全面健身运动项目的开发以及创新，能够吸引不同年龄层的人员参

与到健身运动当中去，这对全面健身的发展有促进作用。

而全民健身运动项目开发创新也要遵循相应的原则，这样才能有助于实现其目标。要注重以实际出发的原则，对于不同的体育基础、年龄以及性别的人群，其健身运动的需求和要求上也有不同，所以在对全民健身运动项目的实际开发过程中，就要充分注重从实际出发，开发合适的健身运动项目，这样才能真正有助于促进全民健身运动项目的良好发展。在进行健身运动项目的开发创新过程中，要注重结合实际，充分考虑运动项目和当地的物质条件以及工作条件等要素，设计出科学的运动项目。

全民健身运动项目的开发创新要对体育的本质有充分认识，适宜的生理负荷量才能对身体机能起到促进作用，所以要结合健身参与者自身的特征以及身心条件，对运动项目的强度以及生理负荷量等科学设计。要在开发创新过程中对文化内涵进行保留，将民族传统体育文化加以科学有效的传承，从而让体育锻炼者在实际运动当中获得更多的收获。健身运动项目的开发过程中，要充分注重娱乐形式的丰富性和大众的参与性，突出运动项目的时代特点和简明易学的特点，只有这些基础层面得到了加强，才能保障全民健身运动项目的开发质量。

2. 全民健身运动项目开发创新模式

全民健身运动项目的模式创新是比较关键的，可通过多元多层开发模式加以应用，通过对多种资源的应用，结合健身运动者的性别以及兴趣和年龄等特点开发多种的运动模式。在对器材设备选择以及运动场地的选择上也有所不同，这样就能最大化地满足各年龄层和不同运动喜好的人群。例如，筷子舞是伊克昭盟蒙古族传统民间舞蹈形式，通过筷子伴舞而得名，经过改变之后形成了健身舞并得以推广。为能够将舞蹈体育的健身作用充分地发挥，通过经络学说以及音乐疗法等理论方法的应用，依照三化和三结合要求对筷子舞进行了重新编排，将适应目标群体设置在老、中、青不同的年龄层和有着肥胖症、失眠症以及老慢支等疾病的人群，这样在推广后效果比较良好，群众的参与热情得到了激发。

全民健身运动项目的开发模式创新当中，通过改良改造型的模式是比较重要的，只有将一些健身运动项目结合实际的需求进行相应的改动，才能和时代发展的要求相契合。加强健身运动的科学性，制定相应的比赛规则等，这些都能达到活跃群众积极性的作用。通过在这些层面进行加强，有助于促进全民健身运动项目开发创新的良好发展。

5.1.4　我国全民健身政策体系的关注重点方向

在未来一段时期内，推动健康中国建设对于我国全民健身的发展是机遇也是挑战。从外部环境来看，党和政府近年来实施完善公共服务、文化惠民、推动社会治理、推进供给侧结构性改革等重大方针，为进一步完善全民健身政策体系提供了重要机遇；从目标要求来看，健全群众身边的体育健身组织、建设群众身边的体育健身设施、丰富群众身边的体育健身活动、支持群众身边的体育健身赛事、加强群众身边的体育健身指导和弘扬群众身边的体育健身文化等"六边工程"建设将成为今后一个历史时期我国完善全民健身政策体系需要正视的挑战。

1. 以公共服务属性为导向，关注全民健身的投资主体多元化

依据《健康中国"2030"规划纲要》的相关部署，进一步优化市场环境，培育多元主体，引导社会力量参与健身休闲设施建设运营，这对全民健身投资主体多元化提出了客观要求。全民健身服务属于公共服务范畴，兼具公益性、非营利性和私益性。因此，投资主体的多元化是提供多元化全民健身服务的一个重要结构和特征。从实践过程来看，我国全民健身的投资主体已经逐步涵盖政府部门、市场组织、非营利组织和个体。在山东，全民健身的资金投入已经列入文化惠民范畴，充分发挥了财政资金杠杆作用，吸引了更多的社会资金、项目和资源向基层和农村倾斜。在进一步完善我国全民健身政策体系的过程中，持续推进投

资主体多元化应该成为一个关注重点。2017 年中央经济工作会议明确指出，持续完善国家基本公共服务体系和推进基本公共服务均等化需要增加公共服务供给，坚持普惠性、保基本、均等化、可持续的方向，提高公共服务共建能力和共建水平。全民健身政策体系以公共服务多元属性为导向推动全民健身投资主体多元化，在资金来源方面有益于吸纳政府财政、市场资本和社会资金等多元支持，在资金效益方面必将体现全民健身的社会福利性、社会公益性和个人私益性等多元特征。相关政策的具体部署思路包括以下三个方面。

一是充分发挥政府财政投入在公共体育场地设施和基本公共体育服务方面的资金支持功能，以体现全民健身的公益性和保障性；

二是充分发挥市场资本在差异性体育场地设施和体育服务方面的资金支持功能，以体现全民健身的私益性和差异性；

三是充分发挥社会资金在多元化体育服务供给方面的资金支持功能，以体现全民健身的准公益性和互益性特征。

2. 以文化惠民为导向，关注全民健身的活动内容生活化

依据《健康中国"2030"规划纲要》的相关部署，全民健身将成为广大人民群众文化生活的重要内容，这对全民健身活动内容生活化提出了客观要求。体育生活化就是在关注大众生存、关注大众娱乐、关注大众工作、关注大众体验的基础上，激发大众的自由自觉主体性活动。目前，我国一些地方的全民健身活动内容生活化已经初见成效。在北京，以宣传贯彻《全民健身条例》为主线、以坚持群众满意为标准的第十一届全民健身体育节从 2017 年 5 月持续到 10 月，基层群众体育竞赛活动是五个活动内容之一。在进一步完善我国全民健身的政策体系过程中，持续推进活动内容生活化应该成为一个关注重点。党的十八大以来，文化惠民是全面推进民本、民政、民生工作的重要举措。在体育领域，国家的体育事业也需要以运动惠民、体育普世为最高目标。体育事业发展作为社会文化事项之一，如何惠及民众、如何服务民众已经成为政府近年来关心的重大民生问题。全民健身政策体系以文化惠民为导向推动全民健身活动内容生活化，其价值追求将体现休闲、娱乐、健身、学习等不同文化需求的差异性特征，其项目类型将体现民族传统体育和西方竞技体育并存的兼容性特征，其展示方式将体现个体、群体参与并存的灵活性特征。相关政策的具体部署思路包括以下三个方面。

一是大力推广健身走、健身跑、广场舞、球类、骑行等喜闻乐见的普通运动项目，让全民健身活动切实进入广大人民群众的日常生活；

二是大力培育体育旅游、体育休闲、体育养生等具有消费引领特征的时尚运动项目，让全民健身活动逐步进入广大人民群众的消费领域；

三是大力扶持武术、太极拳、健身气功等具有中华民族文化特色的民族民俗民间传统运动项目，让全民健身活动成为广大人民群众感受文化自觉和文化自信的一个重要载体。

3. 以社会治理为导向，关注全民健身的组织体系网格化

依据《健康中国"2030"规划纲要》的相关部署，完善全民健身公共服务体系需要加强全民健身组织网络建设，扶持和引导基层体育社会组织发展，这对全民健身组织体系网格化提出了客观要求。全民健身组织体系网格化，在纵向上需要加强各级体育部门、体育组织之间的上下联通，在横向上需要加强各类体育部门、体育组织和非体育部门、体育组织的联动合作。目前，我国的全民健身组织网络建设已经取得了长足进步。在江西上饶市，初步形成了一个由各级单项体育协会、体育俱乐部、文体站、健身活动点、健身气功站点和社会体育指导员为支撑的全民健身组织网络体系。但是，这种组织体系建设更多的是注重体育系统内部的潜力挖掘，缺乏对非体育系统组织体系力量的重视。在进一步完善我国全民健身的政策体系过程中，持续推进组织体系网格化应该成为一个关注重点。社会治理，旨在建立一种国家与社会、政府与非政府组织、公共机构与私人机构等多元主体协调互动的治理状态，是在科学规范的规章制度的指引下，强调各行为主体主动参与的社会发展过程。

在公共体育服务领域，政企协作模式、政社协作模式和政企社合作模式都是社会治理理念的现实运行效果。全民健身政策体系以社会治理为导向推动全民健身组织体系网格化，在结构上不仅涉及体育、养老、教育、旅游、经济等众多领域的体育组织和非体育组织的交叉，也涉及政府组织、市场组织和社会组织的合作。相关政策的具体部署思路包括以下三个方面。

一是发挥政府主导的作用，保证各级政府对于全民健身组织运行的可控性和规范性，避免出现一些非法组织渗入全民健身领域，并对社会稳定和国家安全造成危害；

二是加强体育系统内部各部门之间在全民健身领域的协同配合，以及各级体育部门与其他发展全民健身事业相关的政府职能部门之间的协同配合，破解全民健身组织体系的部门界限和行业壁垒；

三是充分推动各级体育总会和单项体育协会，各级工会、共青团、妇联、残联等社会组织，各级行业体协、人群体协等"条形"体育组织，各类健身俱乐部和健身团队等"块型"草根体育组织，群众体育科研院所等学术机构，新闻媒体，以及热心全民健身的各界社会人士的广泛参与，解决全民健身的重视程度不高和社会舆论氛围不浓厚等问题。

4. 以供给侧结构性改革为导向，关注全民健身的场地设施层次化

依据《健康中国"2030"规划纲要》的相关部署，便捷、安全、丰富的体育健身设施将成为广大人民群众日常生活空间的重要组成部分，这对全民健身的场地设施层次化提出了客观要求。在我国，加强对现有健身场地资源的整合利用对于解决全民健身场地设施供给不足具有重要现实意义。目前，我国一些地方在推动全民健身场地设施层次化方面已经取得了积极进展。在福建省，"青少年校外体育活动中心和场所"实现了与体育中心、少体校、学校、公园、社区等场所有机结合、资源共享的目标；农村体育场地设施建设实现了与社会主义新农村示范

村建设相结合，与家园整治和村容整洁工作相结合，与庙宇、祠堂建设相结合，以及与创建农民体育健身公园相结合。在进一步完善我国全民健身的政策体系过程中，持续推进场地设施层次化应该成为一个关注重点。供给侧结构性改革在本质上是一种提高全要素生产率的经济改革模式，属于经济增长新思路范畴。在全民健身领域实施供给侧结构性改革，可以实现公共体育资源供给的精准化与集约化。全民健身政策体系以供给侧结构性改革为导向推动全民健身场地设施层次化，在活动空间方面将实现从居民小区向公共活动场所逐步延伸，在使用方式方面将实现无偿、低偿和有偿多种方式并存，在终极目标方面将实现体育、文化、教育、养老、医疗卫生等相关场地设施在服务于人民生命全周期和健康全过程中的资源共享。相关政策的具体部署思路包括以下三个方面：

一是发挥政府的"有形之手"的作用，保证体育公园、广场、沿江（河）风光带等基本公共文化体育设施的供给公平；

二是发挥社会的"自治之手"的作用，提升居民社区的花园、健康步道、楼栋活动空间、文体活动室、全民健身路径等社区体育场地设施的供给能力；

三是发挥市场的"无形之手"的作用，重视健身会所、健身俱乐部等经营性体育场地设施的供给效率。

5.2　全民健身对推动城市居民体育消费的价值

5.2.1　扩大体育消费市场规模

消费人口的多少决定了市场规模的大小。我国人口数量多，潜在的体育消费市场规模巨大。加之随着全民健身的推广，人民生活水平的不断提高，群众追求健身的意识不断增强，人们从单纯的身体锻炼到追求全身心的协调发展，更加注重健身的科学性与娱乐性。参与体育锻炼、进行体育消费的人口越来越多，参与体育消费的方式也越来越丰富，从大量的体育用品消费和参与型消费逐渐扩展到购买体育期刊、书报等实物型消费和用于观看体育比赛、表演、展览等观赏型消费。据国家体育总局统计，从 2005 年至今，体育产值每年都保持 16% 以上的增长幅度。许多大中城市有上千家俱乐部，每年带来超过 100 亿元的产值。

5.2.2　营造良好的市场环境

《全民健身计划》（以下简称《计划》）为我国全民健身的开展制定了翔实的保障措施，为体育消费者创立了良好的市场环境。《计划》指出，要深入开展全民健身宣传教育，利用各种媒介倡导健康的生活方式，开展"终身体育"教育，在全社会形成崇尚体育健身的风气，从而增强人们的体育消费意识；统筹城乡全民健身事业发展，促进城乡体育资源和公共体育资源均衡配置，平衡了城乡消费水平与消费意识；加强基础建设和重大全民活动的经费投入，对公益性全民健身事业单位和服务机构予以必要的经费保障，为体育消费市场提供更多的机遇；鼓励社会兴办全民健身事业，对民办非企业体育单位提供支持和保障，加强对经营性体育场所的监管，保障了一个良好的体育消费市场，为消费者实现利益最大化；加强对体育设施的维护和更新，完善综合服务功能，提高使用效率。《计划》还指出加快发展农村体育；积极发展少数民族体育；切实加强青少年体育；重视发展老年体育；大力推进残疾人体育；着力推动职工体育；全方位地保障了各个领域体育的发展，弥补了体育消费市场出现的结构不合理，消费水平存在地区差异等问题。

5.2.3　促进体育消费多元化发展

近年来，体育用品业在我国体育消费市场占有绝对主导地位，相关体育产业上市公司绝大多数是体育用品类公司。2010 年我国体育用品业占体育产业总产值的 76.20%。在全面健身的大环境下，越来越多的人更加注重参与体育运动的品质，涵盖健身休闲、竞赛表演、职业体育、社会体育、体育场馆、体育中介、体育广告、体育培训、体育旅游等体育服务业迅速发展。生活节奏的加快导致很多热衷体育运动的观众无法亲临现场，却可以通过互联网在第一时间分享赛事的最新进展和最终比赛结果。除了看球赛，运动类手机应用也已经成为人们现代生活的"必需品"，人们可以随时随地享受健身带来的乐趣。体育与互联网结合的形式将为全民健身探索出一条新思路、新模式。全民健身为我国体育消费多元化发展奠定了坚实的基础，大力开展全民健身是推动体育产业发展的重要举措。

5.3 全民健身背景下的不同群体体育消费行为及策略研究

5.3.1 社会阶层与体育消费

1. 社会阶层的含义

社会阶层是由具有相同或类似社会地位的社会成员组成的相对持久的群体。每一个体都会在社会中占据一定的位置，有的人占据非常显赫的位置，有的人则占据一般的或较低的位置。这种社会地位的差别，使社会成员分成高低有序的层次或阶层。社会阶层是一种普遍存在的社会现象，不论是哪一类国家，均存在不同的社会阶层。产生社会阶层的最直接原因是个体获取社会资源的能力和机会的差别。所谓社会资源，是指人们所能占有的经济利益、政治权力、职业声望、生活质量、知识技能以及各种能够发挥能力的机会和可能性，也就是能够帮助人们满足社会需求、获取社会利益的各种条件。导致社会分层的终极原因是社会分工和财产的个人所有。社会分工形成了不同的行业和职业，并且在同一行业和职业内形成领导和被领导、管理和被管理等错综复杂的关系。当这类关系与个人的所得声望及权利联系起来时，就会在社会水平分化的基础上形成垂直分化，从而造成社会分层。

社会分层表现为人们在社会地位上存在差异。社会地位是人们在社会关系中的位置以及围绕这一位置所形成的权利和义务关系。社会成员通过各种途径，如出生、继承、社会化、就业、创造性活动等占据不同的社会地位。在奴隶社会和封建社会，社会地位主要由世袭、继承和等级制的安排所决定。在现代社会，个体的社会地位更多地取决于社会化、职业、个人对社会的贡献大小等方面，但家庭和社会制度方面的因素对个体的社会地位仍具有重要影响。

社会成员形成高低有序的层次，既有积极作用，也有消极作用。从积极层面看，社会分层和社会差别的存在，形成了社会发展必需的竞争机制，同时它还促使一部分社会精英将全部精力投入社会创造性活动中去，从而推动社会进步。从消极层面看，它限制了非特权阶层的机遇，阻碍社会智力大规模的开发和利用；它还会加剧社会不平等，容易引发不同阶层的冲突。

消费者行为学中讨论社会阶层，一方面是为了了解不同阶层的消费者在购买、消费、沟通、个人偏好等方面具有哪些独特性，另一方面是为了了解哪些行为基本上被排除在某一特定阶层的行为领域外，哪些行为是各社会阶层成员所共有的。

2. 不同社会阶层体育消费的差异

在社会阶层分化的情况下，消费作为阶层地位的表现形式，其阶层化趋势也更为明显和复杂。体育消费具有明显的阶层差距，这种差距大于居民经济收入的差距，同时居民的社会和文化资源也显著影响体育消费。

（1）信息接收和处理上的差异。

体育消费信息收集的类型和数量也随社会阶层的不同而存在差异。处于低收入阶层的消费者通常信息来源有限，对误导性和欺骗性信息缺乏鉴别力。出于补偿的目的，他们在购买决策过程中可能更多地依赖亲戚、朋友提供的信息。中层体育消费者比较多地从媒体上获得各种信息，而且会更主动地从事外部信息收集。随着社会阶层的上升，体育消费者获得信息的渠道会日益增多。不仅如此，特定媒体和信息对不同阶层消费者的吸引力和影响力也有很大的不同。比如，越是高层的体育消费者，看电视的时间越少，因此，电视媒体对他们的影响相对要小。相反，高层消费者订阅的体育类报纸、杂志远较低层消费者多，所以，印刷媒体信息更容易被高层体育消费者获得。

（2）购买体育产品场所的差异。

消费场所不仅是人们选择商品消费的空间，同时也是人们视觉和消费心理的选择对象。不同级别的消费者为各种消费场所提供了客观的市场，而不同档次的消费场所也满足了不同级别消费者的消费需求和消费心理，消费场所和消费者之间存在着某种对应关系。

在体育消费中，消费的场所或观赏比赛的位置（包厢、最佳位置、边缘位置）某种意义上就充当了社会阶层的区隔，一定程度上区分着消费者的地位。

从对中国不同社会阶层居民购买体育服装、器械的消费场所的调查看，社会阶层在消费场所的选择上也存在一定的差异。在专卖店的选择上，社会上层和中上层的选择率高于中下层和下层。而在一般性商场的选择上，下层和中下层的选择频率高于中上层和上层。

社会上层对消费场所的档次要求要明显高于下层和中下层。同时，随着生活质量的提高和质量意识的增强，人们在选择体育用品时对销售质量的要求也不断提高。而专卖店，以其专业销售、售后服务好、价格统一等特点几乎成为各阶层选择体育用品的首选。从调查资料来看，下层和中下层在专卖店的选择上，虽然仍然较低，但相比于批发店、二手市场的选择要高得多。相比之下，虽仍有部分下层和中下层的消费者选择在批发店和二手市场上购买体育用品，但远比我们想象的要少得多。这反映出体育商品的销售渠道逐渐规范化。因为假冒伪劣的商品多数是从批发店进入消费者视野的，而这个消费群体的萎缩，也会加速整个消费环境的好转。专卖店、综合商场和一般商场则成为各阶层消费者购买体育用品的主要消费场所。

（3）体育消费类别的差异。

一般来说，大众体育消费大体包括两个部分：体育用品消费和体育服务消费。体育用品消费又包括体育服装、运动鞋和体育器材的消费。而从个人对体育消费支出的结构来看，一般可以分为实物型支出、观赏型支出、参与型支出、博弈型支出四大类。为方便比较、分析，将这四大类消费支出细分为购买体育器械、运动服装、报纸或杂志、买票观赏体育比赛或表演、用于健身娱乐、交纳体育组织（俱乐部等）定期活动费、雇用教练或陪练、体育彩票八个消费类别。

大量调研结果显示，在体育服装、鞋帽、体育报刊的消费上，各阶层普遍较高，且各阶层之间的差异并不明显。而在体育器械、体育彩票的消费上，各阶层的消费则存在明显的差异。其中，在体育器械消费上，随着社会阶层提高消费比例逐渐增大。而在体育彩票的消费上则表现出相反的特点，下层的消费比例明显大于上层。在体育健身场馆、体育组织、观看体育比赛及雇用教练等参与性体育消费上，各阶层的差异呈现出显著性特点，中上层和上层选择比例明显比下层和中下层多。尤其是在雇用教练或陪练的消费上，上层和中上层比例较大。随着社会阶层的提高，参与性体育消费的支出在居民体育消费中的比例逐渐增大。

（4）购物方式和支付手段的差异。

现代社会的付费方式已不像传统社会中单一的现金付费那么简单。随着银行系统与各商业部门的网络化结算业务的发展和不断完善，使用银行卡和网络进行各种消费的结算既方便、快捷又省时、省力，因此成为现代社会重要的付费方式。而在参与性体育消费中，包月卡、年卡也越来越成为重要用户（VIP）甚至是一般用户的付费方式。

现金付款仍是各社会阶层体育消费的主要付费方式，且各社会阶层之间的选择也并没有明显的差异。而在选择通过银行卡、包月（年）卡的形式进行付费方面，各社会阶层差异则呈现出高度的显著性。其中，上层和中上层的消费者选择通过银行卡和包月（年）卡进行付费的比例明显高于下层和中下层，显示出其更加偏爱信用付费方式的倾向。而在包月（年）卡的付费方式的选择上，上层和中上层消费者则明显偏多，这也在一定程度上反映出上层消费者参与性体育消费明显多于较低社会阶层的现状。

（5）休闲或体育活动的差异。

社会阶层从很多方面影响个体的休闲活动。一个人所偏爱的休闲活动通常是同一阶层或邻近阶层的其他个体所从事的某类活动，他采用新的休闲活动往往也是受到同一阶层或较高阶层成员影响的结果。虽然在不同阶层之间，用于休闲的支出占家庭总支出的比重相差无几，但休闲活动的类型却差别颇大。马球、壁球和欣赏歌剧是上层社会的活动；棋牌、网球、羽毛球在中层到上层社会的成员中颇为流行。

上层社会成员所从事的职业，一般很少有体力活动，作为补偿，多会从事要求臂、腿快速移动的运动，如慢跑、游泳、打网球等。同时，这类活动较下层社会成员所喜欢的活动（如钓鱼、打猎、划船等）耗费时间较少，因此，受到上层社会的欢迎。下层社会成员倾向于从事团体或团队性体育活动，而上层社会成员多喜欢个人性或双人性活动。中层消费者是商业性休闲和诸如公共游泳池、公园、博物馆等公共设施的主要使用者，因为上层消费者一般自己拥有这一类设施，而低层消费者没有兴趣或无经济能力来从事这类消费。

对于公司经理和高层主管一类的人来说，由于工作时间很长，休闲时间比较少，他们可能每天做一点休闲性活动，如参加放松性体育活动、绘画、弹奏乐器、摄影等。读书和听音乐也是很多高级别的职业经理人所喜欢的。调查发现，中层家庭背景的经理人员较高层家庭背景的经理人员更喜欢听古典音乐。

3. 不同社会阶层体育消费的影响因素

（1）国家及地方体育与体育消费政策的扶持。

2014 年，《国务院关于加快发展体育产业促进体育消费的若干意见》明确提出，为了营造重视体育、支持体育、参与体育的社会氛围，将全民健身上升为国家战略。2016 年 8 月 19 日，习近平总书记在全国卫生与健康大会上强调要把人民健康放在优先发展的战略地位，提出全民健身和全民健康深度融合，积极推进健康中国建设。对推动体育产业的发展具有重要的指导意义，加之经济、政治、文化、社会和生态的协调发展，也为体育事业发展奠定了良好的基础。

（2）体育消费市场与体育文化、竞赛市场的发展。

不同社会阶层的体育消费主要集中在体育服装上，体育健身场所上的消费占有比例较少，特别是对于中下层来说参与体育健身场所的消费特别少。健身休闲产业拥有一系列规模不一、层次不同的健身休闲场所，不同社会阶层居民在体育健身场所上的消费已占有一定的比例。但健身休闲产业的总体规模仍然不足，显然还不足以推动体育消费的快速发展。从体育旅游文化方面来看，高端赛事几乎处于整个世界赛事举办的边缘，这制约了体育消费的发展。

（3）体育消费能力、消费观念的形成。

根据文本分析显示，居民在休闲、强身健体等消费动机上占有较大比例，各阶层居民均以实物性消费为主，观赏性消费明显较少。由此可知，居民经济水平相对较低限制了人们的体育消费。但是，经济水平并不是唯一限制了人们体育消费的原因，居民健康的体育消费观念没有完全形成也是其最主要的影响因素。这或许主要是由于经济原因，也可能是消费观念的影响，这或多或少地说明不同社会阶层的体育消费中兴趣与爱好的驱动尚未普遍形成。

5.3.2 不同群体的体育消费行为分析

从不同的角度、不同的类型可以对进行体育消费的人群进行划分并加以分析。下面对进行体育消费的几个典型群体的消费行为进行分析。

1. 城市女性群体的体育消费行为

随着生活水平日益提高，人们对于健康越来越重视，全民参加大型健身活动的人次不断增加，中国城市女性参与体育运动以及体育消费行为更是不容忽视。2018 年发布的《中国女性消费调查报告》显示，中国城市女性就业比例近 70%，独立经济来源为女性带来了更强消费力，近半数女性个人消费占家庭收入的 1/3 以上。因此，城市女性体育消费群体已成为体育消费市场的一支生力军。

（1）城市女性体育消费行为的表现。

数据显示大城市的女性更独立，即不依赖家庭或其他人而独自进行工作、消费及生活等。"独立指数"最高的城市中，上海、北京、广州、深圳、杭州没有悬念地排在前五。与此同时，小镇女青年也在崛起，其中，海南三沙市、湖南苗栗县、广东揭阳市的潜力指数最高。与"独立"相对应的，是女性经济实力和精神自由的提升。当前我国城市女性体育消费行为的重要影响因素是城市女性独立性，以及自我提升意识强烈。分析城市女性体育消费行为，有以下六个方面的表现。

①高收入女性偏向于健身俱乐部消费。

由于高收入女性竞争压力很大，对健康和生活品质较为重视，对健身的体验感要求较高，有专业健身指导需求。健身俱乐部能够提供舒适的运动环境，专业的健身指导和课程分享，实力较强的健身俱乐部还能为其提供线上线下结合的体育消费体验。同时，其收费高昂，与高收入女性的要求和经济实力相匹配。

②女性更倾向于结伴进行体育消费。

女性更倾向于结伴进行体育消费，甚至通过体育消费进行社交活动，社区将会成为女性进行体育消费的重要场所。女性对沟通和社交的需求要求较高，一般不喜欢独自运动，所以结伴体育消费以及通过体育消费展开社交活动，将会是女性的一个倾向性选择。当前一线城市社区建设较完善，体育社会组织进入社区成为交流平台，通过网络化的社区平台，城市女性能够较为容易找到结伴体育消费对象。

③女性更倾向于通过网络、电视等媒体接收体育知识和体育消费信息。

随着互联网的普及，城市女性的上网习惯早已养成。通过网络、电视等媒体获取体育知识和体育消费信息正是受这种习惯的影响。

④女性对专业健身指导的需求会逐渐上涨。

随着健康、体育运动观念的增强和政府对体育运动和体育产业的支持和引导，女性以瘦为美会逐渐转变为以健康为美，体育运动将会成为女性重视的方面。而科学的运动锻炼又是健康为美的关键。为此，女性对健康指导的需求将会上升。

⑤免费运动场地消费占主导，但收费的运动场地消费将会上升。

虽然城市居民收入和消费水平较高，但是运动习惯和意识仍不强，对体育消费的支出比例也不高。为此，现阶段，女性对免费运动场地的消费仍然占主导。但随着健康和体育运动观念的增强，对收费运动场地的消费会逐渐上升。

⑥女性对时尚运动装的需求会上涨。

通过文献查阅可知，女性目前对运动装的消费最多，这与女性追求美和时尚息息相关，时尚的运动装将会随着女性体育消费需求上涨而不断上涨。

（2）女性体育消费市场开发的结论。

我国城市女性的收入、婚姻状态、年龄会影响女性体育消费行为；

城市女性体育消费观念决定了体育消费结构，消费习惯则决定了获取体育知识和体育消费信息的途径；城市的体育消费环境最终也会影响女性体育消费观念和消费习惯。

①女性体育消费行为。

我国多个城市女性体育消费水平并不高，体育消费行为受到年龄、收入、职业、婚姻状况的影响，体现出群体差异。而在体育消费方式上，虽然会因为地域的原因呈现不同的特点，但是在体育实物消费上，以运动服装的消费为主，体育运动场地以价格低廉为主；消费动机主要与身体、心理和社会表现三个方面有关。

②女性体育消费习惯。

随着科技的进步，人们的消费习惯也在改变，特别是城市女性，因为获取体育消费知识、购买体育消费产品、参与体育活动的方式会发生改变。例如，"互联网＋"的出现对消费习惯的影响。因此，女性消费习惯会发生较大的变化。

③女性消费意识与消费水平。

目前我国一线城市女性体育消费意识相对来说并不强，体育消费占比并不大。但城市独立女性的经济实力在逐年上升，独立性增加的结果，会使城市女性在自我提升和悦己消费等体育消费方面呈现快速增长的态势，因此城市女性的体育消费不仅具有典型的偏向消费特征，还与我国城市化发展的特征息息相关。

促进城市女性体育消费，需要关注女性对时尚、体验感、社交的追求，与时俱进，开发更多适合女性的体育消费产品，并且区分城市女性体育消费客户群体，分层次开发职业白领女性体育消费市场。需要注重社区体育消费建设，使更多适合女性的体育项目进入社区，提升社区网格化服务覆盖面和质量。需要关注城市女性面对"体育互联网＋"的信息渠道，特别是利用新媒体信息精准到达和推广便利的优势，应对我国一线城市女性体育消费市场的剧烈变化。

2. 大学生群体的体育消费行为

（1）大学生体育消费结构。

消费动机指的就是我们常说的消费目的，就是为了某个目的而付出的一系列消费行为，消费动机对于大学生的消费活动有支配作用。调查显示，绝大多数的大学生进行体育消费是为了增强体质、锻炼身体、丰富课余活动。而当我们对大学生的体育消费动机进行细化之后，可以看出许多不同之处。大学生的体育消费动机与他们的性别还是有较大关系的，根据不同的性别我们也可以看出，男生大多数时候对于体育消费抱有一种丰富课余活动的动机，而女生则更倾向于塑造他们的体型。大多数大学生的体育消费结构是较为符合常理的，绝大多数体育消费是在实物类消费上，主要包括体育服饰、鞋子、帽子、器材等硬件的消费。

（2）大学生体育消费行为的影响因素。

大学生体育消费行为受着众多因素的影响，其中最为直接、最为客观的就是经济基础。通常来说，经济条件较好的家庭会给孩子更多的生活费，学生们有了足够的经济基础，也会有更大的购买力，进而有足够的能力去购买自己想要的运动产品。体育消费产品价格与体育爱好也是影响大学生体育消费的主要因素。

①经济基础。

经济基础是很多行为的重要前提，它也是我们进行社会生活所必不可缺的一项内容。经济基础对于一个人的生活状况以及消费情况都有着决定性的影响，也是我们在进行大学生体育消费影响因素以及现状分析时所必须直面的一个因素。在大学阶段，学生们在校内生活进行着较长时间的学习，他们很少会有外来的经济收入，此时大多数学生都是依靠家长固定给的生活费来维持生活的，而这些生活费很难满足学生的其他消费行为，这极大地限制了他们的体育消费。

②体育消费品价格。

在我们平时去购买东西时，价格也会影响着我们对该物品的购买意愿，在进行体育消费时也是这样，体育消费品价格的上下波动也极大地影响着学生的购买欲望。当体育消费品价格上升时，学生的购买力就减弱，他们的购买欲望也自然而然会降低，当体育消费品的价格下降并达到学生能够承受的范围之内时，他们的购买力也就会增强。这两者之间呈现的是一种反比的关系，价格上涨，消费力自然下降，价格降低，消费力上涨。

③体育爱好。

我们进行体育运动，一方面是出于对身体健康的保证，另一方面是因为个人的兴趣爱好和对于体育运动的热情。在大学阶段，学生们朝气蓬勃、精力旺盛，此时他们有更多的体力与活力来进行充足的体育运动，而在运动中，部分学生也能够感受到其中的快乐，将自己的各项压力进行排解。因此，有的同学会将体育运动作为自己的一大爱好，当他们极度地热爱体育运动时，自然就会更加深入地对体育相关器材进行要求的提高，有时他们就会为了进行某项运动而去买专门的器材。

（3）大学生体育消费行为的健康促进。

大多数大学生在进行体育消费时，具有较强的自控能力，会挑选那些性价比较高的体育用品。由此可见，大多数学生的消费观念是十分健康的，但要保持这种健康的消费观念，就需要社会、学校和家长共同努力，一起进行引导。

①塑造健康的价值观。

价值观对我们的行为也有着重大影响，在我们的大学生进行体育消费时，他们的价值观也发挥着重要的作用。为学生塑造一个健康的价值观，无论是学校还是家长都责无旁贷。我们必须要大力地对学生的体育消费观进行正确引导，让他们在需要的基础上进行适度消费。

②加强宣传，推动健康消费形成。

环境对人的影响是很大的，大学生的体育消费行为不仅受到自身意愿的影响，还受到外在环境的影响。例如，周围的大多数同学为了进行某项运动买了一种器材后，其他同学也会不由自主地受到这种影响，想要去买一个同样的器材，即便自己没有参加该项运动，并且也不经常会使用该项仪器，但是为了满足购物的需求以及受周围环境的影响，他们还是会去买。对此，学校就必须要充分地进行理性宣传观念的引导，通过定期开展讲座、在内网上发布相关信息等方式来引导学生，此时家长也需要配合学校对学生一起进行引导，帮助学生进行合理体育消费品的选择。

③安排合理的体育运动时间。

大学生由于课时不均匀，他们的休息时间也不固定。体育活动作为帮助学生锻炼身心的最简单最直接方式，它能够帮助我们很好地解决大学生课业繁杂、心理压力大的问题。所以为了更好地帮助学生进行压力的释放以及身心健康的保持，学校可以主动地为学生的体育需求进行时间的合理安排，根据大学生的上课时间，为他们提供一定的运动场所，让他们在学校提供的场所进行有序的体育活动。

（4）大学生粉丝体育消费引导——以山东省为例。

①优化消费市场环境，提升体育明星和品牌竞争力。

市场环境作为体育消费者与生产者之间进行物质交换的外部影响因素，发挥着非常重要的作用。当前大学生体育粉丝群体因为在消费观上未完全定型，而市场竞争中一系列只为经济利益诱导消费的因素都有可能对大学生尤其是粉丝群体的消费观产生影响，应为大学生体育粉丝群体提供一个良性的体育消费市场竞争环境。因此，在宏观市场环境上，可以通过市场秩序的规章制度，有针对性地制定符合体育消费现状的体育消费市场规范措施。

除市场竞争环境外，技术环境也是影响粉丝体育消费、提升竞争力的关键因素。大学生较普通群体更易于接受新鲜事物，也更乐于追求新鲜感，因此在技术环境上也应不断实现优化与突破，可以通过对企业创新的鼓励与扶持实现技术创新的发展。在消费市场环境良好的前提下，体育明星或者体育品牌在通过提升自身竞争力，引导更多大学生进行粉丝体育消费时，才会产生健康的、可持续的粉丝消费。

②以真正发展体育运动为根本，树立体育偶像精神。

通过对粉丝体育消费的整体了解以及大学生粉丝体育消费的分析可知，大学生粉丝群体比较容易通过受体育偶像的影响转变成真正的体育爱好者：一是因为大学生有相对自由与充足的时间发展兴趣爱好，在偶像影响下有足够的条件去尝试新鲜事物；二是在对山东省大学生体育粉丝的调查中发现，大学生群体更关注偶像本质上的内容，因此大学生更易践行体育偶像所传达的精神或偶像所从事的内容。要规范体育明星在赛事以及各种活动中的舆论传达，相关部门应该加强对体育明星在非体育活动中的监管，体育偶像应该以真正发展体育运动为根本，更多地以体育人的形象出现在公众面前，向大学生传达更多的体育精神，在发展自身粉丝群体的同时引导他们成为体育爱好者，培育粉丝群体的可持续性体育消费。

③以大学生消费倾向性为基础，优化大学生粉丝体育消费结构。

体育消费结构从根本上是受国家经济发展水平影响的，我国体育消费结构在整体上以实物型体育消费为主，但是随着经济水平的提升，观赏型和参与型体育消费比重会不断上升，直至超过实物型消费。但是粉丝体育消费在消费支出上往往有着与自身经济水平不相符的消费支出，虽然大学生体育粉丝群体在粉丝体育消费中是比较理性的，但是较普通体育消费者来说仍处于较高水平。因此，粉丝体育消费结构可以在现在的经济水平上进行优化。

通过分析，山东省大学生粉丝体育消费中，实物型体育消费占比仍然较高，但是同之前研究相比，大学生的观赏型和参与型体育消费比重均有所上升，而且现在大学生更倾向于欣赏体育偶像高水平赛事以及参与偶像活动，也就是说大学生粉丝群体仍存在观赏型和参与型粉丝体育消费潜力。调查显示，90%的大学生体育品牌粉丝认为，应该将大学生粉丝体育消费倾向性作为品牌经营模式选择的重要依据，因此体育明星或者体育品牌应根据当前大学生粉丝体育消费的倾向性，打造更多高质量体育赛事、组织偶像倡议或参与下的体育活动等，增加大学生在观赏和参与方面的体育消费。

　　④以规范传播媒介责任为途径，丰富大学生粉丝体育消费内容。

　　大学生获取偶像信息，不管是通过网络新闻资讯还是粉丝社群，都涉及网络传播媒介，并且因为网络科技的发展，使得人们对个性化商品与服务的追求变得非常简单，因此会产生大量粉丝消费。

　　因为当前体育网络媒介存在诸多的媒体责任缺失现象，有一些为博眼球而出现不实报道或者故意娱乐化的报道，因此需要为大学生体育粉丝营造一个良好的网络传播环境。作为对大学生粉丝体育消费产生引导作用的传播途径，需要建立媒体监督与约束机制，对报道内容进行严格审核与把关，同时媒体应树立自身的媒体形象，在报道中突出新闻核心价值，减少娱乐化及炒作性的报道。体育传播媒介可以将多样化与个性化的消费内容以更加生动的方式展现出来，使大学生粉丝体育消费内容能够更加丰富，这对粉丝体育消费结构的调整以及大学生粉丝体育消费水平的提升都会产生积极的影响。

　　⑤以培养大学生正确消费观为前提，合理利用"明星效应和品牌效应"。

　　粉丝较易形成习惯性消费行为，而且呈"边际效应递增"的趋势，因为他们的消费目的是由兴趣与享受所决定的，所以在粉丝体育消费的引导上，仍须以大学生形成正确的消费观为前提，而不是仅以提高消费水平为目的，因为当前大学生粉丝体育消费者对于商品和服务的追求更加突出个性化，尤其是在明星或品牌精心策划过的服务或产品上，抵御诱惑的能力还较差，因此生产者往往极易利用"明星效应"和"品牌效应"来实现利益最大化。

　　在体育赛事和产品活动中，应规范生产者或经营者对粉丝消费的过度渲染，使大学生在更加真实的环境中进行体育消费选择；同时，对于大学生体育粉丝而言，他们非常容易受到偶像信息的影响，因此可以利用体育明星倡议以及体育品牌活动来影响大学生粉丝体育消费。比如，某知名运动员的粉丝想要现场观看比赛，但是对于不在赛事地点城市的大学生而言，一次观看比赛所产生的费用是非常高的，包括交通费、食宿费、赛场门票等，对大学生而言会产生较大压力，针对这种情况可以鼓励大学生通过赛事直播，网上付费进行观看，在比赛期间设置粉丝与偶像间的网络互动等方式。

⑥以大学生经济水平为参考，追求高水平的理性体育消费。

在山东省大学生粉丝体育消费水平调查中，大学生虽然生活水平有所提升，但是整体上在粉丝体育消费中仍受到经济条件的限制，再加上大学生在经济上大多依赖于父母的支持，所以在经济上的支配能力有所欠缺，因此对大学生粉丝体育消费应主要注重可持续性的培养，同时追求理性的较高水平的体育消费。

非理性的体育消费行为在大学生群体中出现的概率并不是特别高，虽然这种消费行为能够提高体育消费水平，但是长期的非理性消费行为容易导致畸形的消费观，不利于体育消费的健康发展。因此，在大学生当前的消费水平下，根据主要的体育需求进行合理的消费引导，发挥粉丝体育消费的高水平示范作用，利用粉丝的口碑营销，扩大体育消费影响范围，推动大学生整体消费水平。对体育粉丝来说，维持较高水平的体育消费状况较易实现，主要是需要通过消费观念教育，对非理性粉丝体育消费者进行消费观念教育，使体育粉丝始终保持与自身经济能力相匹配的体育消费水平，实现体育粉丝的高水平理性体育消费。

⑦以大学生粉丝体育消费者人群特征为依据，进行精准市场定位。

在前文的分析中，大学生不同群体在粉丝体育消费上存在显著差异，因此可以根据大学生不同群体特点制定更具针对性的产品和服务，从而使大学生粉丝体育消费更具吸引力，合理提高消费水平。

精准市场定位，首先对实物型体育消费来说，因为在大学生粉丝体育消费的调查中，实物型体育消费占比最高，因此可以较少关注消费促进方面，更多地将关注点放在产品理念与质量上，突出体育的主体概念，比如体育专业学生对运动用品的要求更加专业化，非体育专业的学生专业性要求相对较低，但是会受外观、风格、性价比等方面的影响，因此在专业体育用品上，提升专业性品质，但是在专业性要求不高的体育用品方面，要在体育本位的前提下，注重个性化与产品品质的提升。在观赏型体育消费方面，为优化消费结构，在观赏型体育消费上应注重消费水平的提高，比如不同性别大学生体育粉丝在观赏型体育消费的需求上存在一定差异，男生更多关注赛事或活动质量，女生除赛事活动质量外，更加关注偶像表现与行为，因此在观赏型体育活动的开展上，首先保证正式比赛的水平和质量，维持或发展当前男生粉丝的观赏型体育消费水平，同时注重发挥体育明星的表现力与赛前、赛后的互动，注重培养女生粉丝的观赏型体育消费。

参与型体育消费也需要适当地进行引导以提升消费水平，在粉丝群体中，大部分消费水平在每月 1500 元以上，可用于体育消费的金额均有一定限制，但是参与型体育消费的需求成本较高，需要综合考虑大学生的生活消费水平，组织主要以参与为主的体育赛事，降低大学生赛事参与费用，以体育品牌赞助等方式进行运营，结合体育明星的号召力，吸引更多的大学生群体参与到活动中来。可能在追求经济效益的今天，这样的方式无法做到经济效益最大化，但是可以为体育生产者培育更加忠诚的粉丝体育消费者。

3. 城市老年人群体的体育消费行为

（1）城市老年人的体育消费类型。

根据专家、学者对体育消费的不同认识，关于老年人的体育消费类型可大致分为三种：第一种将体育消费形式分成三类，即实物型体育消费、观赏型体育消费和信息型体育消费。第二种是实物型体育消费、观赏型体育消费和参与型体育消费。第三种将体育消费分成两类，即实物型体育消费和非实物型体育消费。目前，较为常见的是前两种分类方式，它们的相同点都包含实物型和观赏型体育消费，而不同点在于，信息型体育消费与参与型体育消费的界定标准有异。特别是在概念上较为模糊。但无论哪一种分类方式，受传统、保守、节俭等思想观念的影响，实物型体育消费已成为老年群体的主流消费方式。

（2）影响城市老年人体育消费的因素。

①经济的收入水平。

恩格斯将人的需要划分为生存需要、享受需要和发展需要三个层次。与之相应，经济学中按消费资料满足人们需要的程度和层次，将消费分为生存消费、享受消费和发展消费，显然体育消费属于享受消费和发展消费。按照马斯洛的需要层次论，人们必须首先满足生存需要，然后才可能追求发展及享受需要，可见，收入多少往往在客观上决定着一个人是否选择体育消费、选择多少体育消费以及选择怎样的方式进行体育消费。老年人的经济收入水平高低，是影响老年人进行体育消费的关键因素，也是根本性因素。

②消费的观念。

多数学者研究认为，老年人的体育消费观念淡薄、消费观念陈旧是影响老年人进行体育消费的另一重要因素。正是这种节约和勤俭的观念一度压制了老年人消费欲望，致使老人们的体育消费心理、消费价值观念和消费行为仍停留在过去的计划经济时代，从而影响了体育需求。由此可见，观念是行动的先导，只有在积极的体育消费观念基础上，行动才有可能成为现实。

③体育设施与消费品价格。

由文献可见，体育健身场地设施匮乏也是影响老年人体育消费的因素之一。因为体育场地设施是体育消费的对象和场所，它的不足必然会造成体育消费的滞后。据全国第五次体育场地普查统计，我国共有各类体育场地 850080 个，平均每万人拥有体育场地 6.58 个，人均体育场地面积为 1.03 平方米，与第四次全国体育场地普查数据相比，各方面指标均有所增加，但与我国人民群众日益增长的体育锻炼消费需求相比，仍存在较大差距。此外，体育消费品价格较高是老年人进行体育消费的另一影响因素，由于受经济收入水平的制约，在一定程度上阻碍了老年人进行体育消费。

除上述诸多影响老年人体育消费的因素外，家庭因素也是不可忽视的因素之一，老年人退休后余暇时间虽多，但部分老年人需要料理家务或照看孩子，甚至承担一部分经济支出，这在某种程度上削减了部分老年人的余暇时间，削弱了其经济实力，从而降低了其体育消费水平。与此同时，像健康状况、自然因素、缺乏适宜老年人的体育消费品等都有可能影响老年人的体育消费结构。如果按照制约城市老年人体育消费的影响因素等级来划分，排名前四位的依次为经济收入水平、消费观念、体育场地设施以及体育消费品价格。

（3）老年人群体体育消费的促进。

①培养老年人休闲体育消费意识。

只有切身参与休闲体育锻炼当中才会感受到休闲体育锻炼的价值，在不断地参与休闲体育锻炼中积累的休闲体育价值观和休闲体育态度才会产生休闲体育消费意识。老年居民休闲体育消费意识来源于运动者自身的主观感受和客观体验。因此，要想培养老年人的休闲体育消费意识，休闲体育意识的增强和休闲体育消费意识的培养相辅相成、缺一不可。做好休闲体育锻炼的宣传工作，打破老年居民陈旧的休闲体育思想，才能提高其参与休闲体育锻炼的主观感受和客观体验，从而达到增强休闲体育意识、刺激休闲体育消费意识、培养休闲体育的持续性的目的。

②发挥政府职能部门的作用，完善社区老年体育管理体制。

社区老年体育的完善发展，应将政府的力量放在首位。社区老年人数量多、规模大，以民间组织或个人力量无法完成对其的管理。因此，政府在面临人口老龄化所带来的一系列问题时，以"健康老龄化"为视角，制定促进老年体育养生的相关政策和制度，促进本辖区的老年体育健康发展。增加老年人体育专项经费，加大建设场地器材力度，同时加大宣传力度，提高各年龄段老年人体育参与度。

③开发老年体育养生市场，推广智能化、全方位服务。

目前，我国体育消费水平低，不是支付能力的问题，而是消费观念的问题。尤其老年体育消费水平较低，主要是老年人的消费观念传统保守，对健康投资的认识不足。开发老年体育养生市场，通过多种媒介和渠道，引导大众体育消费观。

第一，开发体育养生手机 App 软件寻求优秀企业，运用高科技手段开发体育养生手机 App 软件，通过订阅号、手机短信、手机 App 等实时推送相关的老年人体育养生活动信息，实现智能化的休养模式。大多数退休后的老年人对智能手机的使用并不陌生。对于年龄偏大或不使用手机的老年人，则可以通过子女传递相关休养信息，也可以由一部分低龄老年人带动其他老年人共同参与。老年人在获得相关信息后，根据自身身体情况，选择参加相对应的体育活动、养生培训、锻炼指导等。

第二，开展老年体育养生健康讲座。随着年龄的增长，人体各身体器官机能慢慢退化，这是人体发展的自然规律。各种慢性疾病例如关节炎、高血压、高血脂、慢性支气管炎、脑血管疾病等逐渐困扰着老年朋友，但是不是任何一项体育活动都适合所有人。不同性别、年龄段、健康状况、文化素养、生活习惯的人，对于体育项目的选择也会有很大的不同，老年人由于身体机能退化，又患有各类慢性疾病，对科学的健身养生知识非常渴望。针对老年人这一特殊群体，聘请专业老师进行老年体育养生健康讲座，在养生计划，在运动项目、运动强度、运动时间、运动频率等方面实现可操作的方法；在身体保健、健康理疗、食疗方面进行辅导，在心理疏导、家庭关系、人际交往等方面进行实例分析并加以正确引导。

第三，规范老年体育养生保健产品市场。老年体育养生保健产品市场鱼龙混杂、花样繁多，大部分的产品名不副实，过于神化，存在欺骗老年人消费的行为。市场应发挥调控监督作用，规范老年体育养生保健产品市场，对于欺诈行为严重者要重罚，并定期将社会上的养生保健产品的真实情况公布于众。

4. 青少年群体体育消费行为

（1）青少年体育消费行为的影响因素。

①青少年年龄和性别。

青少年的年龄情况和性别是影响其体育消费行为的重要变量：在青少年性别影响因素方面，通常而言，男生较女生参与体育活动的意愿更强，对体育信息和体育产品的关注程度也更高。因此，男性青少年较女性青少年更具有体育消费的意愿。在青少年年龄影响因素方面，通常而言，随着青少年年龄的增长，能够参与的体育活动形式更加丰富，体育消费的意愿也更强。因此，青少年年龄与其体育消费能力正相关。

②家长态度情况。

青少年参加体育活动以及进行体育消费的价值主要体现在丰富青少年爱好和情操，提高青少年体质。在我国现行的教育评价机制下，课业成绩成为学生升学的主要依据，体育成绩对学生获得优质教育的贡献极小，这就导致很多家长缺乏对体育活动和体育锻炼的重视，甚至有的家长对体育活动和锻炼持否定态度。因此，家长态度与青少年体育消费行为正相关，即家长对体育活动的态度越积极，青少年体育消费意愿和消费能力越强。

③体育活动丰富性。

国外通常通过组织丰富多彩的青少年体育教育活动形成青少年参与体育活动的积极性和主动性，并建立了政府、学校、企业等社会主体共同参与的体育教育合作体系，从而极大地丰富了青少年体育活动的形式。体育活动的丰富性本身对青少年体育消费形成了一定的引导功能。因此，以学校和社会为主体开展的体育活动的丰富性影响着青少年的体育消费行为，体育活动越丰富，青少年体育消费的意愿和能力越强。

④家庭收入水平。

从经济学的角度分析，体育消费不仅包括体育消费的意愿，更包括体育产品的消费支出能力。体育消费作为一种精神层面活动，本身是建立在经济基础上的上层活动。青少年参加体育活动、购买体育产品，以及利用各种移动媒介收看体育新闻和体育赛事等，都需要经济能力作为基础。青少年本身不具备收入能力，因此，家庭收入在很大程度上决定了青少年的体育消费行为。家庭收入越高，青少年体育消费的意愿和能力越强。

（2）青少年体育消费行为教育和引导。

加强青少年体育消费行为的教育和引导，应加强对青少年体育教育战略价值的认同，实现青少年体育教育主体资源有效集成，提高青少年体育信息价值甄别能力，建立青少年体育消费正确价值观，提高青少年体育活动基础设施条件建设。

①增强对青少年体育教育战略价值的认同。

青少年体育教育不仅关乎其自身的学习和成长，更关乎国家创新能力的提升和民族的未来，对青少年体育教育的价值应从战略高度进行认识。实践中，受到教育政绩观以及应试教育机制的影响，在教育工作者以及学生家长等青少年教育的利益相关者主体价值体系中，提高应试教育成绩和升学率的需求优于体育教育等其他教育形式。这种青少年体育教育价值战略认同的缺乏导致其素质教育工作往往流于形式，素质教育的政策难以得到有效践行。

②建立青少年体育消费正确价值观。

青少年参与体育活动、进行体育消费的价值在于培养体育精神、提高身体素质、更好地成长和学习，而进行必要的体育消费仅仅是为了参与体育活动的必要方式，切忌在青少年之间形成体育消费品价值高低的攀比心理，从而扭曲了体育消费本意。各级学校、家长、社会主体等应共同为青少年体育消费提供优良的环境，引导青少年理性消费、合理消费，在消费的过程中追求精神和体质层面的提升。

③实现青少年体育教育主体资源有效集成。

西方发达国家的实践经验表明，积极建立学校、政府、企业等主体在开展青少年体育教育方面的参与机制，能够有效实现不同教育主体间资源互补和协同效应的发挥。在学校等教育主体的基础上，积极提高社会机构、企业等参与青少年体育教育的积极性。以企业为例，可以利用财政和税收工具对企业用于支持青少年体育教育支出给予税前加计扣除等形式提高其参与青少年体育教育的积极性。

④加强青少年体育活动基础设施条件建设。

在青少年体育对经济发展的需求方面，青少年体育的开展需要一定数量的体育场地、体育器材、体育服务等硬件条件作为基础，特别是这种具有经济学范畴内公共物品属性特征的要素需要通过政府财政投入的形式达到其市场配置的高效率。因此，应通过制度安排形成青少年体育事业设施投入的自主性，从而保证青少年体育设施的质量和数量能够有效匹配群众体育的社会需求。

⑤提高青少年体育信息价值甄别能力。

在网络化和信息化高度发达的社会发展阶段，青少年能够通过各种传统媒体和新媒体，通过体育赛事、体育新闻等途径获得大量体育信息，这固然有助于培育追求更快、更高、更强的体育精神和弘扬勇于超越、积极参与、拼搏不懈等人文精神。同时，网络环境中也充斥了部分体育暴力、体育花边甚至体育色情等不良信息，在青少年的人生观、价值观尚未完全建立的情况下，各教育主体应通过多种教育形式的开展提高青少年体育信息价值甄别能力，自觉过滤不良信息。

5. 中年人体育消费行为

（1）中年人体育消费内容与方式。

以济南市为例，目前济南市中年人体育消费结构比较合理，参与型、娱乐休闲型的休闲项目是济南市中年人最愿意投入的休闲体育消费方式，反映出人们渴望通过休闲体育的方式达到交流交友、获得认可、享受乐趣的目的；通过休闲体育的娱乐放松，达到健美身体、缓解压力、增进健康的目的。济南市中年人进行休闲体育消费的人在锻炼时间把握上比较合理，能保证每次锻炼对身体的良好刺激，符合科学锻炼的基本要求。随着人们休闲时间的增多、社会节奏的加快、竞争压力的加大以及人们健康意识的提高，虽然居民参加休闲体育活动的热情很高，但真正付诸行动的不多。这表明济南市中年人休闲体育的开展还有待发展，需要加强宣传和引导，在进一步增强大众参与休闲体育的意识的同时，更要提高他们体育健身的积极性、主动性。

不同年龄段居民对活动项目的选择有着不同的特点。中年早期和中期中年人多选择篮球、羽毛球、跑步、足球、网球、游泳、轮滑等运动强度大、趣味性强、有一定对抗性的运动项目，中年后期中年人多选择散步、太极拳、乒乓球等运动强度小、动作平缓、不易受伤的运动项目。对于许多极限运动项目，如蹦极、攀岩、野营、轮滑、划船、滑水、漂流等项目多是中年早期中年人热衷的项目。对于高尔夫、汽车越野、跳伞、攀岩、潜水等这一类消费较高的休闲项目，虽然有很多的人会由于经济因素消费不起，但是这恰恰成为一部分富裕起来的群体最有兴趣涉足的项目。从总体上看，不论哪一个年龄段的人从事哪些健身项目，都遵循其共同的"原则"：在经济条件较好的情况下，选择简便、易行，能给自己身心带来愉悦、放松的运动项目。

（2）中年人休闲体育消费的促进——以济南市为例。

①大力培养中年人休闲体育消费市场。

对济南市中年人休闲体育现状的调查显示，广大中年人对休闲体育消费的价值已广泛认可，他们对于休闲体育消费有着较高的热情，能够也愿意拿出一些钱进行休闲体育消费，具备一定的休闲体育消费能力。但是从消费水平和消费行为特征来看，济南市中年人的休闲体育消费市场仍处于初期阶段，加大对济南市中年人休闲体育产业市场的培育力度就显得尤为重要。

第一，中年是人生职业黄金年龄，也是收入较高的年龄阶段。济南市各区应高度重视对中年人休闲体育市场的培育，不但要运用现代化、科学的手段对休闲体育产业进行管理，更应站在提高休闲体育市场竞争力的高度制定符合济南市中年人休闲体育产业市场的发展策略，使济南市休闲体育产业的发展跃上一个新台阶。

第二，济南市要组建休闲体育的服务和管理机构，引进社区体育指导员或对现有管理人才进行社会体育指导员培训等手段，大力推进面向广大中年消费群体的大众休闲体育市场，通过对广大居民的休闲体育宣传、组织活动，营造良好的休闲体育氛围，吸引广大居民积极参与休闲体育活动，扩大潜在的休闲体育消费群体。

第三，济南市政府应利用城市地区周边的学校、公园、健身路径等公共休闲体育场所，满足普通消费者外出休闲的需求。

第四，应针对济南市农村中年人这一消费群体的休闲体育消费水平和消费特征，适当增加中低档次休闲体育项目的开发。

②充分发挥政府在促进济南市休闲消费发展中的调控作用。

休闲消费和休闲产业的发展需要全社会的支持，政府在制定休闲政策、增加休闲设施条件、加强引导等方面责无旁贷。

第一，要建立统筹规划思想，推进济南市休闲体育产业快速发展。统筹区域发展是整合与提升区域竞争力的核心战略之一。地区内外休闲体育产业市场的激烈竞争要求济南市必须对其区域产业资源进行统筹规划，使得各行业开发工作相辅相成，以提高济南市休闲体育产业的竞争能力。

第二，要加大对济南市休闲体育产业的理论研究和宏观指导，制定济南市休闲体育发展规划，尽快将休闲养身体育业的发展纳入地方经济发展的全局。同时，结合居民的实际情况，重视对济南市休闲体育资源开发的系统研究，制定出科学的发展战略和规划。

第三，要加强各城市建筑业、交通运输业、饮食娱乐业等行业的发展同休闲体育产业发展协调一致，这样做既不会造成休闲体育产业资源因运载能力、接待能力，以及服务质量、能力低下而受影响，浪费产业资源，也不会因休闲体育产业过度开发造成旅游容量超出环境容量，而形成污染。

③对济南市中年人开展休闲教育。

休闲教育是促进个人提升休闲的价值、态度、目的的过程。目前有相当多的济南市中年人还对休闲价值缺乏正确认识，认为"休闲"是在浪费时间和金钱，唯有工作才能体现人的价值，及"不就是玩吗，玩有什么可学习、可研究"等陈旧思想。因此，面对这些中年人错误的休闲认识，我们需要通过教育来引导和提高他们的休闲观念。让他们认识到，休闲不等于消费，真正的休闲状态并非只是物质的满足，而应看成生命活动的积极准备。为促进休闲体育消费在济南市的健康发展，可通过对中年人进行休闲教育，增进居民在休闲中认识自我、完善自我的能力，提升自我决定休闲在个体生活中的地位。良好的休闲教育是休闲消费市场得以健康发展的必要条件，所以休闲教育的开展，不仅仅要对参与者进行，还要加大对休闲体育项目经营者、服务人员，甚至政府管理者的休闲教育，树立"以人为本"的休闲体育的经营、服务、管理理念。

④提升济南市休闲体育市场产品质量和服务水平。

第一，要提高休闲体育产品的创新意识。济南市各地休闲体育项目经营者在投资之前，需要做详细的市场调查，充分了解市场的供给状况，在科学论证的基础上实行差异化经营。差异化经营战略，就是向消费者提供在一定区域范围内的在行业之中具有特色的、独一无二的消费产品和服务，以此来吸引顾客，保证客源的稳定。实施差异化战略的关键在于创新，因为创新是一个民族进步的灵魂，是国家兴旺发达的不竭动力。因而，经营者要注意充分挖掘顾客的新需求，在技术、管理、服务、产品、营销、文化与主题、设计和环境等方面开展有益的创新。这样经营才能走出"价格战"的阴影，其生命力才会无穷无尽。具体而言，实施差异化经营战略，就是尽可能要做到人无我有，人有我新，人新我转。

第二，要注意意识培养，加强消费引导。休闲体育产业营销的主要目的是为社会提供健康、向上的休闲娱乐服务，所以其市场开拓和营销

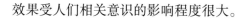

效果受人们相关意识的影响程度很大。

第三，要遵循市场规律，兼顾不同层次的消费。休闲体育消费市场的健康发展须遵循市场规律。作为经营管理者，关键是要不断地学习研究市场规律，对市场要素进行分析，掌握经营之道。尤其要根据本地区的特点，深入调查研究不同层次群众的消费需求。

⑤加大资金投入，转变政府职能，完善济南市休闲体育市场。

第一，要加快政府职能转变，提高体育公共服务质量。体育行政部门应从管理体育的全能政府向服务型政府转变，把居民看作自己的服务对象，不断丰富体育服务内容，积极探索和开发多元化的体育公共服务形式，以满足居民日益多层次，宽领域及多元化的体育服务需求。

第二，可通过建立社区体育活动中心、提高学校的场地设施开放率、及时对社区场地设施进行维护和更新，以方便市民就近进行健身活动。

第三，要增加公共体育事业经费投入，尽可能满足广大居民的休闲体育需求。体育公共服务经费的严重短缺，是制约济南市发展休闲体育事业的主要瓶颈。济南市的休闲体育场馆、设施的建设完善和维修、养护需要政府源源不断的财政投入，而要避免政府财政赤字对经费投入的不利影响，保证济南市公共体育经费投入的长期化和制度化，必须建立和创新休闲体育建设资金的保障机制，才能保障体育公共服务的质量和水平。

第四，要加强公共体育服务评估监督，保证运行机制的充分发挥，而对济南市公共体育服务供给保障体系的评估指标体系构建，则要体现科学性，使其全面系统地反映公共体育服务工作的实际。

5.3.3　全民健身背景下体育消费的发展策略

1. 把握全民健身背景下体育经济发展的优势

根据经济理论分析，全民健身运动的推行在客观上带动了国民的经济水平，这也是国家经济发展的必然要求与现实需要。在全民健身背景下，体育经济依托良好的政策优势、市场优势及产业优势，不断实现着产业经济的拓展与延伸，实现了体育经济的高度融合与变革，促进了经济运行机制的完善。

（1）促进体育产业多元发展。

全民健身以大众体育的模式呈现，其发展形式更加亲民，在"以人为本"的基础支撑中积极构建体育服务体系，为全民健身事业的发展提供有效的助力。同时，体育产业经济的发展不拘泥于传统的发展形式，而是可以依托我国社会发展的实际及优势，创新体育产业发展的理念，积极探索体育市场及社会需求，充分融入科技创新模式，加强与各领域之间的密切合作，构建起更为完善的体育产业链，为广泛的体育参与者提供完善的体育支撑与服务，打造出一条具有发展活力的新途径。并且立足于体育产业化的形成，还能够有效帮助周边产业的发展，如建筑业、轻工业、服装业及餐饮业等，从而形成连锁效应，最终形成体育产业多元发展的结构，推动我国体育经济的持续健康发展。

（2）拉动体育产品生产销售。

与西方发达国家相比，我国的体育产品消费水平较低，并且我国的体育发展结构决定了我国的体育经济主要来源于制造业。由于我国体育文化构建不完善，缺乏高知名度的体育品牌，导致大部分的体育用品均在国内流通。有调查显示，我国的人均体育消费水平约100美元，然而在现实中不难看出，我国真正的体育消费远未达到这个标准，这100美元之中大部分是用于体育服装或器材的消费。因此，在全民健身的号召下，全民体育市场的需求也将不断扩大，体育用品企业产品线将更加注重市场的变化，为市场提供切合实际的产品，从而在市场格局的推动下，促进体育产品的生产与销售模式的形成。

（3）优化体育产业市场格局。

相比于传统体育事业而言，全民健身背景下的体育经济，不仅展现着提升国民素质的功能，还能够围绕体育产业的融合，有效地刺激经济的发展，促进体育经济更好地融入市场。目前，我国体育人口增速不断上升，已经突破 3 亿人大关，随着体育参与人数的不断增加，一些潜在的体育人口将涌现，进一步提升体育经济发展的活力，扩大体育产业市场的规模。此外，体育产业市场格局的形成，将有助于形成良好的体育经济发展氛围，从而带动整个产业的持续运行，并向新兴的体育经济机制延伸，以 14 多亿人口为基数的我国体育产业，必将迎来更加可观的市场前景。

2. 注重体育产业基础建设与保障

体育消费经济的发展必然不是单一的发展模式，而是需要各领域的配合与支撑。在全民健身视域下的体育产业发展，更需要依托强大的基础支撑，夯实体育消费经济发展根基，从而在市场的变革与竞争中获得更大的保障。首先，要丰富体育基础活动。体育产业发展模式的构建是一个动态的过程，这就需要不断利用体育赛事、活动及项目，对体育产业加以刺激与推动，从而快速地形成体育产业发展的良好氛围。同时，立足于体育基础设施的保障，在全民健身的理念推动下，坚持"以人为本、多种经营"的市场策略，进一步明确体育产业发展目标，突出体育消费经济效益与社会经济效益的全面融合，为体育产业发展提供有利前提。其次，要完善体育产品布局。体育产品是体育消费经济形成的客观条件，以体育产品为核心的体育消费经济，将更能够体现市场发展的需求。随着全民健身理念的持续深入推进，人们的健康意识、体育意识将得到增强，这也将吸引更多的体育参与者或者体育用品企业，共同参与到体育消费经济的发展与构建中。最后，要盘活体育市场需求。全民健身的出发点是满足社会主义现代化的发展需求，由国家体委会领导与实施的一项重大工程，在全民健身不断推进的基础上，还承载着全民身体素质、体质与体育精神的重任，也是我国重要的战略方针之一。因此，它需要立足于社会发展的实际，吸引群众、组织与团体广泛的参与，以达到全民健身的根本目的。

3. 制定完善的体育消费经济政策

据国家统计机构预计，到 2020 年，我国的体育消费经济规模将达到 1.5 万亿元，而体育消费经济的总规模也将突破 3 万亿元大关，平均增速将达 15%。在此背景下，体育消费经济的发展将更加需要依赖于体育消费经济政策的支持，通过经济政策的规范与促进，使体育消费经济能够始终保持稳定向好的发展态势。从历年的体育消费经济政策来看，存在着明显的阶段性特征，2006 年的《体育事业"十一五"规划》中，明确提出了开展群众体育运动的目标。2011 年《体育事业"十二五"规划》中，首次明确了体育产业发展的目标，即达到 15% 的平均涨幅，并在 2025 年推动体育产业增加值超过 4000 亿元大关。2014 年《关于加快发展体育产业促进体育消费的若干意见》中指出，2025 年体育产业总值将达到 5 万亿元，并制定了相应的体育改革计划，鼓励社会资本的进入，优化产业化布局和改善产业结构。2016 年的《体育产业"十三五"规划》则进一步完善发展目标，提出到 2020 年，全民体育参与人数应达到 4.35 亿人，人均体育场地面积 1.8 平方米，体育消费经济总规模达到 3 万亿元，并将体育消费经济的总量设置为全民 GDP 的 1%，同时加快体育服务的完善，占比应超过 30%，体育消费的总额应超过居民可支配收入的 2.5%。由此可知，体育消费经济环境的形成并非一蹴而就的，而是需要结合于实际需求，进行不断的完善与探索的过程。2017 年是我国众多体育产业经济政策落地之年。伴随着"十三五"规划的持续推进，我国体育消费经济也被纳入了深刻的规划之中。

4. 加快体育文化构建与资本融入

全民健身理念的提出使体育消费经济的发展上升为国家层面，这对于体育产业经济的发展具有重要的指导意义。我国传统体育发展模式中，由于缺乏体育发展的核心理念和文化支撑，造成了我国体育消费经济发展滞后，影响了国家体育事业的健康发展。因此，在全民健身工程的全面引导下，应当加大核心理念的构建与完善，积极促进体育消费经济的资本融合，以进一步提升体育消费经济的市场份额，打造更加全面的体育消费经济模式。一方面，要加快构建体育文化。从客观而言，体育文化具有隐性的特征，但它对于体育消费经济的发展却发挥着不可或缺的作用，依托成熟的体育文化，可以提升社会对于体育的认知程度，使社会大众自觉地参与体育事业之中，让体育真正成为生活中的组成部分，既帮助大众提升自我的身体素质，又带动社会体育消费经济的持续跃升，最终形成双赢的局面，这也更适合现代经济社会的发展规律。另一方面，资本的融入是体育消费经济发展的动能。2015年，中超电视版权高达80亿元，2016年苏宁体育集团以20.12亿元接手国米足球俱乐部等，这一系列体育新闻不仅打破了传统体育的禁锢，同样也开启了体育消费经济发展的新篇章。社会资本的融入不仅成为一种趋势，更直接影响着体育消费经济的走向。以恒大地产为例，恒大进军中超后5年时间亏损10亿元，但这并没有停止其资本的脚步，2015年，恒大依托足球俱乐部的影响力，在房地产瓶颈时期依旧获得了丰厚的市场回报，其2015年的收益达到了1330亿元，增幅达到了19.5%，创下了销售的成功案例。

第6章

"互联网＋"影响下的城市居民体育消费

6.1 "互联网＋"基本概述

6.1.1 "互联网＋"的提出

在 2015 年 3 月 5 日十二届全国人大三次会议上，李克强总理在政府工作报告中首次提出"互联网＋"行动计划。李克强总理所提的"互联网＋"与较早相关互联网企业讨论聚焦的"互联网改造传统产业"基础上已经有了进一步地深入和发展。李克强总理提出的"互联网＋"实际上是创新 2.0 下互联网发展新形态、新业态，是知识社会创新 2.0 推动下的互联网形态演进。伴随知识社会的来临，驱动当今社会变革的不仅是无所不在的网络，还有无所不在的计算、无所不在的数据、无所不在的知识。"互联网＋"不仅仅是互联网移动、泛在、应用于某个传统行业了，更是加入了无所不在的计算、数据、知识，造就了无所不在的创新，推动了知识社会以用户创新、开放创新、大众创新、协同创新为特点的创新 2.0，改变了我们的生产、工作、生活方式，也引领了创新驱动发展的"新常态"。

新一代信息技术发展催生了创新 2.0，而创新 2.0 又反过来作用于新一代信息技术形态的形成与发展，重塑了物联网、云计算、社会计算、大数据等新一代信息技术的新形态。新一代信息技术与创新 2.0 的互动与演进推动了"互联网＋"的浮现，互联网随着信息通信技术的深入应用带来的创新形态演变，本身也在演变并与行业新形态相互作用共同演化，如同以工业 4.0 为代表的新工业革命以及 Fab Lab 及创客为代表的个人设计、个人制造、群体创造。可以说"互联网＋"是新常态下创新驱动发展的重要组成部分。

我们看到每一个传统行业都孕育着"互联网＋"的机会。在寻找"互联网＋"的过程中，我们首先注意到了用户所处的环境变化。我们每天日常面对 PC 屏幕，同时我们越发依赖手机这张"屏"。家中的智能电视有一天会像手机、平板电脑一样，里面布满各种 App。而汽车里的那张屏也正在被挖掘，车联网的概念刚刚兴起。未来的生活是希望在多"屏"的环境中随时随地用到互联网。而这样的服务会以一个"互联网＋"的公式存在，从而重新改造和创造我们今天所有的产品。而对用户而言，他们未来不会关心他是通过接入网线、Wi-Fi、移动网络还是电源线上网，不会关心他用的是 iOS、Android 还是 Windows。因为他们面对的每一个面都可以是一张"屏"，通过它们能将用户和互联网、企业所提供的应用和服务随时随地联系在一起。也许对创业者来说，当熟悉了这样的一个路径之后，我们基于"多屏全网跨平台"的理念，与行业结合，才有机会再往前迈一步。我们的传统行业才能真正转型，从而创造新的局面。

"互联网＋"的"＋"号就是指传统行业的各行各业。从过去中国"互联网＋"几年的发展，看到互联网加通信，加媒体，还要加娱乐、网络游戏和以前的传统游戏，还包括零售行业，网购电商已经是不可逆转走向颠覆实体的零售行业，而随着互联网金融的走热，越来越多的传统企业已经不敢轻视互联网这个话题了。

正是在这种影响下，中央提出创新驱动发展"新常态"，提出充分利用新一代信息技术发展和知识社会的下一代创新机遇，简政放权、强化法治、鼓励创新创业、激发市场和社会活力，并出台一系列鼓励大众创新、万众创业的举措。李克强总理在十二届全国人大三次会议上的政府工作报告中提出的"互联网＋"也就具有了更丰富、更深刻、更富时代特征的内涵。报告中指出新兴产业和新兴业态是竞争高地，要实施高端装备、信息网络、集成电路、新能源、新材料、生物医药、航空发动机、燃气轮机等重大项目，把一批新兴产业培育成主导产业。制订"互联网＋"行动计划，推动移动互联网、云计算、大数据、物联网等与现代制造业相结合，促进电子商务、工业互联网和互联网金融健康发展，引导互联网企业拓展国际市场。国家已设立 400 亿元新兴产业创业投资引导基金，要整合筹措更多资金，为产业创新加油助力，并全力推进创新、创业，全面激发市场和社会活力。

6.1.2 "互联网＋"的内涵

"互联网＋"这个概念暂时没有统一的定义。在产业界，腾讯研究院 2015 年的《"互联网＋"系列报告之一：愿景篇》将"互联网＋"理解为利用互联网的平台和信息通信技术，把互联网及包括传统行业在内的各种行业融合起来，在新的领域打造出一种新的生态；"互联网＋"代表的是一种利用外在资源和环境提升整个行业的能力。阿里研究院 2015 年的《"互联网＋"研究报告》将"互联网＋"的概念界定为，以互联网为主的一整套信息化技术在经济与社会生活各部门的应用与扩散过程。该研究报告认为，与传统意义理解的信息化不同，传统上的信息化没有发挥出信息和数据的流动性，而作为信息处理费用最低的基础设施，互联网的开放性、平等性、透明性等特性将使信息和数据运转起来，并转变成为巨大的生产力，成为社会财富扩大的新源泉。

产业界纵然对"互联网＋"的概念有多种理解，但大多都认为"互联网＋"是信息化的升级形式，认为它是由"云"（云计算及大数据）、"网"（互联网及物联网）、"端"（直接提供个人服务的设备）三方面融合的互联网技术在社会和经济生活中的应用。但实际上，在当今的信息时代、大数据社会，在"互联网＋"升级成国家战略计划的综合影响下，"互联网＋"不能简单地用一项新技术的应用去解释，而应该从拓展互联网技术的巨大威力的高度，从互联网技术推进社会领域和经济领域变革的角度，把"互联网＋"诠释成一种全新的发展模式。

《国家发改委办公厅关于做好制定"互联网＋"行动计划有关工作的通知》（发改办高技〔2015〕610号）明确指出："互联网＋"是一种新的经济形态，代表了未来的发展方向和趋势。以互联网促进产业转型升级，着力提高实体经济创新力和生产力；以互联网培育发展新业态新模式，着力形成新的经济增长点；以互联网增强公共服务能力，着力提升社会管理和民生保障水平；加快网络基础设施建设，着力提高互联网应用支撑能力。"互联网＋"就是要充分发挥互联网在生产要素配置中的集成和优化作用，把互联网领域的创新成果与经济社会各方面深度融合，发挥化学反应和放大效应，积极提升实体经济的生产力和创新力，形成更为广阔的以互联网为实现途径和基础设施的新的经济发展形态。

6.1.3　"互联网＋"的本质

"互联网＋"从本质上来说就是"互联网＋某传统行业"，从而衍生出的新的经济发展形态。比如说，"互联网＋"传统意义上的百货商店市场就衍生出了淘宝、京东这样的网上购物生态，"互联网＋"传统的实体银行就衍生出支付宝、翼支付这样的网上支付平台，"互联网＋"传统的交通方式就衍生出滴滴、优步等打车应用平台。究其根本，"互联网＋"所引领的是一种新的经济发展形态，也就是说在社会和经济领域，集成和优化互联网在社会生产要素配置中的积极作用，充分发挥其创新技术在经济社会各领域中的融合、结构、升级的作用。

也就是说，"互联网＋"对于传统产业而言，不只是简单的融合改变，而是升级换代、重新颠覆，"互联网＋"是对全新的知识社会创新2.0和信息化技术相互影响、共同作用的高度概括。"互联网＋"是一种新的经济形态，代表了未来的发展方向和趋势。以互联网促进产业转型升级，着力提高实体经济创新力和生产力；以互联网培育发展新业态新模式，着力形成新的经济增长点；以互联网增强公共服务能力，着力提升社会管理和民生保障水平；加快网络基础设施建设，着力提高互联网应用支撑能力。它正在以大数据、云计算、物联网等为代表的新技术，与传统行业诸如制造业、银行业、服务业、体育业等相融合，创造全新的经济增长点，从而提升传统经济的生产能力和创新能力，进而推动国民经济的增效升级。

6.2　"互联网＋"影响下体育消费的特征

6.2.1　"互联网＋"使体育消费具有互动性，使多样体育需求得以实现

"互联网＋"连接一切的特质，使得体育消费活动过程中具有互动性。通常讲，体育实物产品具备普通产品的共同属性，而体育非实物产品较之则具备本身特有的特性。体育非实物产品即体育服务产品具有同步性的特征，即生产与消费活动是在同一时间和同一位置进行的，换言之，生产、交换和消费具备同步性。在过去的传统体育消费模式中，体育服务产品的这一特性导致体育服务产品不能有存量，更不能成批量的生产模式，其收益也随之减少。尤其在体育消费市场出现供不应求的状态时，很多生产端又无法提前生产以备无患。进入"互联网＋"时代，

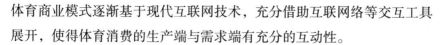

体育商业模式逐渐基于现代互联网技术，充分借助互联网络等交互工具展开，使得体育消费的生产端与需求端有充分的互动性。

　　相对于传统体育消费或商业模式的单向和反馈慢而言，"互联网 + 体育"消费模式的众多应用在产品生产过程中的各个层面加强和消费者的互动，注重培养与消费者的关系。主要从以下几个方面出发：使产品的消费群体定位、功能特点以及质量标准的设定，依据消费者的实际需求；在产品或是服务定价时，从消费者的角度考虑他们将要付出的成本，能否为消费者创造了价值；在做促销、广告和公关预算时，考虑是否能与顾客有效沟通；在渠道的设计和建设中考虑顾客购买和售后服务的方便性等。在整个生产端的供应链中，通过与消费者充分且及时的互动（即检测一个产品或服务是否真正符合消费者需求的过程），全方位提取并尽量采纳消费者的意见。也正因为企业与消费者之间所谓的"单向互动转变为双向互动"，使当代流行的差异化消费和个性化消费成为可能。更进一步的，体育消费的互动性使相关企业的规模经济成为可能，消费者通过参与体育产品或服务的全过程使得生产端与需求端达到有效交流和沟通，最终的产品或服务也就满足了居民体育消费的多样需求。众多互联网赛事直播平台都能给用户提供个性化服务，如球员数据分析、随时随地直播、通过 VR 直播参与现场互动等。

6.2.2　"互联网 +"使消费结构得以优化，体育消费更具合理性

　　"互联网 + 体育"的两者是螺旋式上升的关系，互联网会加快体育生产领域和社会结构变化的进程，而这种变化又会推动互联网依据体育消费特点在技术上进一步创新，同时在思维模式上更深一层地改造和升华。作用到体育消费结构升级，既需要借助"互联网 +"的商业模式创新体育消费的供给，加快体育投资转型，也需要依靠互联网重构体育消费者的价值观念，以改善体育消费环境。依据现实情况，我国不同人群的体育消费结构存在比较显著的差异，且实物型消费比重占据大部

分，而参与型体育消费的占比不断提升。而进入"互联网＋"时代，传统体育人群不断转换为互联网体育用户，相关企业利用互联网尤其是移动互联网改造自身产业链并重构与体育消费者的关系，基于用户的需求，改变体育参与者的消费模式，逐渐形成消费升级和打造用户使用体验。艾媒咨询（iiMedia Research）2015 年调查的数据显示，我国互联网用户对大型体育赛事有很大的需求，其中观看网络、电视、现场赛事的占比分别为 48.3%、60.0% 和 46.7%。与观看赛事直播相比，现场观看赛事对于体育爱好者来说存在更多的障碍，从而优化赛事直播、提高人们观看赛事的体验也成了众多赛事直播平台最直接的发展趋势。

正因为如此，一方面市场上涌现了众多的赛事直播平台，如乐视体育、章鱼 TV、直播 8 等，为体育消费者提供更多服务和赛事产品，同时还通过弹幕、社区、解说互动等形式增加用户使用黏性；另一方面社会资本也正在加速布局体育产业，以优化体育消费结构。如万达收购马竞、盈方和世界铁人公司，以形成体育赛事举办、赛事营销、赛事转播以及运动员经纪的全产业链；如各类社会资本对 KEEP、乐视体育的融资等，无不是逐渐优化体育消费结构，提升体育参与者消费效率，使得体育消费更合理化。

总之，在"互联网＋"影响下，以移动互联网、大数据等为实现工具的体育产业正在促进体育消费结构的优化。更为重要的是，互联网作为一个信息流动的平台，逐渐形成了它固有的文化属性，进而互联网提供的资源在空间上重塑了居民体育消费环境、改变了人们的体育生活方式和消费行为模式。换言之，"互联网＋体育"的商业模式在需求侧正引导着居民体育消费合理化发展，促进核心体育消费市场即体育健身、休闲、娱乐业和运动竞赛、体育表演业的发展。

6.2.3 "互联网＋"使体育消费范围更广阔

随着信息技术发展起来的互联网是新时代的一种新的信息传递机

制，虽然是通过一定的物理手段解决了信息不对称问题，但本质上解决的是"沟通"问题，因而"跨界"与"融合"也成了"互联网＋"计划最大的特点。互联网为拓展体育市场的边界并远远超过体育组织传统市场的空间、时间范围提供了机会。即基于互联网的各种消费活动由于成功运用了互联网等技术，传统体育消费过程中时间或空间上存在的局限性逐渐消失，慢慢形成了一种没有边界的消费模式。

一方面，体育依靠互联网与其他产业跨界融合，拓展了居民体育消费的选择范围。现今兴起的移动互联网、虚拟现实、大数据、智能可穿戴、线上票务、智能场馆等，充分细化了体育消费市场，不仅优化了原本的体育消费渠道，更与周边产业融合衍生出新的体育消费选择，如体育旅游、体育广告、体育金融、体育保险、体育培训等，为居民体育消费提供了批量个性化的非标准化产品，满足了新时代不同社会阶层居民的不同需求。

另一方面，因为互联网连接一切的特性，使得消费者各类消费信息得到收集，之后再利用大数据、物联网等技术处理所收集的信息，进而得到体育消费者的消费偏好、消费习惯等，因此，体育产品或服务的生产端便能通过分析这些数据展开生产、营销等环节，进而为消费者提供完善的服务。更深层次的，在消费者的购买效率得到提高还在于体育产品或服务的寻找、选择以及支付等环节得到了充分的优化，在很大程度上保障了体育消费者的便捷性，从而全面提高了人们的消费效率。如Nike品牌即利用"互联网＋"时代的众多技术打造了Nike数字化平台，将Nike＋、Nike官网、Nike网上商城及Nike社交媒体账号等平台数据连接，使每个数据节点链接起来形成良性循环，通过One click实现大链接，并利用其作用于体育产品的服务和营销中，拓展了体育消费范围，促使居民的体育参与、体育消费、体育社交等高度融合发展。

6.2.4 "互联网＋"改变了体育消费行为模式，使其具有共享性

互联网不仅消除了生产端与消费端的信息壁垒，而且促进了消费活

动过程中消费者之间的交流，使得体育消费信息的共享贯穿整个体育消费活动。传统的消费者行为理论即 AIDMA 将消费者从刚接触到商品直至最后完成购买行为的过程划分为五个阶段：A（Attention）诱发注意；I（Interest）激发兴趣；D（Desire）形成欲望；M（Memory）产生记忆；A（Action）促成购买。而该理论运用于"互联网+"体育消费语境中时，消费者行为模式随着环境的变化发生演变。各种社交媒体的发展以其独特的存在方式将人与人连接起来，使众多的个体合为一个群体，因而消费个体也随之从线下发展到了线上的网络消费群体。

那么，互联网中的群体互动究竟会给居民体育消费带来什么样的结果？最早研究群体消费模式问题的美国学者布尔斯廷（Boorstin）发现消费者在决定选择什么消费内容和怎么消费的过程中会不知不觉地聚集在一起，他将这种现象称为"消费社群"。该群体可能具有共同的消费习惯或关注类似的产品/服务的特性。因而，新消费行为模式 AISAS 理论更好地诠释了"互联网+"影响下居民体育消费行为模式。AISAS 理论与 AIDMA 相比较，两者在前两个阶段基本相同，在第三阶段开始出现变化。AISAS 理论在第三个阶段变为 S（Search），即消费者在互联网影响下主动进行产品或服务的搜寻，第四个阶段为 A（Action），即发生购买行为，最后一个阶段为分享即 S（Share）。因为互联网技术的发展，消费者成为自媒体的代言人，能够随时随地分享自己的信息，能够将自身商品和服务的使用体验与其他人分享。大部分体育运动作为群体项目，基于互联网建立的体育消费社群无疑能促进体育消费的增长、提高居民的体育参与积极性。AISAS 模式依靠"互联网+"时代的高新技术凸显了市场信息获取和分享的环节。也正是因为这一特性，体育消费信息通过以互联网为中心而扩散开来，从而达到了事半功倍的扩散效果，也从而对体育参与者的购买行为以及收集信息的方式带来了巨大的转变。如各类场地预定 App、健身类 App 等的应用，以其社区的建立和分享功能的完善，增加用户黏性的同时也促使用户"主动"共享产品或服务的体验、性能等信息，因而体育消费者的行为模式由被动转为主动。

6.3 "互联网 +"影响下体育消费的变化及发展

6.3.1 "互联网 +"影响下我国体育消费发生的变化

1. 体育消费模式的变化

"互联网 +"催生精准化、高效率的体育消费模式。传统的体育产品激发消费者欲望存在一定的局限性,比如店面陈设、体育产品传单、电视广告、商品发布会等传统方式,无法激发消费者潜在的购买欲望。近几年兴起的"互联网 +"能更加精准地供给体育产品,并为运动者带来高效率的消费体验,这是一次推动体育消费的重大变革与创新发展。

(1) 数据分析避免了体育消费的供需错位。

在大数据时代,经过海量数据的产生、采集、储存及分析以后,将筛选过的信息传递给消费者,从而更精准地接触目标消费者,有效避免了供需错位产生的问题。

(2)"互联网 +"带来便利、高效的购物体验,激发体育消费者的潜在欲望。

消费者通过一部手机,就可以随时随地浏览自己感兴趣的体育商品信息,迅速了解产品的相关信息,不仅节省购买时间,还大大提升了购买者的使用效率。消费者通过移动手机下载的 App 软件或体育场馆微信公众号,提前预订运动场地、预约教练,并一键支付相关的费用,还可以设置闹钟,提醒自己前往运动场地的时间。

(3)"互联网 +"带来全新的运动辅助工具,能够为体育消费者提供精准的服务。

例如,运动者通过手机 App 等移动终端的信息采集功能,及时掌握自己的运动喜好、时间、频率、身体变化等基本信息，还可以通过运动类 App、QQ、微信等渠道寻找有共同运动爱好的伙伴，有利于汇聚更多的体育人群。

2. 传统体育产品供需情况发生变化

体育消费"O2O 模式"改变传统体育产品供需错位现象。传统的体育产品供给方式较为被动，产品供给过剩与不足的错位现象十分常见。营销不到位的问题始终困扰着体育消费市场的健康发展，体育消费的"O2O 模式"将有效扭转这一格局。"O2O"是一种"线下"与"线上"互补的电子商务营销方法，概念发源于美国，全称是"Online to Offline"。比如一款型号为 AGCM055 的李宁运动鞋被放置在体验店的同时，消费者可以通过天猫商城、京东商城、苏宁易购等互联网销售平台浏览这款运动鞋的相关信息，然后采用线下试穿、线上支付的方式完成一次消费体验。对消费者而言，通过官方授权的网络销售平台，既可以买到一款质量有保障的体育产品，又可以享受网购产品的便利退换货方式，从而避免产品问题带来的时间周折。而对于生产者来说，体育消费的"O2O 模式"减少了销售门店的数量，在保持利润不变的前提下，大大降低了商品的销售成本。

3. 智能化体育消费平台生成

随着互联网与体育的关系日益密切，2015 年国家统计局颁布的《国家体育产业统计分类》提到了"互联网体育服务"。这是由于近年来互联网体育服务的推广效果明显，智能化的体育消费服务平台一跃成为快速拉动大众体育消费的重要"引擎"。"互联网＋"促进智能化体育消费平台的生成。

（1）"互联网＋健身"App 的应用。

移动客户端在大众体育消费领域的价值日益凸显，例如微信公众号、小程序等让互联网体育社交板块得以脱离 PC 端，方便消费者随时随地预约教练，预约场馆，乃至是社区成员之间的约跑。"场馆通"App、"滴滴网球"App是目前两款使用率较高的运动场馆搜索平台，用户可以一键预订运动场馆，轻松实现在线支付，不仅使场馆的运营困境得到解决，还创造了体育用户与体育场馆的"双赢"。

（2）"互联网+体育移动观赛"的应用。

据2018年7月腾讯旗下"企鹅智库"发布的报告显示，69%的手机网民关注世界杯。其中，15.4%的手机网民经常通过手机收看世界杯直播，27.9%的手机网民使用手机观看直播或重播。

（3）电子竞技运动的互联网消费模式。

仅2017年，中国竞技运动的注册用户就已经达到2.6亿人，他们通过线上选择、线上参与电子竞技游戏而产生消费。

（4）"互联网+体育版权"消费模式。

近年来，互联网改变了体育赛事的直播方式，2018年11月，北京字节跳动科技有限公司签订了美国男子职业篮球赛2019～2020年赛季的短视频协议。在北京字节跳动科技有限公司的运营下，消费者将通过互联网的线上选择节目、线上支付、线上观看的方式，便捷地实现线上观看NBA短视频的消费行为。

4. 体育消费营销市场发生变革

"互联网+"推动体育消费营销市场的变革。传统的营销存在着大量的信息不对等现象，而"互联网+体育"赋予商品崭新的营销模式上，把更多同等价值的体育产品和服务放置在一个综合性的消费平台上推广出去，方便消费者对比体育产品价格和产品价值，然后择取自己需要的内容。由传统的信息封闭到"互联网+体育"的开放性经营模式，对体育消费市场的冲击力巨大，具有革新的意义。

（1）改变传统体育消费的营销模式。

比如近年来兴起的"互联网+体育医疗""互联网+体育旅游"等运营模式，将丰富的内容推送给了消费者，消费者有了更为广阔的体育运动与服务选择范围。

（2）开启不同昔日的盈利模式。

微信、小程序、支付宝 App 等平台实现了"O2O 模式"，涉及预订体育场馆、观看体育直播、预约体验培训、学习体育视频等覆盖体育产业链的功能。

（3）提高营销额和投资回报率。

比如近几年"耐克"公司瞄准了对消费数据的研究，生产可穿戴的运动手表、手环等产品，并通过 GPS 定位功能、同步上传数据等方法，监测和跟踪消费者的健康数据，然后根据运动群体的特点，制订精准的体育产品生产计划与产品营销策略。

5. 体育消费价值改变

功能价值逐步细分，象征性日渐突出。"互联网＋"影响下，人们的消费需求更加多样、细致。为了充分满足顾客的消费需求，体育品牌企业不断更新产品、划分产品类别，使得体育消费的功能价值逐步细分。以运动鞋为例，根据用途可将运动鞋分为网球专用鞋、跑步鞋、舞蹈鞋、篮球鞋、足球鞋、训练鞋等，其中跑步鞋又可以细化成慢跑鞋、提速防滑运动鞋等。并且，同类型运动鞋的名称和系列也有所细分，如阿迪的男子跑步鞋有 UltraBOOST、UltraBOOST CL、UltraBOOST PAR-LEY 等，乔丹篮球鞋系列已经超过 30 代。近几年体育产业在与互联网科技结合后，功能价值进一步细分、增加，且象征性日渐突出。例如，耐克推出的 Nikefree5.0＋可以连接手机，且将 Nike＋计步器放入 Nike-free5.0＋左脚鞋垫下的小空槽中，不仅帮助消费者记录运动量，还可以增加鞋的支撑力、抓地力和缓震性。

习惯性品牌效应主导消费情感价值。"互联网＋"下，人们生活品位与消费价值追求不断提升。在体育消费的情感价值方面，具体表现为消费者对体育品牌的习惯性与依赖性日渐显著，体育品牌与明星效应逐步成为消费者体育情感消费价值的主导。具体而言，随着消费者消费视野与理念的开拓，体育消费的情感价值逐渐由适用性转变为品牌效应，见图 6-1。越来越多的人对于体育实物用品消费的情感与心理发生转变，热衷于追捧具有品牌效应的体育用品，且这种趋势逐渐成为一种普遍的消费习惯。在这种消费习惯的引导下，体育品牌跟风消费模式逐渐凸显，大部分消费者对运动服和运动鞋等体育用品消费的认知，已由单纯满足运动需要转变为购买具有强大品牌效应的体育品牌，并且体育品牌的选择结合当前流行情况，遵循自身习惯性消费，甚至由消费者本身喜欢的品牌代言人决定。

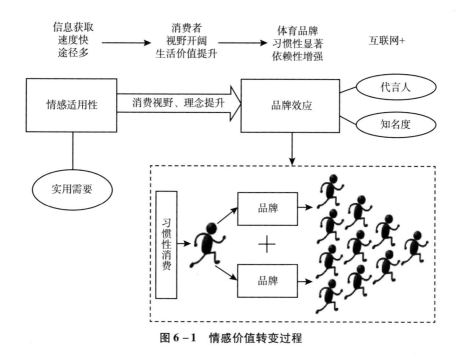

图 6-1　情感价值转变过程

非实体消费成为认知价值新倾向。长期以来，体育消费的主体一直是中产阶级，同时他们也是体育消费潮流的引导者。"互联网 +" 的便捷性与开放性，使得中产阶级的价值认知与消费观念发生改变，激情、时尚品位、豁达等非实物消费逐渐成为体育消费认知价值的新倾向。一方面，互联网的迅速普及使得人们在国内便可以了解到国外的休闲娱乐活动，越来越多的年轻人开始关注体育消费的刺激性和趣味性，愿意尝试和体验蹦极、滑雪、跳伞、攀岩等极限运动。另一方面，"互联网＋"所携带的各类新技术，丰富了体育科技产品的类型与功能。为了满足自身好奇心与体育归属感，体育消费者也加大了非实物消费。社会价值转向炫耀性高档运动消费。近几年，"互联网＋"行动计划促使体育消费由仅满足体育活动行为方式，转变为促进体育经济发展的新模式，并反向拉动体育消费增长。在社会价值影响下，部分体育消费者为了追求力所能及消费带来的高级消费身份，开始转变体育消费选择，即将传统经常性的体育消费支出保留，用于偶尔性的体育消费，其中最直接、普遍的消费形式包括打高尔夫球、赛车、网球、保龄球、赛马和瑜伽以及现场看球赛等。这种通过同一消费群体内的体育消费内容的差异，标榜个人的高级身份与社会地位的体育消费形式，被称为炫耀性高档体育运动消费，一定程度上并不理性。并且，这种非理性主要表现在消费者不关注体育用品的实用性与功能效用，却较为在意体育消费能否满足其内在需求，或对个人社会地位、社会形象的提升与否。这种消费倾向对其他社会阶层产生了诱导和示范作用，促进了运动消费的普及与体育财富商业发展。

条件价值趋向于自由、多样化体育消费。当前，消费者若想看一场球赛，不必再耗时到售票处提前排队购票，只需通过大麦网等线上渠道提前看票预订、购买，并选择自提和送货上门等服务，便可足不出户获得球赛门票，并且消费者可以根据票面价格和自身实际消费能力等，在线上自行选取座位区间。这种变化既为消费者进行线上体育消费提供了前提条件，也有效节约了排队购票时间，提高了体育赛事观赏的便捷性，极大地改变了人们的体育消费方式。而在社会物质水平不断提高的当下，人们的体育消费需求与条件价值也发生了改变，由单一的形式和用途需要，转向自由化、时尚化和个性化的追求，如图6－2所示。并且，"互联网＋"行动的推出，使得商品的种类与可选择性大幅增加，进一步扩宽了线上体育消费的选择范围。在更加便利的搜索条件下，"互联网 +" 为体育消费者提供了更加丰富、多样的商品和服务，使得人们的线上体育消费更加自由、多元，消费额度进一步增加，体育产业整体发展加速。

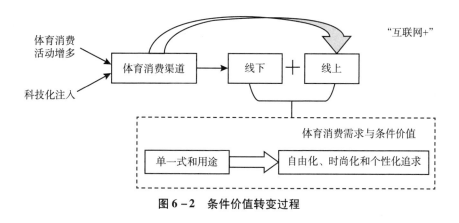

图 6 - 2 条件价值转变过程

6.3.2 "互联网 +" 推动体育消费过程中出现的主要问题

1. "互联网 + 体育消费" 在城乡地区发展不均等

为缩小城乡数字鸿沟，近几年加快了我国农村及偏远地区宽带网络的覆盖率，不少农村地区推出第 1 年免费使用宽带的惠民政策。然而，"宽带下乡" 在惠民的同时，呈现出发展不均等的态势。大众对 "互联网 + 体育消费" 的使用存在困难 "宽带下乡" 为配送农村体育服务奠定网络技术基础，在网络密集覆盖农村的前提下，进一步推动 "你点我送" 社区体育配送服务向农村地区延伸，可以将健身技能培训、健身知识讲座等公共体育服务推进农村。然而，希望是美好的，实施起来却大相径庭。由于农民受到文化水平普遍不高，受到知识的限制，"互联网 + 体育消费" 在他们手中很难被运用起来。走访中还发现边远山区的一些干部不会使用电脑，农民和互联网存在一道难以越过的"鸿沟"。原本可以推动农村体育发展的网络平台，在农村居委会搁浅了。农村干部和农民的学习能力跟不上"互联网＋体育消费"的发展进程，彼此适应还需要一个学习与提高的过程。

2. 大数据的核心技术难以攻克，"互联网＋体育产业"发展缓慢

随着"互联网＋体育产业"的深化发展，"你点我送"的社区体育配送服务是大众体育产品供给侧结构性改革的重点与难点，这需要大数据来支撑。其中，数据计算及数据可视化的研发进展，对"互联网＋体育产业"的服务平台能否实现数据化的处理至关重要。然而，大数据技术的研究尚处于初级阶段，旧数据的更新、新数据的采集、储存器的精简化等等，都是短期内难以解决的技术难题。"互联网＋体育产业"的服务平台是建立在计算机图形学、统计学、人机交互、心理学等多门学科协同发展的基础上，需要在发现数据规律、理解数据异常的基础上，将其数理化，同时以一种人们容易理解的直观形式展示出来，这就需要涉及多门学科知识的交叉，关系错综复杂，尤其是如何通过互联网的平台将体育产业化、商业化的难题始终存在。虽然 FU—dan NLP、OpenNLP 等国内语言处理技术，以及美国的 DEFT 项目能够进行语言识别、分析、生成，但是其逻辑还不具备完全的处理数据能力，因此，目前网络化的体育消费服务仍然处于被动发展的状态。

3. 消费互联网领域中的"黑天鹅"成为体育消费平台的隐患

"互联网＋"给体育消费的升级与转型带来前所未有的机遇。但是，在过去的几十年里，"互联网＋"自身的发展并不成熟，互联网的隐患始终存在。"黑天鹅"一词惯用于暗喻互联网突如其来的安全危机，也给"互联网＋体育消费"带来了隐患。

（1）"互联网＋体育"存在不确定的融资风险。比如 2018 年被曝光的 O2O 平台"健康猫"，以"共享式的智慧社区运动中心"的理念

建立起来的大众体育消费平台，其创业项目囊括线上预约、线下教学的私教 O2O 服务，投放共享体育器材，还有销售体育产品、组织赛事等多种功能。但实际上，"健康猫"是一款借壳圈钱的庞氏骗局，据中国基金报报道，约有 25 万体院老师和学生被骗，累计 30 亿元资金无法取出。

（2）一些商家利用大数据，预知到某项体育产品在某时段的需求量大，商家便可以在这个时段故意抬高产品价格，带来不良的商业风气。

（3）个人隐私从互联网平台泄露出去。在日常生活中，人们的手机经常莫名其妙地收到广告骚扰电话、垃圾短信、垃圾邮件等，这是由于个人消费习惯、银行卡号、身份证号、聊天记录、社交朋友等隐私数据通过网络兜售出去。互联网安全问题一旦出现漏洞，必然会引发公众的信任危机，并远离类似的运营平台。因此，在推动"互联网 + 体育消费"的同时，需要把互联网消费平台的安全性放在第一位。

6.3.3　"互联网 + 体育消费"的未来发展

1. 升级体育产业结构，创新体育消费服务模式

当前，人们对体育消费的追求逐渐从运动设备、衣物等实物消费向注重体验的服务型消费转变，情感价值、社会价值对消费行为的影响越来越显著。为了应对这一趋势、抢占更多未来市场，体育企业应积极改变，升级现有产业结构，并不断创新服务模式。具体而言，企业应在确保体育产品功能价值基础上，顺应当前消费趋势，根据体育用品功能价值进一步细分产品类别、型号、系列等；同时，也可以深度结合时下热门的体育赛事、体育综艺、体育明星等打造 IP 化产品。条件允许时也可以为消费者提供独特、个性的定制化服务，从而更好地满足消费者需求。此外，体育品牌企业可以建立运动社交分享平台，线上赛事转播商可引入并完善线上互动功能，最大化满足消费者的社交需求。最后，体

育产业应注重体育生态化建设，完善体育周边服务，最大化为消费者提供便利，增加体育消费的条件价值。

体育消费是个体的独立行为，"互联网+"是引导体育消费的渠道，两者共生发展。为了让大众适应通过"互联网+"平台实现体育消费行为，需要协调两者之间的关系，逐步形成"互联网+体育"的大众体育消费模式。

（1）引导更多的消费者通过微信、支付宝等渠道产生电子消费行为，并逐步形成"线上支付"体育消费产品的习惯。

（2）鼓励、宣传、倡导先进的消费行为和消费方式。比如经销商在推广智能运动装备时，尤其要指导消费者认识体育产品的使用功能，并协助使用者有效地调整自身的运动计划，注重产品的体验效果，在此基础上协助用户关注相关的小程序、微信公众号或 App 平台，进一步体验"互联网+体育"的消费模式。

（3）借助"互联网+"工具，推广人性化的体育服务与产品。体育服务与产品是社会学意义上的社会关系再生产过程，人们在推广"互联网+体育产品"时，应将人性化的服务质量作为吸引顾客的核心竞争力。就像"美团"的销售模式一样，只有消费者对产品以及商家提供的服务满意，才能逐渐认可"互联网+消费体育"的模式。

2. 利用先进互联网技术，打造智能化体育产品

近年来，尽管我国体育产业发展迅猛，但其供给仍无法完全满足消费者的体育消费需求。在"互联网+"影响下，体育品牌企业应紧密结合消费者需求，利用互联网先进技术，打造多元化、智能化的体育产品。一方面，体育品牌企业应积极引进先进互联网技术，如信息技术与大数据技术等，打造更加智能的体育用品，通过增加体育产品的智能与科技元素，进而提高消费者体育消费的功能价值、认知价值与社会价值。另一方面，企业应在考虑场景渗透能力基础上，结合先进互联网技术进行体育消费产品设计，为智能体育产品提供强大的生态应用平台，

以此增加客户黏性，提升体育消费情感价值。

3. 以共享体育资源为目标，强化"互联网 + 体育"的市场应用

"互联网 + 体育"不是在原有框架对原本各自分离部门的简单整合，而是一种整合物力、人力、管理资源和技术创新的融合发展机制。近几年，通过互联网平台发展的体育产业链已经初步形成，但是缺乏一款能够整合赛事、直播平台、运动场馆等资源的 App 产品。虽然中国移动咪咕公司争取到 2018 年至 2022 年周期世界杯的手机客户端和 PC 客户端直播权。但是这种单一的体育消费模式仅仅停留在"我付费看直播"的层面上，有转播权的主办方没有为体育消费者提供专业且全面的服务，这也是通过手机客户端和 PC 客户端直播赛事无法获得大众肯定的主要原因。如果能借助大数据、云计算、智能设备等互联网技术实施，将赛事直播、健身指导、个性化产品定制、体医结合的专业化服务等资源整合在一个服务平台上，形成复合型的体育消费产业链，将促进"互联网 + 体育"的健康发展。在这个"互联网 + 体育"的综合服务平台上，用户除了可以选择观看赛事直播，还可以了解与自己相关的运动数据、数据分析、健身指南等资源。再加上整合"体医结合"资源，运动者还可以通过这个平台实现健康的自我管理，并且认识到这个平台不仅是辅助运动的平台，更是社交的平台，也是提高大众生活质量的资源共享平台。

4. 缩小"互联网 + 体育消费"的城乡供给差距，合理配置体育公共设施

我国城乡体育消费差距大，很大程度上是由于城市与农村资源配置不均等造成的。例如，城市普遍存在的体育场馆，在经济发展水平不高的乡镇地区几乎是不存在的。当前，在引导农民参与"互联网 + 体育消费"的同时，应紧密结合精准体育扶贫的政策，进一步完善农村地区的体育公共设施，为农村地区的"互联网 + 体育"奠定消费的基础。

（1）引导社区体育盘活闲置的体育资源。为促进社区体育与社会公共体育资源的同步发展，积极推行智能化的体育资源共享机制，推动企业、学校体育场馆的对外开放，将闲置的体育场地作为供给侧结构性改革的重点。

（2）在农村以及体育发展落后的老区加大互联网的基础设施，同时适当地增加运动设施，在有条件的区域新建智能场馆试点，这也是建设新农村的重要内容之一。

（3）提升农民的体育消费意愿，并培养其消费习惯。在农村地区普及网络的基础上，利用"互联网＋"时代大众媒体的传播优势推出体育培训类产品，能弥补农村社区体育指导员不足的问题，这一攻坚战需要结合精准体育扶贫的政策扶持，先定试点，再推广到全国各地，这种"以点辐射到面"的试验方法，是探索借助互联网平台促进农村体育发展，以及带动体育消费的战略，目的是促进公共体育设施的合理配置，也是为了缩小城乡"互联网＋"的体育消费差距。

5. 建立适应大众体育消费的互联网合作平台

体育产业及其消费覆盖旅游业、加工业、农业等，大数据、物联网等技术革新将各行各业联系起来，倒逼产业进行重组，那么，各行业在进行重组的过程中自然就会面临"优胜劣汰"的商业竞争机制，这需要建立一个能够提供各类信息的综合性服务平台，但是建立全面化信息服务平台不可能一蹴而就，必须经历"短期攻坚"与"长期试验"相结合的过程。

（1）鼓励大型互联网公司打造全面化的体育服务平台。成立于2015年9月的"阿里体育"就服务于足球赛事、体育版权、电竞赛事、橄榄球赛、体育联盟、英超联赛、校园体育赛事等。"阿里体育"于2017年4月融资上市后，先后与国际滑雪联合会签订协议推行"爱上雪"计划，与大学生、中学生体育协会合作运营校园体育比赛，并于2018年并购互联网健身运动品牌乐动力。在短短的3年时间里，"阿里体育"不断拓展体育服务平台，开展相应的电子商务活动，并通过A轮融资不断拓展体育服务范围，延展"互联网＋体育"的价值。

（2）以体育产业结构的良性循环发展为目标，整合各地体育资源，组建类似"美团"的体育综合服务平台。未来，将有更多可供共享的体育设施、体育产品、体育培训通过这个平台转化为商品，全面对接体育消费。

（3）利用大数据优化体育产品的产出，开展相关的体育训练以及技术跟踪服务。经过技术分析后，在体育服务平台提供互动性更强、体验感更优的体育服务。

6. 拉动"互联网＋"影响下的体育消费内需

拉动大众体育消费的内需，是"互联网＋"影响下大众体育消费的内在要求。中国人口多，体育消费人数稳步提升，体育消费的基数大。尤其是体育用品的网络销售增长速度惊人，例如2016年通过网络销售的体育用品高达2000亿元的金额，比2014年增长将近100%，"实物型消费"表现出强大的市场潜力。然而，大众通过互联网参与体育消费的程度低下，2018年2月，京东集团与尼尔森联合发布了《2017互联网体育消费报告》，报告中指出中国人通过互联网参与体育消费达不到世界平均水平的10%。

在"互联网＋"的影响下，首先，应当在认识消费者需求的基础上，逐步优化体育消费结构，适当提高体育服务、体育培训、休闲体育旅游等方面的占比。其次，创新体育消费模式，扩大"体育＋健康""体育＋医疗""体育＋营养"等新兴行业的规模。目前还没有形成一个覆盖全国范围的虚拟体育产业消费市场，但是以扩大内需为目标的区域性体育产业市场正在兴起。比如2018年9月落户于重庆高新区的阿里体育电子体育总部，目前已经完成了12多亿元的A轮融资，同时并购了拥有5500万用户的互联网健身运动品牌"乐动力"，并启动重庆全民健身大数据服务平台"重庆运动银行"建设。作为阿里体育2018年的重要项目"运动银行"，其核心是运动人群的大数据，通过支付宝上的"运动账户"采集和计算用户的运动数据，将运动消耗的卡路里演化成卡币（卡路里币），用户获得的卡币在运动商城里兑换商品（实物、优惠券、体育赛事门票等）。目前，这个"运动银行"还在建设阶段，可以说是阿里体育在运动健身领域更细致化、更模块化的一个布局。这个"运动银行"与支付宝等资源进行融合，将运动与消费、理财等环节结合，以此达到运动激励、增强用户黏性、实现多维度布局的目的。

7. 营造体育消费良好环境，正确引导消费价值观

在"互联网＋"影响下，体育消费价值中的攀比、炫耀风气较为严重，不利于社会整体价值观的良性发展，因此应正确引导消费价值观。首先，政府应加强体育消费的正确宣传引导，及时纠正浮夸性、盲目性的不合情理体育消费观念，使民众体育消费价值观念顺应社会主义核心价值观，为体育消费营造一个良好的环境。其次，政府应在体育消费总基调上，同时主张平衡的消费文化，倡导综合考虑体育消费的五种价值，避免极端、无节制消费，对攀比、炫耀的消费行为进行批评教育。最后，将社会资源节约、消费者健康促进与否作为体育消费的重要参考依据，积极鼓励全民健身运动，倡导绿色消费观念，引导消费者树立正确的体育消费价值观。

6.4　"互联网＋"影响下体育消费市场发展策略研究

6.4.1　基于生产主体视角的体育消费市场发展策略

1. 提高产品质量，推动体育类互联网产品的创新

产品是任何一个市场活动的最基础的要素，也是市场进行一切活动

的关键。一个体育产品进入体育消费市场后能否引起消费者的注意以及产生购买的意愿，首先，取决于体育产品本身的吸引力。随着科学技术的发展尤其是移动互联网技术的普及，这些硬软件基础为体育产品或服务质量的提高创造了物质条件，体育消费市场也随之发生改变。从另一角度来讲，进入消费互联网时代，互联网商业化是从提高产品或服务的销售效率开始的，而随着移动互联网的普及，以"互联网＋"为核心的产业互联网逐渐占据市场的主体，形成互联网商业化趋势的第二次浪潮。因此，体育消费市场的供给端应借此改善体育产品体验、降低体育消费价格。通过消费者数据和互联网技术等生产和优化体育产品或服务。当前，体育类互联网产品的消费者仍保留着传统体育消费的基本属性，但加入互联网元素后又促使体育消费者朝年轻化趋势发展。因此，"互联网＋"大环境中，体育产品或服务的生产要细分体育消费市场，针对不同消费人群，考虑不同人群的生理、心理和行为特征，注重其对便捷性、社交性、时尚性等不同特性的要求，设计和生产个性化和定制化产品。其中观看体育赛事作为体育消费者最大的需求之一，企业要基于发展赛事 IP 品牌基础上，注重升级优化赛事直播观看以及社交互动的体验。在"互联网＋"影响下，一个优质的赛事 IP 品牌不仅能为球队和投资者创造多样价值，更可以对体育受众群体有巨大的辐射作用，并通过产业的跨界与融合培育泛体育消费市场（如旅游、广告、媒体、教育、地产等行业）。更进一步地，与国际赛事品牌公司合作交流，引入国际赛事市场开发经验，学习其运作机制、人才培养以及商业体系，基于此，要挖掘和培植国产品牌赛事，打造本土品牌赛事 IP，创新赛事发展模式，逐渐改变国人观看和参与体育赛事的消费习惯和消费观念。其次，以体育 O2O 作为群众体育消费的切入点，充分考虑用户的特点、考虑用户的使用场景、使用习惯，以达到体育类 App 设计时主次分明，提高用户黏性。

2. 加大宣传力度，吸引更多的体育消费者

加大体育类互联网产品或服务的宣传力度，一方面包括实现多渠道营销，吸引更多的体育消费者；另一方面也包括借助新媒体传播媒介，宣扬体育对健康的促进作用，形成符合当代社会发展的体育价值观，并积极地参与体育消费生活。如果把体育消费看成一个完整的行动系统，那么"互联网＋体育"消费便是其衍生而来的内部结构更复杂的新行动系统。人们在适应新行动系统时，需不断地根据自身生存的基本需求分化和发展新的消费观念。基于此，充分利用互联网平台以及体育类App的作用与"互联网＋"时代大众传媒的向导功能，提倡、引导居民参与新兴体育消费方式，提高它对人们的吸引力和兴趣。如在建设学校、社区及职工互联网体育平台中充分融入健身常识、体育小百科等内容，通过线上体育课程、赛事活动等方式由浅及深地传播健康消费和理性消费观念，使居民体育消费由低向高的消费层次转变、由被动向主动消费转变、由习惯免费消费转向适应个性化付费消费方式、由盲目消费转向理性消费。在社区或俱乐部等地方实行智慧体育试点，对不同社会阶层的体育消费者给予不同的"互联网＋体育"产品和服务。利用互联网实现资源的合理配置，即在需求、价格、空闲时间等方面实现点对点对接。对已经不符合时代发展需求的生产方式以及达不到规模经济要求的相关体育企业，采用坚决淘汰的办法，尤其对那些不科学不健康的，甚至对身心有害的消费行为坚决予以取缔，部分有条件的企业应逐步展开互联网改革，以实现产业结构调整。另外，充分利用"互联网＋体育"产品和服务消费低、效率高的特点，通过一定的补助（如与医保卡服务连接），逐级地创造一些条件使消费水平较低但又有体育消费意愿的居民享受或是接受"互联网＋体育"产品或服务，即让优良的消费似水波原理一般逐渐推开和发展，最终普及到每位居民。以层层递进、由点及面的方式更新人们的体育消费观念，推动居民体育消费行动系统在分化和发展过程中，不断排除和避免对本身有效运作的各种不利因素和不正常功能，从而使之在新阶段重新达到平衡与和谐的状态。

3. 重视人才培养，促进"互联网＋体育"的跨界融合

良好的体育消费市场的构建，离不开对专业复合型人才的培养。无

论出于何种环境，对人才的培养都是一种人力投资，都是对人或对产品增值的过程，一方面对人或对产品本身都有一种优化，例如促进产品生产和营销过程的进行，另一方面更是对整个社会生产力的提高。而且，要实现"互联网 + 体育"的跨界与融合发展，互联网思维以及互联网技术是其核心要素，因此，"互联网 +"影响下体育消费市场发展过程中，人才的培养是产业融合发展关键环节。第一，要转变人才的思维方式，注重"互联网 +"思维、技术的培养。常言道"改变人生，从改变思维开始"。用在此处，变成了"要实现'互联网 +'，首先要实现'互联网思维 +'"。例如，互联网思维包括多个关键词：数据思维、平台思维、参与感、快速更迭等。思维的训练往往比技术的习得更为难得、也更为重要，互联网思维与互联网技术的关系亦是如此。因而，无论是学校、企业或是家庭甚至是政府相关部门的宣传都应让互联网思维的培养"先行"。第二，无论是企业内部还是企业之间应该形成良好的教育方式，促进各个部门之间的合作培养。互联网产品的更新之快无须赘言，因而其技术必然每时每刻在优化。因而我国的政府或企业应该抓紧相关技术人才的培养或是引进。第三，要给予相关政策的大力支持，提供优越的人才培养环境，尤其是对体育专业人才的培养，要注重交叉学科的教学，加强交叉学科的建设。积极发挥高校人才培养优势，学校应该对相关专业学生的培养方案进行优化，以期实现校企共赢的局面。培养既懂体育又对互联网技术掌握熟练的相关研究人才，并为其提供实践机会，早日与市场接轨，在实践中学习。第四，建立人才交流的平台或机会，加强包括同领域或是相关性较强的领域的人才的交流和合作。一方面，通过提高薪酬或是相关福利来吸引既懂互联网行业又深谙体育行业发展规律的管理人才或是技术人才创造条件，以期打造的"核心"科研团队，使其带动和培养新一批人才。另一方面，企业或组织应为有潜力的员工提供进修的机会，进行全方位培养。此外，企业或组织还应建立精神激励、薪酬激励等工作机制，以激发员工的工作动力。

6.4.2 基于制度环境建设的体育消费市场发展策略

1. 加强制度创新，营造良好的市场环境

通过完善制度建设和互联网基础设施建设，努力培育体育产业成为我国的主导产业，培养体育经济成为我国新常态下经济发展的新增长点。政府各级部门应当认识到互联网与体育融合发展的重要性，尽快建立相关法律法规体系，为体育消费市场创造发展环境，从行政改革入手，建立统一的体育信息共享平台。通过健全相关法律机制，微技术创新提供制度保障。充分发挥产学研效用的最大化，扶持技术和人才的引进，鼓励技术创新，鼓励体育商业模式的创新，激励大众创业，配合互联网对体育行业的渗透性和全球化特征，保持新兴互联网经济活力。

同时，应培育"互联网＋体育"消费市场的良性竞争，政府提供相关政策支持，市场自主调节，两者协同促进新型体育产品或服务完成更替。培植市场竞争多元主体是市场实现自主调节必不可少的环节，也是打破市场垄断的必要手段。因为"任何组织一旦具有垄断性，就会缺乏强烈刺激去提供它的服务对象所期待的服务"。对于"互联网＋体育"市场的竞争，因其是新兴产业，社会力量和资本的引入刚处于起步阶段，且在商品经济时代，一个品牌或是一类产品得以持续发展且更新的基础是通过市场竞争机制实现的。因此，相关政府部门应考虑居民体育需求、市场环境等因素制定市场竞争机制，使企业在有序发展、科学规范的框架下相对自由地竞争，避免竞争的异化，出现市场错误导向，也争取在"互联网＋体育"市场发展初期给予其规范和引导，以期提供居民体育消费正确导向和维持市场的健康可持续发展。

2. 建立多元化全面健身服务体系，弥补市场资源不足

完善全民健身公共服务体系是居民体育生活的重要保障。在国家推

行的"互联网＋"计划中有提出，加快互联网与政府公共服务体系的深度融合，探索公众参与的网络化社会管理服务新模式。"互联网＋体育"是完善全民健身公共服务体系的基础设施和实现工具。在"互联网＋"计划实施以来，我国很多地方已率先建立互联网体育公共服务平台，逐步建立"政府主导、社会参与、市场运作"的多元化运作机制，为居民提供便捷的体育公共服务。在建设体育公共设施方面，政府部门可以基于互联网平台通过众筹和众包的方式满足居民体育生活的各项需求，真正做到以人为本。在这里，众筹是指以体育政府部门为发起人，借助网络平台依靠群众力量募集资金。众包指本应由体育相关部门执行的具体工作，可以通过网络做产品的开发需求调研，以居民的真实体验为出发点建设体育公共设施。在运营体育公共设施方面，体育相关部门可以借鉴成都的"体质健康全程约"、重庆的"互联网＋体育"生活云平台，以及湖北的"去运动"体育公共服务平台模式，整合已有的社会体育资源，通过互联网平台统筹、协调、配置公共体育资源。利用互联网的便捷和高效，简化各项公共服务流程，为全民健身创造有利环境。依托移动互联网的实用性平台将体育赛事信息、体育场地需求和体育产业信息等进行融合，为居民提供便捷的体育生活。通过场馆运营管理和购买公共服务采集各地体育场馆信息，方便居民随时就近预订场馆进行健身活动。综上，"政府主导、社会参与、市场运作"的全民健身体育公共服务体系正在逐步建立，并且实现了科技成果的有效转换，应在此基础之上加以完善并广泛推广。

3. 持续推进互联网普及，加大农村互联网基础设施建设

农村体育消费市场一直是我国体育消费市场发展的短板，我国应当以推进农民"互联网＋体育"消费为基点或是契机，提升我国居民"互联网＋体育"的整体消费。长期以来，城乡体育消费差距扩大的实质原因是城镇与农村之间的要素流动与资源配置方式的问题。因此，加大基础设施投入是推进农村"互联网＋体育"消费的关键。

一方面引导社会力量盘活存量资源，如改造旧厂区、闲置运动场等，或与学校、企业等合作将体育场馆对外开放，基于此，在有条件且有区域特色的地区，可以根据特色项目新建智能场馆试点，推行"智慧体育"方式方法；另一方面，互联网基础设施是城乡体育资源共享、优化资源配置的必要条件。结合农村其他产业发展共同建设互联网基础设施，如农村电商、农村物流等，农村体育产业与之融合，根据农村的地域特点、人口分布等特征，尽量以城乡一体化发展为原则构建体育产品或服务销售、使用的供销和物流体系，以持续优化和完善农村的"互联网＋体育"消费环境。

与此同时，引导农村居民体育消费需求，提升农民体育消费意愿，培养其消费习惯。具体而言，充分利用"互联网＋"时代大众媒体的传播优势，面向青年群体尤其学生宣传"互联网＋"时代多样的体育参与方式（特别提及的是体育培训类产品能有效弥补农村地区社区体育指导员不足的劣势，体育赛事产品也将借助互联网平台深入农村体育生活），再由学生等青年群体向中老年人群体传播"互联网＋体育"产品或服务，以点辐射面，普及新兴体育参与方式。加强农村社会文化建设，努力宣传体育运动及其社会文化价值，引入新兴体育运动项目，为农村体育运动的开展注入新鲜活力。尤其要提及的是，农村将是"互联网＋"时代特有的线上赛事开展及普及的极佳区域，既有效弥补农村体育赛事的不足，也是体育赛事向农村推广的突破口，线上赛事普及农村将会循序渐进地释放农村体育赛事消费的潜力。因此，不断优化农村地区的体育基础建设和加速农村地区的互联网基础建设将有助于释放农村居民体育消费潜力，提升我国居民整体的体育消费水平。

6.4.3 促进"互联网＋"体育产业与体育消费的融合创新

体育产业与体育消费都是社会发展到一定程度的产物，都以经济发展为基础，反过来又都促进经济的发展进步。体育产业和体育消费的关系，一方面，体育消费是体育产业得以存在的基础，也是体育产业的落脚点。体育消费反映的是市场需要什么，体育产业反映的是市场在提供什么。所以，体育产业要满足体育消费的需求，体育消费是体育产业的再分配和再交换。另一方面，体育产业引领着体育消费的方向，正是有了体育产业的繁荣发展，才会有体育消费的不断增长。近年来，体育消费正由实物消费向服务型消费发展，这正是体育产业引导的结果，也是社会经济发展带来的必然结果。随着我国逐步步入全面小康社会，服务型体育消费会逐渐增大在体育消费中的占比。集体消费也在不断增加在体育消费中的比例，体育无形资产交易市场的消费主体基本是法人，不是个人，这里的消费主要是指体育比赛的举办权和经营权，由于其具有风险较小、收益高的特点，最近几年逐渐成为体育产业的新增长点。

1. "互联网＋"背景下体育产业与体育消费融合的动力

"互联网＋"是指利用互联网技术和传统行业融合，成为互联网某某行业，这本身就是一种行业融合。如今互联网已经走进千家万户，将其与体育产业进行结合，促进体育消费的增长已经成为不可避免的趋势。目前，已经实现与互联网进行融合的体育产业公司有 keep、悦跑圈、悦动圈等"互联网＋"体育公司。在互联网影响下，促使体育消费与体育产业融合的动因有内部因素和外部因素。

（1）内部因素。任何一个经济产业都在追求经济利益的最大化，虽然不同的经济组织可能有不同的形式，但是最终目的都是一样的。想要实现更大的经济效益，需要占据更大的市场，拥有更多的客户，需要具有更新的技术，这些因素促使体育产业和体育消费在互联网影响下迅速融合，结合互联网技术，搭建各种各样的网络平台。互联网技术的发展使得体育产业的更多产品以更多的方式展现在顾客面前，得到了广泛的宣传推广，促进了体育消费的发展。

（2）外部因素。目前来看，体育产业正快速成为经济增长的重要组成部分，其发展速度明显高于其他产业，其中主要的原因是政府政策的扶持和引导。2010 年、2014 年，国务院分别出台了加快体育产业发展、促进体育消费的指导意见；2016 年，将促进体育产业发展列入国家"十三五"发展规划之中，各地区按照国务院的指导意见，结合当地工作实际，制定了各种各样的规定给予落实，为体育消费和体育产业的发展提供了优良的外部环境。另外，互联网技术的发展成为推动体育消费和体育产业融合发展的科技力量，网络的普及和智能设备的发展，各种可穿戴设备的出现，成为体育消费走进网络成为可能。另外，网络也为体育产业的展现提供了更好的平台。消费者生活水平的提升，是促进体育产业和体育消费融合发展的经济基础。根据马斯洛的需求理论，在满足消费者的物质需求以后，需要满足精神、心理需求。人们在填饱肚子之后，对于体育运动有了更多的需求，应用互联网技术，市场可以清晰知晓人们的需求，也是促进体育产业发展的重要因素。

2. 促进"互联网 + "体育产业和体育消费融合的对策

"互联网 + "背景下体育消费与体育产业融合面临着机遇也存在挑战。其一，体育产业正处于快速发展期，"互联网 + "纳入体育产业，将会给其发展带来更大的推动力，"互联网 + "健身体系对健身产业乃至体育竞赛有着积极的影响。其二，"互联网 + "概念伴随着体育产业从无到有，体育产业自踏上快速发展的道路以来，就一直处在互联网技术的环绕之下。其三，体育产业与体育消费的融合仍需要继续创新。依托互联网大数据技术，体育消费市场与体育产业已经实现了高度的贴合，但未来的体育产业的发展，仍需要对体育消费的分析创新，推动体育消费与体育产业的协同发展，真正实现融合创新。除了大数据分析市场需求外，还应该对网络安全、个人隐私等进行研究，对互联网、物联网技术核心进行创新研究，否则，会影响体育产业的发展。其四，人力资源缺乏仍制约着体育产业和体育消费的融合。伴随着体育产业的快速发展，与之不相适应的是相应的人才队伍没有跟上，尤其是在互联网影响下，真正懂得体育产业和互联网技术的复合型人才缺乏。目前的情况，往往是体育产业行业的人不懂得互联网技术，互联网领域的人缺少体育产业知识。在机遇与挑战并存的情况下，"互联网 +" 影响下体育产业与体育消费融合的对策建议如下。

（1）注重复合应用型人才的培养。在全球经济和文化不断一体化的进程中，具有多方面知识的复合型人才一直处于竞争的优势地位。作为 "互联网 +" 下的体育产业和体育消费的融合发展来说，更是如此，不仅需要精通体育产业或互联网领域技术的人才，更多的是需要具有双方知识结构的复合应用型人才。融合型人才需求的质量在不断提升，我们在培养这方面人才的过程中，要构建动态的人才培养体系，深化产业融合观念，充分认识到互联网技术对于体育产业发展的重要作用，培养一批具有多技能、多领域知识、跨行业能力的综合人才。

（2）发展培育优秀的体育产业企业。体育产业与体育消费的融合的本质是将市场需求与体育产业资源进行融合，对体育产业的资源进行重组、优化和配置，而在两者融合过程中，位于主体地位的就是体育产业企业。只有发展培育优秀的体育产业企业，才能通过上市、重组等，实现市场资源的再配置，通过在体育产业企业中注入相当数额的资金，实现技术研发、企业融合、市场融合。因此，在培育发展具有竞争力的体育产业企业时，一方面，要立足市场需求，科学合理配置体育产业资源，引进多方战略资源，实现体育产业的跨越式发展。另一方面，要加大对科技研发的投入，建设技术交流平台，充分利用高科技成果，巩固知识产权地位，掌握 "互联网 +" 体育产业的科技核心。

（3）立足产业优势，促进体育产业集群融合发展。体育产业集群是指为了共享专业化的基础设施、劳动力市场、经济发展机遇和挑战，大量相同行业的不同企业在某一区域组成的生产网络。我国现有的体育产业集群中以发展体育用品的企业集群较多，通过立足产业优势、区域优势，发展体育产业集群，有助于推动体育产业的快速发展。一方面，体育产业集群内的企业，为了在激烈的市场竞争中立于不败之地，不断实现技术升级、管理创新，引发集团效应。另一方面，形成产业集群，可以更好地灵活应对体育消费市场。

（4）继续加大体育产业发展政策扶持力度，在现有的政策基础上，出台配套细则，加强对体育产业发展的指导；完善法律法规，保障体育产业的顺利有序发展。

第7章

消费方式改变影响下的
城市居民体育旅游消费

7.1　我国体育旅游市场特点、要素及功能

7.1.1　体育旅游市场的构成与特点

1. 体育旅游市场的构成

从经济学的角度看，体育旅游市场由主体、客体、中介构成。

体育旅游市场的主体是指参与体育旅游产品交换的买卖双方，即体育旅游产品的生产者及消费者。体育旅游的生产者是指生产体育旅游产品及提供体育旅游服务的独立的企业、个人和其他社会团体。

市场的客体是指可供交换的体育旅游产品。包括各种有形和无形的体育旅游资源及服务，也包括现存的体育旅游产品和未来的体育旅游产品，用于满足人们的体育旅游需求。

市场中介是指联结体育旅游市场与主体之间的桥梁，如价格、竞争、旅游中间商、旅游质监机构等，他们组成了体育旅游市场的主体、客体以及主客体之间的媒介体系（见图7-1）。

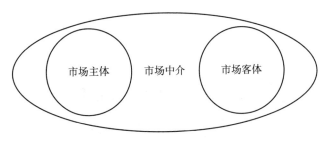

图7-1　体育旅游市场的构成

2. 我国体育旅游市场的特点

体育旅游市场主要表现为需求市场或客源市场，因此，体育旅游市场的特点主要是指体育旅游需求市场的特点。

（1）体育旅游需求的整体性。

体育旅游需求的整体性是指体育旅游消费者对体育旅游产品和服务需求的整体性。这是体育旅游产品市场不同于其他物质产品市场的显著特征。

体育旅游需求的整体性根植于人们在体育旅游过程中需要的多方面性，既有维持生命的生理需要和安全需要，又有享受和发展的需要。因此，为体育旅游者提供的体育旅游产品是一种复合产品，用以满足体育旅游者在体育旅游过程中的多方面需要。具体来说，在包价体育旅游中，体育旅游产品表现为一条旅游线路；而在自助体育旅游中，体育旅游产品则包括行、游、食、购等多种要素。体育旅游需求的整体性要求体育旅游产品供给者必须根据体育旅游者的需要，将其旅游过程中需要提供的各种产品和服务组合起来，或在地区上、时间上加以协调，以保证体育旅游活动的整体需要。

（2）体育旅游需求的高弹性。

体育旅游需求的高弹性包括两个方面。

一方面指体育旅游需求是一种比较高层次的需求，即人们在满足基本生活条件基础上的一种需求，因此，收入水平的提高将会引起体育旅游需求更大比例的上升。

另一方面指体育旅游需求量受体育旅游需求各种因素的影响而表现出较大幅度的变化，例如旅游价格是影响体育旅游需求的一个主要因素，体育旅游需求的高弹性具体表现为：旅游价格一定比例的变化会引起体育旅游需求更大比例的变化。

除了旅游价格这一因素外，对体育旅游需求产生影响的因素还有很多，如客源国家和目的地国家的社会经济发展状况、人均收入水平、物价指数与通货膨胀率、倾向兑换率、海关手续、出入境制度等。这是因为体育旅游是一种综合性的社会现象，它覆盖社会的许多方面，不仅有目的地国家或地区的许多因素，而且也有客源国或地区乃至世界的许多因素。这些因素的变化都会引起体育旅游需求量较大的变化，使其具有较高的弹性。

旅游需求高弹性的特点要求体育旅游产品供应者必须注重体育旅游市场的调查研究，洞悉体育旅游市场的情况变化，经常分析影响体育旅游需求变化的各种因素，预测市场的变化趋势，不断开发和优化适应体育旅游市场需求的体育旅游产品。

（3）体育旅游需求的指向性。

体育旅游需求的指向性包含以下两重含义。

第一，体育旅游消费者为满足自身的体育旅游需求，必须离开居住地而向旅游目的地运动，它同物质产品的需求从产地向需求地运动刚好相反。体育旅游需求市场的这一特点，要求体育旅游产品供给者必须认真研究适应体育旅游市场需求的经营战略和策略，采取有效的市场营销手段，将体育旅游消费者吸引到体育旅游供给地来。

第二，体育旅游消费者根据自身的兴趣、爱好对特定体育旅游产品所产生的需求。不同的体育旅游者，其兴趣、爱好各异，对体育旅游市场众多体育旅游产品的需求也不一样。就同一体育旅游者而言，他可能对某种体育旅游产品具有强烈的需求欲望，而对其他种类的体育旅游产品则不感兴趣。体育旅游需求指向性的第二重含义要求体育旅游产品供给者必须根据其产品的类型、性能和质地（档次）对体育旅游需求市场进行细分，从中选择适销对路的目标市场。

（4）体育旅游需求的季节性。

体育旅游需求的季节性，是指相对一个旅游目的地国家或地区而言的年度内接待旅游人次在季节上分布的不平衡性，从而导致旅游旺季、旅游平季和旅游淡季的差别。体育旅游经营者必须充分注意旅游市场的这一特点。客源在时间上分布的不平衡性，一方面给体育旅游供给者带来了许多困难，另一方面也表明各体育旅游市场之间是可以相互弥补、综合利用的。世界旅游业在克服旅游季节性给经营者带来的困难方面积累了一些经验，并且在继续探求解决的办法。下面谈到的五个方面是比较常用的做法。

①为了达到相对的体育旅游供求平衡，不能按旺季需求设计旅游供给，通常按比平季略高的需求规模设计供给。在旅游旺季时，通过在经营管理上挖掘潜力，以弥补供给的不足，可避免旅游淡季时设施和人员大量闲置而造成的损失。我国鼓励多种经济成分发展旅游业，保障旅游供给，以保证经营的稳定性。例如，我国一些著名景点、景区允许私人个体开设旅馆，大部分私人旅馆是在旅游旺季营业，旅游淡季停业，在旅游供给方面起到了有效的调节作用。

②采取必要的手段调控旅游需求。有的国家改变教育制度，将原来的一学年两个学期的制度改为一学年三个学期，使青年学生和青年不至于过分集中地利用夏季外出旅游；有的国家提倡或明文规定职工必须分两次以上使用带薪假期外出度假。类似这样的措施，有利于平衡全年各个季节的客流量。

③国际旅游业和国内旅游业协调发展。在旅游供给方面，供国外旅

游者和国内旅游者使用的设施及服务不能截然分开，相反，应该互为利用。由于国际和国内旅游市场所表现的季节性在时间分布上不尽相同，因此，可充分使用设施和服务。由于我国经济社会发展状况等原因，来华旅游者的消费水平和国内旅游者的消费水平悬殊，旅游设施不能通用。其次，近些年来新建的旅游饭店结构不够合理、等级偏高，既不适应国际旅游向大众化发展的趋势，也不符合我国旅游设施分层次结合的市场原则。今后的旅游设施，尤其是在住宿设施的建设中，必须加强宏观控制，力求做到配置合理，应努力寻求国际旅游和国内旅游的接合部分，以解决季节性带来的一系列问题。

④发挥宣传推销的引导作用。体育旅游市场比其他任何商品市场都更依赖于宣传推销的引导作用。当然，为了平衡季节性差异带来的供求矛盾，有效引导必须辅以旅游新产品的开发，坚持以"特"为主的原则，开拓创新，独树一帜。

⑤利用价格杠杆适当调节和制约旅游需求。例如，旅游淡季利用优惠等差价策略吸引客源，以保证非弹性成本（如设备折旧、职工工资等）有收入来源。

研究体育旅游市场的一个重要任务，就是要掌握体育旅游市场供求关系的特点及其变化规律，及时了解体育旅游者对体育旅游产业的各种要求和意见，借以制定正确的经营方针和实施计划，调节体育旅游供求关系，不断改进体育旅游企业的经营管理，推动本国本地区体育旅游产业的发展。

（5）体育观赏性旅游地的变动性。

除因体育旅游资源的不可移动性而导致体育旅游客源流向较为固定外（如夏威夷岛海域的水上运动、阿尔卑斯山的冰雪运动），其他观赏性强的大型体育赛事，往往随着举办城市和地区的不同而引起观赏性体育旅游客源流向的不同，如奥运会、世界杯每四年举行一届，而举办城市和地区每四年就要发生变更。这样的体育盛会必然吸引大量的观赏性体育旅游者前往，形成巨大的体育旅游客源流向，使举办地的体育旅游游客接待量猛增。一旦体育赛事结束，庞大的体育旅游团返回，只有举办体育赛事的建筑设施还可吸引少量的体育旅游者前往参观。下一届又换另一个举办城市和地区，巨大的体育旅游客源又流向这一新的城市和地区，致使这一区域游客接待量剧增。体育观赏性旅游地的变动性，就是指由于大型体育赛事举办城市和地区的变化在区域分布上的不平衡性，导致举办城市和地区与非举办城市和地区在一定时间内接待的旅游人次的差异。

7.1.2　体育旅游市场的详细划分

市场详细划分也可以称为市场分割，它是按照购买者的需要和欲望、购买态度、购买行为特征等不同因素，把一个市场划分为若干不同的购买者群体的行为过程。如今体育旅游需求呈现个性化、多元化，体育旅游业要为体育旅游客源市场上所有的顾客提供产品和服务几乎是不可能的。因此，通过市场详细划分进行目标市场的选择，以及在此基础上进行市场定位，这是体育旅游开发者必须重视的一项工作。

体育旅游市场详细划分是指根据体育旅游者的需求、偏好、购买行为和购习惯等方面的差异性，把一个整体体育旅游市场划分为若干个消费者群的市场分类过程，所划分出来的每一个消费者群就是一个细分市场。

1. 体育旅游市场详细划分标准

常见的体育旅游市场详细划分有以下标准。

（1）地理标准。

地理细分标准是指根据地理因素把客源市场分为不同的地理区域，如国家、省、地、市、县、镇、气候、人口密度、空间距离等。采用地理细分标准是因为各个地理因素影响着体育旅游的需求方向、结构和规模。不同地理环境下的体育旅游者的需求，因自然条件、文化传统、社

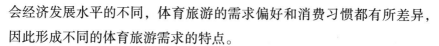

会经济发展水平的不同，体育旅游的需求偏好和消费习惯都有所差异，因此形成不同的体育旅游需求的特点。

（2）行为标准。

体育旅游者实现旅游活动的主观条件根本上还在于其旅游动机，而个人的旅游动机又对旅游行为的实现起着首要作用。分析不同人群的行为特点能更准确地把握细分的旅游市场特征。按体育旅游者的购买行为细分体育旅游市场时，需要考虑的因素包括人们的体育旅游动机、对品牌的信赖程度、价格敏感度、旅游方式、出行时间等。

（3）心理标准。

体育旅游者的旅游动机、个性特征等使得他们对体育旅游产品的爱好和态度不同，这就为体育旅游业利用人们的心理标准来细分市场创造了条件。心理细分标准是从体育旅游者的生活方式、性格特征、态度、兴趣和动机等心理特征来细分旅游市场。

（4）人口标准。

人是构成体育旅游市场的基本因素，也是体育旅游经营活动的最终对象。人口细分是根据体育旅游者的年龄、性别、家庭、收入、职业、受教育程度、宗教、收入等人口变量来对客源市场进行细分。每个细分市场都有其一定的特点和与众不同的需求，从而构成总体需求的多样性和每个小市场的特殊性。根据人口标准进行市场详细划分，可使体育旅游企业根据人口的需求差异，结合企业的特点和优势，准确选择本企业的目标市场。

2. 体育旅游市场详细划分的意义

体育旅游市场详细划分是分析体育旅游消费需求的一种手段，对于制定正确的市场营销策略和营销组合，乃至对整个营销系统均具有重要的意义。客源市场被划分得越细化，营销就越有差别性和针对性。

（1）有利于发现最佳的市场机会。

体育旅游需求存在着差异性，任何一家体育旅游企业的优势在体育旅游市场上都只拥有相对优势，而不是绝对优势。体育旅游市场上存在着大量的市场机会，但是这些机会能不能被体育旅游企业抓住并转化为自己的竞争优势，取决于体育旅游企业的资源潜力、市场适应性和选择性。市场详细划分有利于体育旅游企业分析、发掘新的市场机会，形成新的、富有吸引力的目标市场。

（2）有利于提高竞争能力。

体育旅游市场处于买方市场，各家体育旅游企业为争夺客源，市场竞争十分激烈。市场详细划分能增强体育旅游企业的适应能力和应变能力，易于体育旅游企业掌握消费需求的特点和变化，使产品适销对路，并迅速送达目标市场，扩大销售；市场详细划分易于体育旅游企业分析每一个市场上各个竞争对手的优势与劣势，有利于体育旅游企业确定自己的目标市场，从而增强竞争能力，提高经济效益。

（3）有助于掌握目标市场的特点。

不进行市场详细划分，体育旅游企业选择市场就具有盲目性；不鉴别各个细分市场的特点，就不能进行有针对性的产品设计及市场营销。经过市场详细划分，体育旅游企业可了解市场的消费特点，进而确定企业的经营方针，有针对性地集中力量对一个或几个细分市场进行产品设计及市场营销，向满足市场需求的多样性和深层次发展，突出体育旅游企业产品和服务特色，使顾客在市场上购买到自己称心如意的产品和服务，从而使体育旅游企业的经济和社会效益得到提高。

7.1.3　我国体育旅游市场的要素分析

1. 我国体育旅游的设施要素分析

体育旅游设施包括旅游交通工具和交通设备、旅游宾馆、旅游饭店、供应旅游商品的商店、供旅游者运动和娱乐的设施以及为适应旅游者的不同需要和爱好而准备的各种设施。例如，滑雪旅游者需要的滑雪板、缆车、滑雪服和急救设备；登山旅游者需要的登山服装、宿营帐篷、专用食品和饮料等；水上运动必须具备的划艇、赛船、风帆、滑水板、摩托艇、冲浪板、救生艇、急救车等设备。体育旅游设施是否齐全、实用，服务是否周到，标志着体育旅游市场开发的程度，是体育旅游市场的硬件条件标准。

2. 我国体育旅游服务要素分析

服务在旅游业的发展过程中尤为重要。体育和旅游对人们来说是一种高档次消费，也是一种高级享受，而体育旅游又是人们的生活水平达到一定标准之后才发生的一种消费行为，因此，人们的这种生活行为本身就要求比较全面、细致和高质量的服务。高质量的体育旅游服务包括以下内容：

一是体育运动器材规格齐全，能保证各种运动项目的需要；

二是交通工具齐备、方便，能满足旅客对交通的需要；

三是导游资料详细，宣传到位，使游客一目了然；

四是食宿服务周到、热情，使游客有宾至如归的感觉；

五是保证各种体育用品、纪念品的供应，满足旅游者的购买需求。

总之，体育旅游服务包括饮食、住宿、交通、导游、商品供应等多方面的服务。服务既是开发体育旅游市场的重要手段，也是体育旅游市场的具体体现。这一市场行为是否成功的重要标志是旅客的满意程度和社会效益与经济效益。优质的服务应该是既让旅游者满意，又能产生较好的社会效益和经济效益。

3. 体育旅游资源要素分析

任何一个市场都有一定的构成要素，体育旅游市场也不例外。这些要素是形成体育旅游市场的主客观条件，同时又是体育旅游的主体、客体与载体。体育旅游既是由体育活动引起的一种社会实践活动的组成部分，又是一种现代文化发展现象。伴随着社会经济的繁荣和体育事业的发展，体育旅游的规模会越来越大，人次会越来越多，这将成为不可忽视的社会潮流。构成这一社会现象的基本要素有以下三个方面。

（1）体育旅游者。

体育旅游是体育爱好者的一种社会活动。正是由于这种活动规模的扩大，才使得体育旅游形成市场，从而造就了新的商业机会。因此，不仅旅游本身是人的活动，而且旅游的一切接待服务无一不是针对和围绕参加旅游活动的人设计的。换句话说，没有旅游者便没有旅游活动，所以体育旅游者是体育旅游活动的主体，是体育旅游的要素。

（2）大型运动会和高水平的单项比赛。

由于竞技体育水平的提高，高水平的体育比赛对人们的吸引力越来越大，为了目睹高水平的比赛或某个体育明星的风采，许多人甚至追随运动员南下北上，辗转各地，引起了大量体育人口的流动。这种现象一般集中在大型运动会或高水平的体育比赛期间。例如，1990年第11届亚运会期间，不仅有上万名运动员、教练员、裁判员和4000多名中外记者集聚北京，而且还有几十万名贵宾和体育爱好者聚集北京。在整个运动会期间，730万辆自行车穿梭于各赛场之间，2529辆专用车为大会服务。再如，1998年6月在法国举行的第16届世界杯足球赛期间，有400万世界各地的球迷集中在法国各赛场的所在城市。由此可见，大型运动会和高水平的单项体育比赛，既是体育旅游的契机，又是体育旅游的要素。

（3）体育旅游的物质资源。

体育旅游资源是体育旅游存在和发展的基本条件，也是体育旅游者进行游览的重要目的物，因此，充分利用和开发体育旅游资源是发展体育旅游的前提。体育旅游资源包括以下四方面的内容。

①自然资源。

自然资源是指天然形成的或在天然景色的基础上，经人工稍加修整的自然景区，它包括：山川、湖泊、海滨、森林、沙泉、沙漠等。

我国的体育旅游资源非常丰富，据有关部门统计，我国境内一级山脉有4条，二级山脉有16条，长度约在500千米以上，每年都接待大批国外登山爱好者来华进行登山和旅游活动，为国家赚取了大量外汇。

②历史与文化资源。

这是指经过人类历史过滤或加工开发所创建的具有一定文化特色和纪念意义的旅游或运动资源，它包括：文物古迹、具有特色的古建筑工程、革命历史纪念物以及民间的传统习惯、风土民情等。例如，近几年来，我国民间有一种被称为"特色农业""观光农业"的新型朝阳农业，正开始成为都市人休闲旅游的新去处。一些地区的农民利用自己家乡自然景色优势和生态环境资源、农副业产品资源及人文资源，形成了现代休闲的田园风景，强烈地吸引着都市居民。城里人在节假日的休闲时间里欣然而至，他们认为，郊区田园休闲旅游既经济又实惠，不仅可以尽享大自然的清新、真趣，而且还可以直接品尝田园的蔬菜和水果，尤其是那里的民俗风情和画一般的旅游氛围，使其终日处在都市繁杂生活中的紧张神经得到放松。

③人工开发的体育旅游景点和体育旅游项目。

自1986年以来，各旅游公司努力开发体育旅游资源，广泛开展体育旅游业务，已经推出的体育项目有：驾车、骑自行车、潜水、骑马、骑骆驼、热气球、滑雪、狩猎、钓鱼、武术、健美、棋类、高尔夫球、龙舟等项目，满足了广大体育旅游爱好者的需求，同时为旅游景点所在地带来了经济上的繁荣。例如，黑龙江省的玉泉狩猎场和亚布力滑雪场，过去只是无人知道的山沟，当开辟体育旅游景点以后，交通、各种服务和文化事业都获得了大发展，更为重要的是人们的思想得到了解放，看到了商品经济的威力，使那里的人们进入了一个崭新的天地。

④我国体育旅游市场的空间范围和时间选择。

体育运动和旅游观光都首先具有空间性质，因此，适当地选择空间，确定恰当的体育旅游地点，是开发体育旅游市场的重要条件之一。恰当的空间地点应具备以下条件。

a. 旅游地点的选择应是交通便利，有利于车辆进出通行的地方。这样才能吸引更多的游客，否则，自然景点无论有多好、多么迷人，绝大多数人不可能步行、长途跋涉去旅游观光。

b. 旅游景点的选择要考虑到游客多方面的爱好，最好是依山傍水之处。这样既能满足游客的登山需要，又能满足水上运动的需要。滑雪、狩猎等项目的旅游点的开发则必须选择在北方。这样做一方面是考虑到北方的自然条件和气候，因为北方可以利用天然雪资源，既可以节省投入，又能使旅游者领略大自然的美景，更能吸引旅客的兴趣。例如，黑龙江省亚布力滑雪场、玉泉滑雪场和桃山狩猎场自开发以来，每年都吸引着大批国内外游客。另一方面是因为自然和生态环境问题，体育旅游景点最好不要选在工业区附近，也不要选在闹市区，因为运动员和体育爱好者一般都不喜欢嘈杂、污染严重的闹市区。

根据各体育运动项目的不同，体育旅游的季节性比较强。例如，滑雪运动应选择在冬季，水上运动应在夏季，而登山运动则选择在春秋季节为宜。如果时间选择不当，旅游效果就不会理想，甚至导致失败。例如，如果冬季到海滨旅游，就不会收到长时间海浴的效果。夏季里到滑雪场去旅游，所看到的只能是青山绿水，根本就无雪可滑。另外，体育旅游的时间性选择还有另一层含义，就是在重大国内外比赛或运动会期间最为合适，因此，在旅游市场开发过程中，绝不能错过这一良机，时间一旦错过，市场会随之消失。利用奥运会提供旅游产品而大发其财的外国旅游企业早已为我们提供了宝贵的经验。1984 年初，南斯拉夫冬季奥运会使该国在经济上受益匪浅，南斯拉夫巧妙地把旅游和体育结合起来，结果是：通过这届冬季奥运会使萨拉热窝成为第一流的冬季体育旅游中心；1984 年，洛杉矶奥运会收入达 10 亿美元，其中 1/3 是旅游企业赚得的。这些例子都说明，时间因素对于开发体育旅游市场的重要性。

7.1.4　我国体育旅游市场的功能分析

体育旅游市场的功能是指它对体育旅游产品的供给和需求所发挥的作用，其主要表现为以下三个方面。

1. 为体育旅游产品的交易提供条件

如前所述，体育旅游产品的交易是一种无形产品交易，体育旅游需求者要购买体育旅游供给者生产的体育旅游产品，或者体育旅游供给者要将其生产的体育旅游产品销售给旅游产品需求者，主要是通过各种体育旅游市场中介，即各类旅游中间商和各种广告媒体，因此，它们是促成体育旅游产品进行交易的必要条件。

2. 为体育旅游产品的供给与需求提供市场信息

在市场经济条件下，体育旅游产品的供给者生产什么样的体育旅游产品，以及生产多少体育旅游产品都必须以体育旅游市场的需求为依据（即以需定产），否则，生产的体育旅游产品就会在销售上遇到困难，甚至销售不出去。体育旅游产品供给者在经济上就要受到很大损失。体育旅游市场是体育旅游供给者获取体育旅游需求信息的主要来源。同样，体育旅游产品需求者要获知体育旅游产品的信息，即市场上有哪些类型的体育旅游产品以及其各自的价格如何，也主要通过体育旅游市场来获取。

3. 为体育旅游产品供求矛盾的协调解决提供调节机制

市场机制是指在市场经济中，市场上直接发生作用的供求、价格、竞争等市场因素互相适应、互相制约、自行调节、自我组织的有机体系。它是市场经济的内在机制，是各市场主体和各类市场要素之间有机联系的客观必然。市场机制主要有供求机制、价格机制和竞争机制三种类型。在市场价格杠杆和竞争的推动下，体育旅游产品供求矛盾由产品供求双方自行调节使之趋于平衡。

7.1.5 体育旅游业目标市场的选择与开拓途径

1. 体育旅游业目标市场的选择

体育旅游市场详细划分揭示了体育旅游业面临的多个市场机会，接着就是要对细分市场进行评估及对细分市场进行选择。

体育旅游目标市场是指体育旅游企业打算进入的细分市场，或准备用其产品和服务来满足一组或几组特定的体育旅游群体。市场详细划分是体育旅游目标市场选择的基础，目标市场的选择是体育旅游市场详细划分的结果。目标市场的选择是体育旅游企业经营管理的重要内容，从体育旅游需求的角度看，体育旅游业要获得最大效益，必须以满足体育旅游者的需求为首要任务。由于体育旅游需求存在着差别，体育旅游企业受资源和企业管理能力的制约，不可能满足所有体育旅游者的需要，因此必须从企业的条件出发，用特定的产品和服务去满足特定旅游者的需求，才能实现企业的经营目标。同时，并非所有的市场机会对体育旅游企业都有吸引力或可把握的，体育旅游企业只有选择吸引力大且能够进入的细分市场作为自己的目标市场，才能充分发挥企业的资源优势并形成市场竞争优势。

（1）体育旅游目标市场选择原则。

①目标市场的可测量性。

目标市场的可测量性是指目标市场所具有的规模、市场的购买能力及市场的未来发展都是可以预测和衡量的。

②目标市场的可进入性。

目标市场的可进入性是指目标市场在经济、政策、资源、文化等方面的限定下是否某一企业能够进入其中。目标市场的进入门槛要符合企业条件和经营的目标，如果进入门槛较高的目标市场，除非能保证从中获取收益，否则就应当放弃。

③目标市场的可盈利性。

企业经营体育旅游的最大目标是获取经济利益。因此，选择的目标市场应保证在较长时间内具有盈利的条件。

（2）体育旅游目标市场选择的策略。

目标市场的选择策略通常有：无差异市场策略、差异性市场策略、集中式市场策略。

①无差异市场策略。

无差异市场策略是把市场看作一个大目标市场，不进行细分，用一种产品、单一的市场营销组合去满足整个市场。体育旅游企业采用无差异市场策略，不需要对市场进行研究，故其优势在于成本较低。一般来讲，无差异市场策略使体育旅游企业向市场提供标准化的产品，可大大降低产品开发、营销、市场调研等各项费用，有利于企业形成规模经济。但是这种策略也具有很大的局限性，在体育旅游者需求越来越多样化的今天，通过一种产品去满足所有的消费者非常困难。

②差异性市场策略。

差异性市场策略是把整个市场划分为多个需求量大致相同的细分市场，然后根据企业自身的条件，分别为各个细分市场策划不同的体育旅游产品、制定不同的营销策略。采用差异性市场策略通常能够取得较好的营销绩效，由于它是有针对性地满足不同特征的顾客群，对体育旅游企业扩大市场占有率非常有利。但是这种策略由于产品品种、销售渠道、营销手段等会增加各种经营成本。

③集中性市场策略。

集中性市场策略是把这个市场划分为多个细分市场后，只选择其中一个或少数细分市场作为目标市场，开发相应的产品、制定合适的营销手段。体育旅游企业采用密集性目标市场策略，由于目标市场的集中，可实行针对性较强的经营方案，这不仅能提高产品的市场形象和市场占有率，还有利于降低产品的经营成本。但集中式市场策略的经营风险较大。

2. 我国体育旅游市场的开拓途径

体育旅游市场是整个体育运动市场的重要组成部分，它是随着体育运动的发展并逐步走向市场化而产生与发展的。因此，体育旅游产业的发展不能脱离和超越体育运动这一主体产业的发展。国家对体育的投资和社会筹集的体育资金首先要保证主体产业发展，集中必要的人力、物力和财力满足主体产业发展的需要，而体育旅游产业的发展要在旅游资源丰富、配套设施相当完备、商业价值较高、发展体育旅游利益显著的地方，才能适度地发展。开拓体育旅游市场要同国家的体育事业和旅游事业紧密地结合起来，以国家现有的旅游景点为基础，充分发挥国家的自然资源、人文资源的优势，制定体育旅游发展规划。制定规划要以市场经济为基础，将体育旅游纳入国家的整个旅游计划之中，建立全国统一的旅游市场体系。在全国统一规划下，根据体育运动的发展水平和地理环境，积极筹集资金，开发新的体育旅游景点。新开发的景点要具有特色，能够吸引游客。我国发展体育旅游的途径有以下几个方面。

（1）做好体育旅游业的市场营销。

体育旅游市场营销是指以旅游消费需求为导向，通过分析、计划、执行、反馈和控制的过程，协调各种旅游经济活动，从而实现提供有效产品和服务的目标，实现经济利益和社会目标。体育旅游市场营销是发展旅游事业的重要手段。获得经济效益的重要环节，体育旅游市场营销对我国旅游事业的发展有着重要的意义。

我国体育旅游产业市场营销的现状分析。价格对体育旅游市场起着直接、明显的作用，它使众多体育旅游企业普遍采取降低价格的竞争手段。从表面上看，企业通过降价仍可以赚取利润，但如果长期实行这种价格折扣的营销战略，最终会影响到体育旅游企业的产品形象，降低企业自身的盈利能力。体育旅游产品包括有形产品、核心产品和附加产品三个内容，这三个内容是一个整体。在现代体育旅游市场营销中，要真正做到以顾客为上帝，并为其提供满意的服务。除了满足旅游消费者物质及生理上的各种需求，还要最大限度地满足其精神和心理上的需求。

要做好体育旅游市场营销工作，首先要了解体育旅游市场营销中存在的问题。首先，过于追求短期销售目标。体育旅游市场营销计划停留在初级阶段，缺乏系统的、完整的、长期的营销战略。针对体育旅游的战略实施规划、成本利润控制规划、产品开发规划、价格规划以及销售规划尚不完善，而在短期销售目标完成、经营规模扩大上关注过多，不利于企业的长远发展。其次，法治意识淡薄。冒用其他旅游企业品牌、提供虚假旅游服务信息、诋毁其他旅游企业声誉等不正当手段都显示了体育旅游市场中的法治意识的淡薄。从长远来看，依法办事是保护旅游企业和旅游消费者双方合法权益的必然选择。为眼前利益而置国家的法律法规于不顾，最终会使双方受损，并且会破坏旅游企业的对外形象，严重阻碍我国旅游业的健康发展。最后，忽视旅游形象。营销的主要目的就是充分提炼出体现当地特色和吸引力的旅游形象，并通过各种营销手段、广告宣传、媒体等有效传播途径向目标消费群展示。国内大多数体育旅游企业在极力展示自身的鲜明特色时，对整体旅游形象的塑造不够突显，没有打造出富有鲜明特色的旅游形象，内容形式上创新不足。

根据体育旅游市场营销中存在的问题，体育旅游产业市场营销工作应从以下六方面着手。

①加大宣传力度。

开发出的体育旅游项目和产品要得到推广，必须使其具有一定的社会知名度，即根据目标市场，选择影响大的杂志、发行广的报刊、收视率高的电视台或访问量大的网站等告知公众，提高其在公众中的知名度。

②建立行业协会，制定价格标准。

要使各个旅游公司都能在规定的价格范围内进行有序竞争，对违反价格规定的旅游公司，行业协会应当给予相应的制裁。协会成员应当预先缴纳价格保证金，存到行业协会，当协会中的某个公司出现问题时，协会立刻扣罚该公司，同时取消其协会成员资格，协会成员单位不许同其协作。

③提高售后服务水平。

售后服务在日常消费中占据重要地位，当同等质量产品摆在消费者面前时，消费者会选择售后体系更完善、更有保障的产品。产品质量和售后服务工作的进步将大大提升企业形象和市场竞争力。

④进行联合促销。

体育产业与旅游行业相互交融、相互渗透，将具有特色互补、功能互补的体育旅游企业和其他旅游企业组建为一体，共同开发新的旅游产品，联合促销。体育旅游企业之间、体育旅游企业与一般旅游企业之间应该协同配合，共同建立和完善体育旅游中介，为实现产业经济的相互驱动创造条件。

⑤建立长期发展规划。

在制定体育旅游市场营销策略时，要能够密切掌控市场发展变化的趋势，有针对性地制定适合企业发展的中、长期发展规划。根据旅游者消费心理，深入挖掘潜力，不断推出一系列有创意、有经济效益的营销策略，开掘新渠道，增加旅游公司的收益。

⑥提升体育旅游整体形象。

塑造突出的体育旅游整体形象，结合地方特色加大体育旅游吸引力。体育旅游要想获得长久的优势，必须树立以体育旅游者为中心的观念，与体育旅游者建立良好的关系，为他们提供高品质的服务；要增强体育旅游的可持续发展意识，应围绕"生态旅游"的主题实行"绿色开发"，即在开发时防止建设性破坏，保持资源与生态环境的和谐统一。

（2）积极开发国际体育旅游市场。

我国的旅游景点和名胜古迹世界闻名，体育文化在世界体育文化中占有一席之地，因此，在开发体育旅游市场的过程中，向世界广泛地宣传我国著名的旅游景点、体育文化、风土民情、民族习惯等是十分必要的。根据我国现实的经济条件，讲求经济效益，争取举办更多的世界性比赛，扩大同各国、各地区的交往；同时，还要根据对外的传统联系和项目特点，适当开展定方向、定项目的对外体育旅游活动，以吸引更多的国外体育旅游者来我国旅游观光。

国际体育旅游是高标准的消费行为，所以，在体育旅游景点要修建高于本国生活水平的各种旅游设施，包括现代化的宾馆、机场、高速公路、现代化的体育设施和游乐场所。

（3）积极培训体育旅游从业人员。

从事体育旅游工作的人员要有较高的综合素质，不仅要具备较高的外语水平和科学文化知识，而且要有良好的职业道德和献身精神，同时还要有一定的体育专业知识。除此之外，由于旅游服务人员经常接触外宾和富商，因此，体育旅游服务人员还必须有较高的思想政治素质，能够自觉地坚持四项基本原则，有抵制资产阶级思想腐蚀的能力。

（4）充分发挥各种经济杠杆作用。

经济杠杆是国家对经济活动实行宏观调控的价值形式和工具。运用经济杠杆调节经济行为，就是自觉地利用价值规律。体育旅游既然是一种经营行为，其在经营活动中就必须遵循价值规律。根据供求关系制定合理的价格标准，防止乱收费、乱涨价现象的出现，这是开发体育旅游市场中必须注意的问题。特别是在涉外体育旅游中，更应严格把控，因为它既关系到我国的国际形象，也关系到这一市场的信誉和长期利益，不能因只顾眼前利益而漫天要价，断绝后路。同时，国家有关部门要根据市场供求关系制定出发展国家体育旅游的中期、长期规划。

7.2 我国高端体育旅游的概念、分类与特点

7.2.1 高端体育旅游的概念

从经济学的视角来看，高端体育旅游就是那些具有最高需求收入弹

性的体育旅游产品，即它是指那些随着收入的增加，消费需求迅速扩大的非生活必需品。由于高端体育旅游者对体育运动具有非同一般的偏好，所以，以获取效用最大化为目的的体育旅游者在有机会购买高端体育旅游产品时，会变得更加喜好风险而非厌恶风险，其边际效用不仅不会减小，反而会增大。结果出现了希望享受高端生活的体育旅游爱好者在收入水平提高以后就会不断增加其对高端体育旅游产品的消费。

从心理学的视角来看，高端体育旅游则是那些能够带给人们强烈愉悦感受的体育旅游产品。1943 年，美国著名心理学家亚伯拉罕·马斯洛在其《人类动机的理论》一书中将人们的心理需求划分为五个层次，从最低的生理需求到安全需求、社交需求、尊重需求，最后到最高层次的自我实现需求。在马斯洛的这种层次需求论中，高端体育旅游显然属于社会上某些特定消费群体的高层次需求。

高端体育旅游的概念可以界定为：高端体育旅游是相对于传统的"大众"体育旅游而言的、社会上许多中上层人士所热衷的、以高端体育活动为旅游吸引物、能够为参与者带来"畅爽"体验的一种"小众"旅游活动，是体育旅游发展到一定阶段的必然产物；同时，它又是建立在高消费基础上的一种高品质、高品格和个性化的特殊体育旅游形式。高端体育旅游活动内容主要包括高尔夫旅游、滑翔和热气球类航空类体育旅游、滑雪旅游、狩猎探险类体育旅游、游艇旅游、高端体育节事类旅游等。

高端体育旅游的基本属性如下：

（1）高端体育旅游是一种以高端体育活动为主题的旅游方式。在这种旅游方式中，旅游者可以时刻感受到高端体育的元素。他们或者为了醉心观赏高端体育赛事或者会展而进行旅游活动，或者以积极、主动的热情参与自己所钟爱的高端体育活动过程。

（2）高端体育旅游是非常高端的休闲方式，或者说，其本身就是一种高端休闲活动。无论是在蔚蓝的天空中翱翔，还是在浩瀚的海洋中逐浪，抑或是在绿草如茵的高尔夫球场中切磋、竞技，人们的身心都可得到陶冶，获得的体验也都终生难忘。

（3）高端体育旅游是一种特殊的、高品质、高价格的旅游方式，同时也是一种有别于一般体育旅游的旅游活动。从表面上来看，一般体育旅游是一种比较大众化的旅游方式，而高端体育旅游则突出它的"小众"特质，它是社会上少数人所独有的一种权利。高端体育旅游者对于体育旅游产品的需求既体现在体验性、时尚性方面，又体现在追求活动过程的变化性和创新性等方面，从而使高端体育旅游成为具有高素质、个性化和特色化的体育旅游产品和风格高雅、个性凸显的休闲方式。

从本质上来讲，高端体育旅游是随着体育旅游市场的不断细分和成熟，为满足时尚体育旅游消费者追求"畅爽"的最佳体验这一需求，由旅游企业所推出的"高精尖"的体育旅游产品。尽管高收入、高消费为创造高品质、个性化的体育旅游特色产品奠定了经济基础，但高端体育旅游产品并不简单等同于高消费产品，更不等于奢侈、浪费。在高端体育旅游活动中，高素质的体育旅游者，高资质的旅游企业，高品位和个性化的体育旅游产品，以及高质量的体育生态环境和体育人文旅游资源等要素，缺一不可。

7.2.2　高端体育旅游的分类

1. 按参与程度划分

以高端体育旅游者对体育活动的参与程度为标准，高端体育旅游可以划分如下。

（1）高端休闲体育旅游。

高端休闲体育旅游主要包括高尔夫球旅游、观赏世界顶级体育赛事等旅游。在高尔夫旅游中，尽管人们也在活动中进行技术较量，但更多的是一种技艺的切磋和情感的沟通与交流，具有更多的社交、休闲色彩，因而人们普遍认为高尔夫球旅游是一种高端休闲体育旅游。观赏世界顶级体育赛事之类的旅游，其主要目的是通过观赏精彩绝伦的运动场面而暂时忘却生活或者工作中的烦恼或者压力，因此，它是借助于"出世"这种意境而进行的一种高端休闲活动。

（2）高端体验体育旅游。

高端体验体育旅游如探险旅游、速降旅游、滑雪旅游、狩猎旅游、滑翔旅游、跳伞旅游等。这类高端体育旅游通过向消费者提供良好的运动的条件或者机会，突出运动的参与性，以此来满足其求新、求异、求险等体验目的，是非常重要的高端体育旅游产品。调查发现，这类产品在不同的地区和不同的季节均有不同的产品分布。从国际上来看，目前相对成熟的高端体育旅游产品项目在欧洲、美洲、大洋洲及亚洲等地区均有不同程度的分布。在我国的分布状况则是：以东北地区为代表的冰雪运动旅游，以海南、广东、浙江、山东等为代表的水上运动旅游，以西南、西北等地区为代表的狩猎探险旅游，以海南、珠三角、长三角、京津等地为代表的高尔夫旅游，以重庆、湖南、河南、山东等为代表的航空体育旅游。

（3）混合类高端体育旅游。

混合类高端体育旅游主要包括高端修学体育旅游。这类高端体育旅游的目的是去学习某项运动技能。例如，在英国，每年都有许多人前往Soinhwater 水上俱乐部（Southwater Watersport）进行修学旅游，尽情享受高端体育修学旅游的快乐假期。在我国北京大学开办的高尔夫球培训班亦是如此。旅游者不仅在练习场上学习打球技巧，还要在有住宿设施并配有专业人员的高尔夫酒店学习礼仪等内容。在整个培训期间，既有令人终生难忘的参与运动的经历和体验，又有在高档酒店等优雅场所的休闲感受。

当然，对高端体育旅游进行的分类还有其他方式。例如，依照高端体育旅游的客体性质可以划分为自然探险游和体育健身旅游等。依照出游的地域则可将其划分为境内高端体育旅游和境外高端体育旅游。如果依照出游结伴的形式则可将其划分为个人游和集体游。

需要指出的是，以上这些划分方式尽管依据不同，但各种分类在具体内容上还是有些重叠或者交叉。但这并不会影响我们对高端体育旅游活动的正确认识。相反，这样还会增加我们对高端体育旅游活动的理解程度，并从不同的侧面更好地分析它、研究它。

2. 按参与目的划分

依据人们参与高端体育旅游活动的目的，可将高端体育旅游分为七类：

（1）高端休闲类体育旅游，如因打高尔夫球而产生的旅游活动等。

（2）高端野战类休育旅游，如狩猎旅游、滑翔旅游、跳伞旅游等。

（3）高端刺激类体育旅游，如滑雪、潜水、探险、帆船、速降、摩托艇等旅游活动。

（4）高端体育节事类旅游，如因参加中国航空体育旅游节、中国国际体育旅游节、高尔夫大赛、观赏 F1 大赛等产生的旅游活动。

（5）高端竞技类体育旅游，如因参加 F1 大赛、高尔夫精英大赛等而产生的旅游活动。

（6）高端观赏类体育旅游，如因观看世界顶级高尔夫赛事、奥林匹克运动会等而产生的旅游活动。

（7）高端修学类体育旅游，如因参加航空运动培训班、高尔夫球培训班、水上游艇运动培训班等而产生的旅游活动。

7.2.3　高端体育旅游的特点

1. 高端体育旅游消费动机的特点

（1）追求高端商品，体现自身品位。

自从高端体育旅游诞生以来，人们对它的看法就千差万别，莫衷一是。时至今日，对于高端体育旅游的"值与不值"的争论依然不绝于耳。人们关注的重点就是相对大众体育旅游产品而言高端体育旅游产品的超高价格。但如果深入剖析，我们就不难发现，高端体育旅游商品的价值与其极高的价格是相匹配的。当你看到高端体育旅游产品被旅游企业精心的设计、规划，从而使其能够满足人们的个性特征和体验需求时，就会理解高端体育旅游产品价格不菲的缘由。当然，提供高端体育旅游产品的商家的目标定位各不相同。为了生产和销售，他们还必须选择合适的目标客户群并与之进行精确到位的小众沟通。这就避免了高端体育旅游产品的同质化，使高端体育旅游产品能够更好地迎合社会上某些人的高端需求。

不可否认，在中国，有许多暴发户将大量金钱砸向高端体育旅游。但他们并不是本文中所指的高端体育旅游消费者。因为他们秉承的生活理念是"只买贵的，不买对的"。他们追求的仅仅是奢靡与炫耀，并不能真正体会高端体育旅游所蕴含的诸多意味。高端体育旅游产品的理想消费者是那些能够充分了解体育旅游产品所具有的深厚体育文化底蕴、体验产品的精湛品质，以及它所蕴含的独特体验感受、具有满足自我实现需要的高素质人群。唯有如此，高端体育旅游产品才能真正体现出其卓尔不群的"高端"特质。

（2）创造旅游时尚、引领生活潮流。

高端体育旅游活动能够获得许多高端人士青睐的重要原因之一，来自旅游企业对体育旅游市场的科学前瞻以及对社会中上层人士消费心理的精准把握。在高端体育旅游活动中，消费者时刻能够感受到那些融入其中的高端运动元素和时尚的生活意蕴。这种引领价值极大地满足了某些体育旅游爱好者的心理诉求和消费需求，并使之对高端体育旅游产品趋之若鹜。实际上，高端体育旅游产品自其产生以来，就以其特有的行业领袖地位，被旅游企业依照自己的设计理念，为社会创造着旅游时尚、并引领生活潮流。就从根本上来讲，高端体育旅游产品对时尚的引领性，与其说它是旅游企业通过敏锐地捕捉社会潮流而向社会中上层人士提供的一种新潮的体育旅游产品，倒不如说是生活时尚对它的顶礼膜拜。因为高端体育旅游产品从一开始便具备了自我导向和自我取悦的特性，这种特性转而成为高端体育旅游炫耀其独特性的社会导向标识，并进而确立了高端体育旅游产品在业内的引领价值。这样，洋溢着运动、刺激和挑战气息，以及注重个人风格、凸显畅爽体验感受的高端体育旅游，便深深打动了我国近些年来迅速崛起、并不断壮大的中上阶层人士。

（3）展示成功形象，突出个人地位。

从实质上来看，高端体育旅游具有超出一般大众体育旅游休闲价值的"象征价值"，是部分旅游者炫耀财富、身份地位和生活方式的象征符号。在商品社会里，财富的多少是衡量个人生活和事业成功与否的重要指标之一。人们在财富迅速增加的同时，不仅要提高自己的生活质量，还急于展示自己的身份和地位。社会新贵们更加热衷于通过参与高端体育旅游之类的活动等行为来显示自己的经济实力和提升自身的社会地位，在满足自己体验需求的同时，还可维系和拓展个人生存与事业发展的关系网络。由于高端体育旅游具有非常明显的宣示作用，能比其他高端产品的消费活动更好地满足人们的地位、身份以及权力等方面的象征要求，因此，高端体育旅游产品的这种象征价值，成为许多高端人士对其青睐有加的充足理由。

（4）追求人文关怀，彰显独特个性。

高端体育旅游产品之所以具有高于一般体育旅游产品数倍乃至数十倍的销售价格，是因为同时它还蕴含着极高的人文价值。高端体育旅游产品的价值不仅仅在于由旅游资源和体育元素构成的产品本身，更重要的是它所代表的品牌理念、精神诉求和体育人文内涵。虽然每一个高端体育旅游产品都以各自的方式凸显自己的体育人文价值，但是从高端体育旅游产品的整体表现而言，可以归纳出一些共性，即高端体育旅游产品都向消费者传达了运动、活力、快乐、交流、友谊，或者协作之类的高尚、健康的生活理念。高端体育旅游产品通过提出瞄准时代需求的口号——"崇尚个性"来帮助消费者表现自己独树一帜的个人风格，实现他们被社会认同和羡慕的心理追求；通过营造至高无上的尊贵感和时尚感，使之成为体育旅游行业的标杆或典范。它以倡导新的生活方式为己任，将精彩纷呈的体育运动与美好的自然环境以及不断创新的高新科技相融合，通过最优质的全程服务，让人们在高端体育旅游活动中不仅消除了工作压力和生活疲惫，而且受到了文化熏陶，提升了文化品位，极大地丰富了人生阅历。

2. 高端体育旅游的消费价格较高

对于需求价格敏感度较高的一般收入群体而言，旅游企业在开发体育旅游产品时首要考虑的是价格因素，并且倾向于制定消费者能接受的价格来扩大该类产品的市场需求；而对于产品价格敏感度非常低的高收入群体而言，旅游企业在开发高端体育旅游产品的过程中考虑更多的则是产品的质量等因素，从而希望能够开发出具有高档次、高品质的个性化体育旅游产品来吸引或留住顾客。这样，在供需双方的共同驱动下，高端体育旅游产品价格的奇高也就成为一种必然。

3. 高端体育旅游的消费主体小众化

高端体育旅游产品的市场定位和服务理念，决定了它是在对设计成本不刻意限制的情况下小批量生产的一种产品。高端体育旅游产品所具有的非常突出的高贵品位，致使它在众多体育旅游产品中处于鹤立鸡群。通过参与高端体育旅游活动，人们在感受尊贵的同时，还可极力追求高端体育旅游产品所蕴含的各种高端品质和积极向上的体育文化内涵，进而获得一种独特的畅爽体验和高尚的精神享受。这样，真正的高端体育旅游消费者，往往就成为那些具有较高的生活品位和较强的专业技术素质，并具有多次参加高端体育旅游活动的经历和经常参加高端体育旅游活动的能力的少数群体。

4. 高端体育旅游产品更新较快

高端体育旅游产品的更新速度较快。一方面，高端体育旅游产品随着时空的不断变化而处于一个不断的演变过程之中。随着社会经济水平的不断提高，昨天的高端体育旅游对今天的一部分人来讲可能就会变成一种生活必需品；而今天的高端体育旅游到明天就有可能成为另外一部分人的生活必需品。另一方面，对于每个社会个体而言，由于其性格、年龄、收入水平、教育层次、文化背景等的各不相同，对于高端体育旅游的理解显然也是迥然有异的。即使是同一个人，其对高端体育旅游的理解也会随着年龄的不同阶段而发生变化，其消费高端体育旅游产品的欲望也会发生改变。正是体育旅游消费者欲望及相关信念得到满足后激发出的深层品质改进或体验要求，促成了高端体育旅游产品的动态变化和升级、演进。

7.3　我国城市居民高端体育旅游消费及资源开发策略研究

7.3.1　我国高端体育旅游消费和资源开发的现状

我国高端体育旅游消费起步较晚，但是发展速度却十分惊人。目前一些高端体育旅游项目已经为国内人士所熟知。2014 年，国家体育总局会同内蒙古地方政府共同组办首届中国阿拉善地区越野挑战赛，国内参赛者报名踊跃。2015 年河北北戴河依托自己丰富的旅游资源，提出打造北戴河国际高端旅游产业的战略，让高端旅游产业成为推进北戴河乃至整个秦皇岛地区经济发展的全新动力。其他地方政府也积极进行高端体育旅游产业的开发，如近几年遍及各地的高尔夫球场地等。总体上看，我国当前高端体育旅游产业的发展正处于加速上行的时期。但是，当前我国高端体育旅游消费毕竟还是属于小众消费，还没有真正走向普通群体。我国在发展高端体育旅游消费市场的过程中，由于缺乏必要的

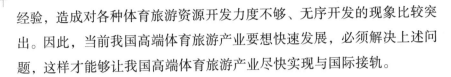

经验，造成对各种体育旅游资源开发力度不够、无序开发的现象比较突出。因此，当前我国高端体育旅游产业要想快速发展，必须解决上述问题，这样才能够让我国高端体育旅游产业尽快实现与国际接轨。

7.3.2 高端体育旅游市场开发中存在的突出问题

1. 消费群体的"小众性"限制了高端体育旅游市场的发展

高端体育旅游消费，顾名思义是比传统体育消费质量更高的消费类型。因为高端体育消费需要更高质量的体育旅游设施，各种成本开支较大。这就造成从事高端体育旅游消费的人员多是国内高收入群体。我国改革开放40多年，虽然国民收入增加很快，但是高收入群体毕竟只占整个国民群体的一小部分。2014年，网络统计数据显示，目前国内从事高端体育旅游的人员仅有数百万人。虽然人数较以往有了明显增加，但是总数还是占比较小。因此，开展高端体育旅游消费天然存在消费群体不足的困难。以高尔夫运动为例，一次消费往往达到上千元，甚至更高。再以2014年首届中国阿拉善地区越野挑战赛为例，仅购买参赛的车辆就需要数十万元甚至数百万元的支出，这大大超过普通收入群体的承受能力。总体上看，我国高端体育旅游消费的群体相对比较狭窄，有学者把这种消费群体形象地称为高端"小众消费群体"。

2. 为立足当地旅游资源特点，盲目建设屡见不鲜

高端体育旅游消费由于投资回报丰厚，因此各地政府纷纷投资高端旅游消费市场。过去10年尤其是近3年以来，我国高端体育旅游消费市场日益扩大。但是，当前我国高端体育旅游消费市场的发展却呈现一片乱象。最典型的代表就是很多地方政府在发展高端体育旅游消费中，并没有充分立足当地旅游资源特点，出现低水平重复建设的现象。有的地方不具备高端体育旅游的市场基础，也投入巨资进行建设。这本身就是一种盲目投资的行为，不但带来当地财政资金的浪费，同时也不利于地方旅游产业的良性发展。2010 年，陕西某地方政府看到高尔夫球运动的高利润，投入数亿资金建设国内高标准的高尔夫球运动场地。为了推进这一高端体育旅游项目的完成，当地政府甚至暂停原有地方特色的高山旅游项目。但是，该项目建成后却并没有给当地带来丰厚的收益，相反让地方政府背上沉重的财政负担。2013 年，该项目投入使用一年之后被迫放弃，原有高尔夫球运动场地成为当地居民放牧的场所。这种匆忙上马、重复建设的做法在我国各地屡见不鲜。

3. 投资大、回收周期长，成为制约高端体育消费市场发展的短板

有些地方虽然存在丰富的高端体育旅游资源，但是由于投入资金巨大，地方政府财政有限，造成该旅游资源并没有得到有效的开发。黑龙江省发展冬季冰雪旅游的资源非常丰富，一些地方具备发展冰雪类高端体育旅游的强大资源优势。但是受限于当地落后的交通设施，造成这些体育旅游资源并没有得到充分的挖掘。一些丰富的高端冰雪旅游资源被长期深藏于高山峻岭之中。即便是解决交通设施问题，但是后续投资高端体育旅游又是一笔庞大的投资，单靠地方政府自己筹集是一件很困难的事情。有些地方虽然依托自己的旅游资源，开发了一些高端体育旅游项目，但是这些旅游项目真正收回投资是一件很漫长的事情，如有的地方高端旅游项目成本回收需要十几年甚至更长的时间，这还不包括各种维护费用。因此，从我国当前高端体育旅游市场发展看，资大、回收周期长，已经成为制约高端体育消费市场发展的短板。

7.3.3　我国城市居民高端体育旅游消费与资源开发的策略分析

1. 对高端体育旅游资源进行科学的开发规划

高端体育旅游资源是高端体育旅游产业发展的物质基础，决定着高

端体育旅游业的发展的具体途径，制约着高端体育旅游产业的经济规模。大量事实证明，高端体育旅游资源的空间分布对体育旅游产业竞争力的布局有着深刻的影响。基于此，政府有关部门应当根据当地高端体育旅游资源的类型、数量、质量、特点及其分布规律，确定区域高端体育旅游业的发展方向和发展重点，并以此为根据制定出科学的、合乎实际的高端体育旅游业空间布局政策，科学开发相关资源，实现优化配置。

然而，考察我国的实际情况可以发现，由于高端体育旅游资源禀赋具有"空间异质性"（即由于高端体育旅游资源分布的不均匀所导致的各地资源禀赋的差异），不同的地区必须采取不同的开发措施。特别是高端体育旅游资源非优区，在高端体育旅游者消费需求多元化以及高端体育旅游业发展"脱物化"的情况下，必须通过多维度的发展策略来打破高端体育旅游产业必须依赖自然旅游资源的单一发展模式，突破高端体育旅游业发展过程中的资源约束，利用当地经济优势、文化优势或区位优势，"创造"一些高端人文体育旅游产品（如开发高端体育会展旅游、高端体育节事旅游等高端人文体育旅游资源）。只有这样，我们才能破解高端体育旅游资源短缺与高端体育旅游产业快速发展之间存在的困境，让高端体育旅游活动在新的维度和空间中得到发展和提升，丰富高端体育旅游产品的种类，实现高端体育旅游业的可持续发展。为了实现上述目标，相关政府部门应当在对高端体育旅游产业竞争力优劣势进行客观分析的基础上，要因地制宜、对症下药，制定科学可行的高端体育旅游产业发展政策和资源开发规划，从而为市场提供具有地方比较优势的高端体育旅游产品，最终实现高端体育旅游产业竞争力水平的不断提高。

具体来讲，东部沿海地区要组织好旅游资源、资金到高端体育旅游产品的转换过程，努力提高高端体育旅游产品的竞争能力；而中西部地区则应利用国家实施中部崛起发展战略和中西部大开发发展战略的良好机遇，积极吸引外部资金，建立和完善高端体育旅游产业体系，使高端体育旅游竞争力的基础要素无论在数量上还是在质量上都有所提高，以此带动中西部高端体育旅游产业规模的扩张和竞争优势的增强，让高端体育旅游的发展成为体育旅游产业的新引擎。当然，在分析资源要素条件、市场条件及其他经济社会条件的差异的基础上，相关政府部门还必须正确认识地区间合理分工与协作的必要性，在打破地方条块分割的同时，积极拓展地区间的横向联合，实行资源要素互补、优势互补和专业化协作，促使区域高端体育旅游生产力要素的流动与整合的高效化和合理化，为高端体育旅游产业的发展奠定了良好的基础。

　　以沂蒙山地区为例，岱崮地貌作为优势性体育旅游资源，具有打造高端体育旅游目的地的潜能。高端体育旅游不但是体育旅游的产业升级，更多的是代表着一种高质量的发展，"高端"表面上看是体育旅游项目的新颖与高级，实则是背后对自然资源的深度利用。原始的粗放型资源开发方式已经为工业的发展敲响警钟，作为已经不再是新兴产业的体育旅游业，必须吸取工业发展的教训，对赖以生存的资源进行深耕细作，打造高端就是对优势资源的最大的负责，反之优势资源只有在高端产品下才能产出其应有的价值。沂蒙山地区体育旅游资源的开发本身就处在初级阶段，再走从初级到高级，由高级到高端的老路，势必会在体育旅游这股浪潮中被淘汰。只有以打造高端体育旅游目的地为目标，才能够高起点、高标准规划体育旅游资源开发项目。

2. 科学制定体育旅游产业发展政策

　　由于经济发展水平的不同及高端体育旅游自然资源禀赋的差异，致使我国各地区之间高端体育旅游产业的发展潜力和竞争力千差万别，其发展水平或者形态也大不相同。根据高端体育旅游的发展状况和水平，将我国的不同地区划分为三个类型，即综合潜力领先型地区（如北京、上海、广东、海南等省市）、综合潜力积累型地区（如福建、山东及部分中部省份）、综合潜力提升型地区（如我国大部分西部地区）。从系统论的角度出发，区域高端体育旅游产业所具有的潜力与竞争力是一个复杂的混沌系统，其众多的要素和条件子系统以不同的方式存在，共同整合成为区域高端体育旅游的竞争优势。因此，当我们审视一个地区的高端体育旅游产业的发展潜力与竞争力时，必须跳出高端体育旅游的小圈子，以更为宏大的视野来判定区域高端体育旅游产业生成和竞争力获得的内在机制，客观、全面地理解评判我国各地高端体育旅游产业潜力与竞争力，然后在此基础上，科学制定出各自的产业发展政策。基于这样一种认识，我国高端体育旅游的三个不同发展类型地区应该制定不同的发展对策。

第一，对处于高端体育旅游产业综合潜力领先型的地区，相关部门应该进一步注重产业环境的制度建设与相关政策的配套，进一步发挥市场机制的调节作用。同时，注重提高产业的集群效应和创新能力，深挖产业的成长潜力，并通过扩大高端体育旅游的入境游规模来增强高端体育旅游整体产业的市场扩张潜力。近年来北京市发展高端体育旅游的相关措施的不断出台，刺激了人们的高端体育旅游消费，明显促进了高端体育旅游产业的发展。这对其他类似地区来讲，无疑是一个良好的榜样。

第二，对于高端体育旅游产业综合潜力积累型的地区来说，它们的总体潜力水平较领先型地区有一定的差距，其高端体育旅游产业各方面发展都较为平衡，但整体优势不足，均排在全国中游或中上游水平，处于潜力的积累阶段。但仔细考察可以发现，就同一省份某些具体的高端体育旅游活动而言，其发展同样存在着不均衡性，即在某一方面有较明显优势，其他方面却相对较弱。因此，这些地区的高端体育旅游产业都已经具备了一定的发展基础和优势环节，当务之急是根据自身情况扬长避短、制定更加科学、可行的政策，向着更高的目标迈进。山东省青岛市开发区发展高端体育旅游产业的科学规划、福建省打造厦门"乐活"国际体育生态岛和平潭滨海运动休闲度假岛等发展高端体育旅游中所取得的一些成效，都足以说明因地制宜、合理布局，是高端体育旅游产业健康发展的重要保证。

第三，对于高端体育旅游产业综合潜力提升型的地区来讲，尽管它们在某些自然资源的禀赋上存在着比较优势，由于资金和人才储备以及市场需求都存在严重的不足，致使这些地区的内在成长潜力、市场扩张潜力和可持续发展潜力等都处于不利地位，高端体育旅游产业综合发展后劲不足。具体来讲，虽然这些地区高端体育旅游资源大多具有一定的优势基础，但其产业的成长性、第三产业和服务业发展程度、经济发展程度和社会开放度、制度支持、基础支撑、自身区位的可进入性以及市场供给和需求动力等方面都严重地制约了这一优势的发挥（如我国的新疆、青海、贵州等地区）。因此，这些地区需要立足于自身的资源基础，制定积极的相关政策，着力建设和完善高端体育旅游产业的基础要素，为其高端体育旅游产业的快速发展打下良好、坚实的基础。

3. 选择正确的高端体育旅游发展新模式

高端体育旅游的发展模式关系到高端体育旅游产业能否与大众体育旅游或大众旅游产业快速、协调发展的重大问题。在我国高端体育旅游的发展过程中，我们应该明确政府、社会组织以及旅游企业的角色定位，充分发挥这三者各方面的优势，形成以政府为主导、社会组织为协调、旅游企业为主体的三位一体的高端体育旅游发展的新模式。在这种模式中，相关政府部门处于主导地位，扮演着一个主导者的角色，引导、规范着我国高端体育旅游产业的发展方向。众所周知，高端体育旅游产业界限的模糊性和范围的宽泛性，决定了其发展环境的广延性和综合性。高端体育旅游产业的健康发展，离不开一个包含社会、经济、政治等在内的良好环境。这一环境涉及众多的产业、行业、企业和部门，其中既有大量的各种投入与产出，又有各种利益相关者之间利益关系的协调，而这所有的一切并不是任何一个企业或产业所能自行解决的。同时，由于"市场失灵"的存在，特别是目前我国整个旅游市场机制并不健全的条件下，高端体育旅游产业的发展若完全依赖市场、实行市场化运作，显然不利于其持续、健康地发展。

因此，我国高端体育旅游产业的发展，在进一步完善市场机制的同时，必须实施政府主导型的发展战略。当然，作为高端体育旅游产业发展的倡导者和组织者，在高端体育旅游产业发展的初始阶段，政府要充分发挥行政力量，科学配置其掌握的经济资源，为高端体育旅游产业的发展提供强大的物质支援和动力支持，使高端体育旅游迅速形成产业规模，为后续发展奠定雄厚的基础，而作为高端体育旅游产业发展的规范者，在高端体育旅游产业的发展过程中，政府则要借助国家强制力的作用，制定、颁布相关的法规和条例，加强宏观调控，为高端体育旅游产业的发展提供完善的政策与制度支持，促进高端体育旅游业持续健康地发展。在作为高端体育旅游产业发展的监督者时，政府要充分调动、协调社会各方面的力量，制定高端体育旅游宏观发展规划，进行高端体育旅游产业整体形象的宣传与促销，为高端体育旅游产业的发展创造良好的内外部环境。特别是在高端体育旅游资源具有一定优势但整体经济水平不高的地区，制定和实施以政府为核心的高端体育旅游发展战略可以被作为区域经济发展的突破点，对带动区域体育旅游经济的整体发展具有特别重要的意义。

尽管相关政府部门发挥行业发展主导作用有其独特优势，但政府对行业的了解毕竟有限，并且存在官僚化程度高、办事效率低、寻租等弊端。这些都会影响高端体育旅游行业的健康发展。鉴于此，我们就要充分发挥社会组织对高端体育旅游发展的协调作用，凸显社会组织的自律功能。社会组织亦称民间组织，是指除政府部门和以营利为目的的市场部门（企业）之外的组织或部门，包括社会组织或民间协会、志愿团体等。此外，政府的经济职能范围广泛，对高端体育旅游业的关注与帮助只是其职能之一或者是阶段性的职能，而旅游行业协会直接服务于高端体育旅游企业，比政府更了解高端体育旅游的发展状况，因而更能为本行业发展提供优良环境、维护本行业企业的利益。由此可见，充分发挥旅游行业协会等社会组织的协调、自律作用，对于我国以后高端体育旅游的快速发展，不可或缺。

在市场经济下，企业是市场的主体。在高端体育旅游市场发展过程中，旅游企业同样应该扮演市场主体的角色。政府虽然对高端体育旅游的发展起主导作用，但政府只能作为行业的监督者和协调者来规范、指导我国高端体育旅游业的发展，而不能代替旅游企业发挥其在市场中的资源配置功能。政府和行业协会等社会组织只能为企业主体作用的发挥创造更有利的条件。旅游企业的服务质量的提高、高端体育旅游产品的开发、产品结构的优化，以及服务效率的提升等，还必须依靠旅游企业自身积极发挥其在高端体育旅游发展中的主体作用，按照市场经济规律进行各种活动。没有旅游企业的主体作用，我国高端体育旅游就会丧失勃勃生机。

4. 提升高端体育旅游消费水平

（1）树立高端体育旅游市场国际化发展战略，拓宽体育旅游消费群体。

建立高端体育旅游市场国际化发展战略，拓宽旅游消费群体，是未来我国高端体育旅游产业发展中必须重视的工作。让更多国际高端体育旅游爱好者来到我国，这样才能够从根本上解决当前国内高端体育旅游群体"小众化"的现状。考察国外高端体育旅游消费市场的发展方式，基本上成功的高端体育旅游市场无不制定了详尽可行的国际市场开发战略。以美国著名的旅游景点"黄石公园"为例，该公园死亡谷冒险之旅之所以能够成为世界知名的旅游项目，与该公园进行大力的国际化宣传，从而吸引很多国际体育旅游爱好者到来有着密不可分的关系，如该公园已经在全球各大机场、出入境场所设立6000多个宣传站点。2013年，黄石公园共接待游客3200万人次，其中国际游客首次突破1000万人次大关。我国应当充分借鉴美国等西方国家的做法，制定适合本国高端体育旅游市场发展的国际化市场开发战略。

（2）加大民间资本进入高端旅游市场的步伐。

鉴于发展高端体育旅游投资大、回收周期长等缺陷，我国在发展高端体育旅游过程中应当在继续获得地方财政扶持的前提下，更加侧重于多元化融资方式，尤其是让民间资本投资该行业是未来我国发展高端体育旅游消费的必然趋势。国外发展高端体育旅游消费市场的经验已经充分证明引入民间资本进入的重要性，如当前欧美等国家高端旅游市场投入资金的绝大部分都来自社会融资。引入民间资本进入高端体育旅游消费领域，可以减轻政府财政支出的负担。同时，引入民间资本投资高端体育旅游，还可以让更多社会人员关注高端体育旅游市场的发展，为高端体育旅游市场的发展奠定更强的社会舆论氛围。当然，要想引入民间资本进入高端体育旅游投资领域，需要制定相关优惠政策，这样才能够让民间资本放心大胆地进入这一领域。总之，未来我国高端体育旅游市场的发展，仅靠政府财政扶持是远远不够的，需要国家积极引入民间资本进入高端体育旅游消费市场。

（3）制定适合地方的高端体育旅游市场开发策略，杜绝低水平重复建设现象。

我国各个地方在发展高端体育旅游，挖掘体育旅游资源的过程中，应当深入考察地方旅游资源的实际特点，制定适合各地不同体育资源特色的高端体育市场开发方案。在进行高端体育旅游市场开拓过程中，当地政府最好聘请国内外体育旅游专业人士进行宏观蓝图的设计。这样才能够有序合理科学地开发地方高端体育旅游资源。国家旅游主管部门也要制定严格的政策规范各种地方高端体育旅游的开发，对各种低水平重复建设的高端旅游项目应当紧急叫停，严格审批各种高端体育旅游项目。如果发现因为低水平重复建设造成国家财政资金浪费的现象，要追究相关责任单位和人员的责任。我国在发掘高端旅游资源的过程中，也要积极吸收国外高端旅游市场开发中的经验和教训。这样可以让国内高端旅游市场的开发更加有序，并能够尽快实现与国际高端旅游市场的对接。

5. 培养高端体育旅游从业人才，提升其专业素质

高端体育旅游产品的优劣，主要是由高端体育旅游业的服务水平和

管理水平来决定、并通过高端体育旅游消费者的最终体验来评判的。"从业人员整体素质不适应发展要求。旅游就业门槛较低，人才培育与市场需求不完全适应，业内缺乏有利于人才成长的激励竞争机制，从业人员队伍建设成为制约产业发展的薄弱环节。"从产品的构成来看，高端体育旅游业的各项服务是高端体育旅游产品组合的一项重要内容，直接关系到消费者对旅游地形象的直观评估以及他们对整个高端体育旅游产品的综合评价。高端体育旅游产品的开发与经营，离不开专业化、高素质的专业人才。正是这些人才的共同劳动，才使其在产品开发时将不同的体育文化诉求与体育旅游资源巧妙结合在一起成为可能。为了满足我国高端旅游产业的发展和高端旅游市场的需求，我们必须具有战略眼光，高度重视高端体育旅游人才的培养与开发工作。

从我国高端体育旅游活动的实践来看，高端体育旅游人才既包括旅游企业的管理人员、产品规划人员、开发人员、销售人员、导游，也包括运动教练员（运动顾问）和司机等，甚至是政府相关人员、行业协会工作人员及其他服务人员等。我国高端体育旅游方面的人才的培养，仅有教学模式的创新是不够的，我们还必须寻求新的办学模式。相关院校不仅要通过校企联合办学来加强对应用型高端体育旅游人才的培养，我们还要走出去请进来，通过国内外院校或者校企联手，根据市场需求来定向培养高端体育旅游所需的人才。

6. 进行全方位、多层次的宣传推广

在当今信息爆炸时代，每时每刻都有数以万计的各类信息推送到人们面前，只有全方位、多层次的宣传推广高端体育旅游项目，才能够让人们更多更快地了解高端体育旅游。一手抓传统媒体一手抓新兴媒体，两手都要硬。不同的媒体途径有其固定且忠诚度高的受众群体，例如抖音、公众号。微博等新兴媒体的受众群体多为青少年，广播、电视、报刊等传统媒体的受众多为中老年人，尤其是老年人，他们已经逐步成为旅游人群的主力军，而他们对信息接收的局限性，使得他们对信息的接

受具有一定的滞后性，在高端体育旅游推广方面一定要考虑到老年的特殊性，因人施策。除了媒体推介的全方位，还需在推广方式上多层级，确立当地高端体育旅游口号，树立当地体育旅游形象 logo，征集民谣歌曲，民谣《成都》为给成都旅游带来的红利就是最好的证明。无论是口号还是 logo，抑或是歌曲，应简洁明了，主题鲜明的特点能够直抵人心，刺激产生参加体育旅游的消费欲望，促成体育旅游购买行为的实现。

第8章

城市居民体育消费的提升对策

新时代我国居民体育消费行为是在宏观中央全民健身国家战略牵引下，中观地方政府落实、市场响应、社会参与、科技赋能与微观居民社会化与个体化相适应的结果，即全民健身国家战略发挥间接促进效应。立足于促进全民健身与居民体育消费这一关键任务，本章从中央顶层设计牵引、地方政府落实、社会参与、市场响应与居民层面分别提出新时代促进我国居民体育消费行为的路径。

发展和扩大居民体育消费是新时代体育产业高质量发展的重要抓手。"十四五"时期我国体育产业要紧握扩大内需的战略基点，加快实现由投资驱动向消费引领的体育产业动力变革。居民体育消费作为体育产业最终需求形态，其可持续健康发展尤为重要，而我国居民体育消费的需求引领性不足，未能与体育市场供给形成良性的互促联动，体育消费潜力尚未充分释放。《"十四五"体育发展规划》要求体育产品和体育服务供给适应个性化、差异化、品质化消费需求，基本形成消费引领、创新驱动、主体活跃、结构更优的发展格局。而当前我国居民体育消费参与及支出水平较低，不同区域居民体育消费需求呈现结构性特征，传统体育消费市场和体育消费升级持续受到居民总体支出结构、居民传统消费观念以及体育服务和体育产品供给质量的制约。在此背景下，仅靠政府主体行为、体育企业主体等供给端转型与升级则难以实现以上目标及体育产业高质量发展。

8.1　中央顶层设计牵引层面

8.1.1　完善新时代居民体育消费政策体系

中央层面的顶层设计是地方政府政策创新的重要依据。一方面，应通过积累体育消费试点城市建设等工作经验，建立促进一体化融合发展的体育消费政策体系。全民健身繁荣发展为促进居民体育消费行为提供基础保障，但是制约体育消费体制性、制度性的痛点、难点依然存在。如税收方面，国内基础设施投入运营需缴纳相关税收涉及 13 个税（费）种，税率高达 14% 导致税收负担重，以及外加政府财税政策激励性不足，公办与民办享受政府扶持的税费政策相差悬殊等问题，制约了居民体育消费的发展，抑制了居民体育消费行为主动性和积极性。发展体育消费和促进居民体育消费行为需要新的消费制度与之相适应，需建立促进一体化融合发展的体育消费政策体系。如区域政策协同方面，要加强区域体育融合创新和地方体育消费政策协同，坚持体育消费政策协同创新。另一方面，要有序推进"放管服"改革，健全体育消费服务体系。在建立促进一体化融合发展的体育消费政策体系基础上，政府要有序推进"放管服"，营造体育服务融合发展环境和创新模式，推进金融服务体育实体经济和实现金融要素配置"脱虚向实"，积极对接新型体育服务消费市场。

第一，政府要发布体育市场和体育企业产品供给需求机会清单，建立产业信息数据库，提供体育投资优质公共信息服务。

第二，推进已有体育消费政策落地落实，制定市、区（市）县两级的体育消费促进政策措施，加强体育企业与金融机构合作，拓展体育消费信贷业务，实施体育消费优惠政策，健全配套政策措施，培育体育保险市场，引导开发体育保险产品。

第三，将居民体育消费行为促进纳入市、区（市）县两级"十四五"相关规划，继续通过政府购买服务、消费积分奖励、发放消费券等方式引导和促进居民体育消费行为。

第四，规范管理体育市场，稳定体育商品价格。了解程度是反映因素的组成部分，规范管理体育市场，让体育消费市场交易透明化，才能让居民对体育消费品有充分了解。城市居民体育消费价格弹性的研究结果显示，价格弹性绝对值小于1，而体育消费品作为整体上属于享受发展型的消费资料，应富有弹性，说明体育消费品对宁波市城市居民而言，仍有很大的需求增量空间。体育市场是国民经济市场的重要组成部分，体育市场的稳定不仅有关体育产业的长远发展，同样也关乎消费者的利益。首先，规范体育市场管理体制，建立统一高效的监察系统。政府部门需要充分发挥维护市场竞争有序性的经济职能，严格剔除保护既得利益的行政化垄断，完善体育市场发展机制，规范体育市场运行秩序，建立开放、统一的体育市场环境，避免保护主义和垄断主义盛行。其次，强化体育市场管理体制创新，建立良好的体育市场环境。加强对创新型人才的选拔培养，整合人才、技术等关键创新要素，创新管理方法和管理要素，实行科学决策、科学管理，为体育市场管理体制创新提供不竭的动力，完善相应的配套服务体系，进一步改善体育市场环境。当体育市场平稳运行，体育市场发展机制完善时，体育消费品价格自然也更加稳定可控。规范管理的体育市场为居民体育消费活动提供保障，释放了体育消费需求，也让体育消费结构进一步得到优化。

8.1.2　健全新时代居民体育消费制度

首先，要优化体育消费市场监管体系，培养产业发展新环境。体育消费发展仍然存在体育消费市场监管滞后、市场信息沟通不畅、数据共享缺乏、信用评价标准不统一等问题。规范体育市场秩序和优化体育消费市场环境，一方面要加强体育市场监管，强化山地、户外、越野等高危险性体育项目监管，研究出台体育运动项目管理办法和行业标准，确保居民体育消费参与的安全性。建设以行业协会自律、法律健全规范、资源配置高效、公众舆论监督为主体内容的体育市场监管体系。另一方面要加强赛事活动和体育项目重点领域的规范化、标准化程度，有效提升在线健身、赛事活动、健身休闲、场地设施等重点领域的监管效能，营造健康有序的体育消费环境。引导企事业单位和社会团体以体育消费业态为重点，制定体现地区体育消费特色的企业标准、团体标准、地方标准。另外，要优化体育消费市场资源保障制度。一是强化资金保障，充分利用促进体育消费（产业）发展等专项资金，针对优质体育企业开展上市挂牌培育服务，针对中小体育企业和新创体育企业发挥金融扶持作用；二是强化土地保障，利用新增经营性用地配建体育类公共设施补齐短板，合理利用绿道、工业厂房等存量空间，鼓励农村集体组织建设健身场所；三是强化人才保障，鼓励高校与体育企业联合培养赛事策划、品牌营销等专业人才，促进产学研多主体协同；四是强化资源交易保障，建立地区体育资源交易平台，健全体育资源交易体系和体育资源交易动态监管制度。

8.1.3 调整居民收入分配，提高体育消费倾向

要扩大消费需求，必须提高消费倾向。居民收入作为影响消费倾向的重要因素，也是外在因素的一部分，通过居民收入调整，对发挥外在因素对体育消费结构的作用尤为重要。居民消费以收入为前提，优化消费结构，首先要提高居民收入。体育消费边际消费倾向研究结果显示，城市居民整体边际消费倾向值低，更合理的体育消费结构需要以收入为支撑。居民收入水平越低，体育消费结构中用于生存需求的支出比重越

高，收入水平越高，用于享受发展需求的支出比重就越高，收入对体育消费结构的优化升级具有直接影响。调整收入分配是激发体育消费倾向的有效措施。

首先，提高居民可支配收入。当劳动报酬提高与经济发展步伐保持同步时，居民才有足够的资金去增加消费支出。政府部门可以通过相应的经济补贴，和更完善的就业保障措施，提高可支配收入水平。当个人可支配收入提高后，居民体育消费需求得到释放，就更有利于体育边际消费倾向的提高。其次，增加中低收入阶层收入，缩小居民收入分配差距。居民中低收入阶层是消费意愿最为强烈的群体，要提高居民整体体育消费倾向，就必须重视对这一群体收入分配的调整，积极采取宏观调控手段，加大低收入群体的转移支付力度。同时，调整个人所得税税基和税率，切实提高居民收入水平，增强居民体育消费意愿，提高边际消费倾向。通过调整居民收入分配，促进充分就业等途径提高居民收入，扩大中等收入阶层比例，形成大规模的体育消费需求，为体育消费结构的升级提供持久动力。

8.2　地方政府落实层面

8.2.1　加强体育设施与体育空间建设，促成居民运动习惯

地方政府应加大公共体育经费投入，增加体育设施配套和体育服务业资金投入，补齐居民体育健身基础设施短板。体育设施与体育空间是居民运动习惯养成的重要教育环境。在公共体育服务供给方面，地方政府要充分利用新技术、新模式、新管理建设运营体育场馆设施，鼓励和引导企业利用废旧厂房等现有设施，改造成健身休闲与商业服务融合发展的体育综合体；鼓励社会力量参与并主导公共体育场馆运营；支持旅

游景区通过引入符合当地文化特色的体育资源、增设体育消费项目等方式打造体育与旅游融合的体育综合体。鼓励和引导社会力量投资建设全民健身设施，鼓励将公园绿地、空置场所等区域合理拓展成为体育消费新空间。

因此，政府应该大力扶持体育产业，积极开发体育市场。相关部门应尽快建立完备的体育市场体系，在国家相关法规的基础上，出台符合各地实际情况的体育行业规范，完善体育市场的监督管理体系，实施规范化管理。同时，不断提高产品和服务质量，提高优质产品的市场占有率，培养具有国际竞争力的民族品牌。特别是要注意开发女性体育消费市场和老年人体育消费市场。

1. 开发女性体育消费市场

女性群体从某种意义上讲是比较热爱消费的，而且好奇心理强，尤其注重自身的形象，喜欢尝试参与新鲜的活动和体育运动。因为她们大多数人为家庭付出了大量的劳动和心血，受到男性的爱护和尊重，她们的身体健康也是一个家庭的重中之重。在开发女性群体体育消费市场时可以采取以下策略：首先加大对女性体育消费的宣传力度，可以通过电视、网络、户外宣传等多种途径来进行宣传，从而进一步增强女性体育消费意识。我们可以通过了解女性消费者的生理特点和心理特点，及时了解女性居民体育消费需求的变化，有针对性地进行开发，可以根据消费者不同的层次和不同的需求入手，合理进行开发，做她们喜欢的体育旅游产品，做她们需要的体育旅游产品，推出一系列有新意能满足不同层面消费者需要的女性体育项目和体育消费产品，成功开发女性体育消费市场。

2. 开发老年人体育消费市场

随着社会的发展我国进入了老龄化社会，同时，人们的生活水平不断提升，因此，消费市场上，老年市场开发的意义重大。特别是目前，很多老年人关心自己的身体健康，在全面的全民消费情况下，老年人逐步加入了健身队伍。因此，应该进一步开发老年人体育市场。一是要加强老年人体育消费形式的宣传。鉴于山东省的老年居民体育锻炼形式单一，消费水平不够的现状，积极倡导不同的人，选择不同的体育消费项目。不断提升老年人的体育锻炼与消费档次。要通过宣传着力改变老年人的传统观念。二是不断深化体育活动，把简单的体育活动引入较高层次的体育消费当中。三是根据老年群体的生理特点，开发适合这一群体的特色项目。要做到消费有档次，健身有时效，为老年人的身体健康做出应有的贡献。

8.2.2　提高全民健身服务水平，培育居民体育消费意识

现代化最重要的指标还是人民健康，这是人民幸福生活的基础，关注体育消费行为中的人本意蕴是新时代培育居民体育消费意识的核心要义。其一，地方政府要提升群众健身指导服务水平，探索社会体育指导员管理新模式，提高社会体育服务率，弘扬全民健身志愿服务精神；适当降低社会体育指导员和志愿者准入门槛，扩大社会体育服务队伍规模，打造全民健身志愿服务品牌。其二，要落实国民体质监测、国家体育锻炼标准和全民健身活动状况调查制度。开展线上线下多形式的体育健身科普活动，鼓励体育明星等体育专业技术人才参与健身科普。开展娱乐性、趣味性强的体育项目进机关、企业、校园与社区活动，培育居民体育参与体育消费意识。其三，要建设全民健身信息服务平台、公共体育设施电子地图等信息数据共享平台，提供健身设施查询预订、体育培训报名、健身指导等服务内容，逐步形成信息发布及时、服务获取便捷、信息反馈高效的全民健身智慧化服务机制，推动体育管理和服务数字化转型。

研究表明，城市居民总体上已经形成了科学合理的体育消费观。但仍有相当多的人受中国传统文化心理影响，消费观念还没有转变，对体

育消费仍持消极的态度，认为体育消费是生活的"奢侈品"，所以转变和更新居民的体育消费观念，激发大众参与体育活动的积极性对于促进体育消费发展进步有重要意义。政府相关部门要加大对体育消费的宣传力度，借助新媒体的舆论导向作用，转变居民体育消费观念，增强居民体育消费意识。另外，尽快出台有益于体育消费发展的政策，大力扶持体育企业发展。

要促使体育消费结构合理化发展，首先要进行大力的宣传，使普通民众树立起正确的体育消费观念。电视、网络等对人们影响较大的大众媒体要承担起宣传的重担，使人们意识到体育运动的重要性和健康生活的流行曲线，引领人们的消费导向。现在很多体育商品的定价比较高。通过问卷调查发现，很多人省吃俭用购买流行的、高档的或者广告新推出的体育商品是为了攀比，满足虚荣心。这样的购买行为势必影响学生日常的生活质量。因此，笔者建议最好根据自己的实际情况消费适合自己的产品。建议人们根据自己的实际情况，购买符合自己购买力水平的产品。有条件的可以有洗换的运动鞋、运动服等，这样既丰富了运动装备也增加运动装备的寿命，合理支配自己的生活费用，购买适量的运动装备。

当前，城市居民体育消费结构优化提高的关键在于增强消费意识，消费意识作为内在因素中的一部分，对城市居民体育消费结构具有重要影响。消费意识是人们对待消费活动的指导思想和基本态度。消费意识是经济发展在人们头脑中的反映，一旦形成又会反作用于经济发展，并能够产生积极或消极的影响。重视消费意识对经济发展的反作用，增强城市居民体育消费意识，提升体育消费理念，调节体育消费心理，引导城市居民合理进行体育消费，优化城市居民体育消费结构，才能促进体育产业的长远发展。先进的体育消费意识能够促进居民合理消费。首先，必须加强舆论宣传和思想教育，引导居民树立重视运动促进健康的观念。全面树立科学运动促进健康的思想，关键是要改变原有缺乏运动锻炼的生活方式。可以通过相应的教育手段和宣传方式，让居民了解适当运动锻炼的好处和意义，以及科学运动锻炼的方法，让居民能够真正热爱体育运动，在居民思想中逐渐确立运动带来健康的观念。其次，营造良好的社会体育氛围，让环境带动居民参与体育运动。政府可以利用先进的媒体手段，向居民传递体育运动促进健康的观念，号召社会组织定期举办群众参与的体育赛事活动，注重发挥学校教育的作用，帮助学生树立终身运动的思想。最后，在居民体育消费过程中，引导居民建立科学的体育消费方式，重视体育消费质量，建立可持续的体育消费理念，同时也要杜绝过度节俭、过度奢侈的观念，更要避免盲目从众心理，要从实际出发，合理消费。当居民体育消费意识发生转变时，就会促进体育消费结构和产业结构上的升级和调整，使消费意识成为推动体育经济发展的精神动力。

8.3　社会参与层面

8.3.1　宣传全民健身文化，培育居民体育消费需求和选择能力

居民健身观念的树立是推动居民持续参与体育锻炼与消费的根本动力。在各地体育局与民政局培育与发展下，体育社会组织应依托地区优势资源与特色文化，积极开展多项目、多运动水平层级的全民健身活动，通过口号、标语、树立榜样等宣传全民健身文化。同时，社会体育组织应深入社区居民健身指导活动中，形成运动专业人才与体育健身设施、智慧化全民健身平台等互动状态，通过加深人才与硬件的深度结合，培育居民体育消费需求和选择能力，提升居民健身文化素养与观念。

8.3.2　从关注消费主体能力不充分、客群发展不平衡中凸显公益性

营造体育文化氛围、提高居民体育锻炼参与度是培养体育消费者和

促进居民体育消费行为的关键。然而，新时代我国体育消费市场可持续发展面临居民消费能力不足和消费客群不平衡的制约。居民体育消费行为促进不仅需要多元的产品和服务供给刺激，还需要居民个体经济、文化基础的支撑。首先，较高的体育消费产品与服务价格导致居民体育消费需求弹性较高，当收入和支出有限且收入结构单一时，居民会首先选择减少非必需消费。其次，消费者客群少且差距大。在发展体育消费的初步阶段会出现客群发展不平衡的问题，居民体育参与度受限，消费往往集中在某些特定群体。最后，借助现代技术和新场景开发的产品服务由于操作难等特点不利于在老年人等群体中推广，智能化运动装备和户外体验等项目在一定程度上受限于地区、时间、运动基础等条件，导致消费者接受程度低，部分体育消费内容和居民体育消费行为促进的举措只能针对特定人群展开。因此，在发展群众体育过程中，具有公益属性的体育社会组织不应忽视体育消费主体能力不充分、体育消费客群发展不平衡的问题，而应积极疏通影响群众体育参与的关键环节堵点，避免部分制约条件成为阻拦居民体育活动及体育消费行为的鸿沟。

8.4 市场响应层面

8.4.1 提升体育产品与服务质量，助力需求侧提质扩容

促进居民体育消费行为是实现体育产业高质量与可持续发展、助力形成国内经济大循环的重要抓手，而体育产业供给侧结构性改革是满足体育消费需求和推动居民体育消费行为的主线。体育产品与服务质量是推动居民参与体育消费或消费升级的重要外部动力。一方面，以体育产品与服务质量不断升级为标志的供给侧结构性改革是推动产业升级、矫

正资源要素配置扭曲、扩大有效供给的重要方式。体育企业应大力发展智能体育、户外体育、运动项目产业等新内容以催生新产品、新模式、新体验，打造体育产业生态圈，从而进一步激发居民体育消费行为；另一方面，供给侧结构性改革能够通过提高体育产品和服务质量，提高居民体育消费满足程度，进而助力新消费内容发展，从而实现需求侧提质扩容。因此，市场主体必须通过推进体育产业结构优化、减少低端供给和无效供给、提高体育产品与服务质量、培育企业核心竞争力，增强体育企业经营内容对居民体育消费结构与偏好的引领性。

有关部门和企业应把发展重点放在大众体育消费项目上，督促各类体育场馆加速向经营型转变，使有限的体育资源得到最大化的利用。重点发展面向大众的中低档体育俱乐部，适度发展高档俱乐部，为消费者提供形式多样、内容丰富的体育服务产品，以满足消费者对体育健身娱乐不同层次的需求。在社区内修建简单实用的体育健身场馆，为居民提供健身和娱乐的方便，调动居民参加体育活动的积极性，开拓体育消费市场潜力。

8.4.2 调整企业发展模式，推动产业融合和内容创新

经济的发展带动人民生活水平迈上新的台阶，促进城市居民消费观念的转变，开始追求健康科学的生活方式，对于体育消费的要求也逐渐多样化，不再仅仅局限于简单的"强身健体"或"消遣娱乐"，而是追求"强身健体"＋"消遣娱乐"。因此，商家应该顺势而动，开拓经营范围，增加产品和服务种类，满足不同需求消费者的要求。用完善的服务提升行业形象，用优良的产品质量激发消费动力，营造舒适的体育消费环境，提高城市居民对体育消费环境的满意度，积极引导城市居民的体育消费行为，使城市居民消费重心从实物型体育消费向参与型和欣赏型体育消费过渡，逐步完成体育消费结构的升级。

健身私教工作室基数扩张、互联网智能健身等较快发展，体育赛事

供给增多，使观赏型和参与型体育消费形态更趋多元。体育企业作为产业主体之一势必应不断调整企业发展模式，加大体育消费内容开发。首先，体育企业要运用互联网等技术畅通供给与需求端信息交流渠道，更好地平衡供需两端，充分释放体育服务的创新潜力和居民消费潜力。其次，市场主体要推动体育新消费在康养、旅游、教育培训等多领域的产业融合和体育消费内容创新，不断拓宽体育消费边界，催生体育产业新业态、新服务和新模式，从而激发居民体育消费行为。再次，在体育消费业态融合与消费场景构建方面，要搭建线上与线下体育消费场所，鼓励商业综合体引入室内攀岩、体感运动等新项目，发展场馆预订和健身私人课程等在线健身服务，发展体育主题乐园、体育服务综合体等体育消费新空间；创新体育赛事消费内容，筹办高质量品牌赛事，打造自主品牌赛事和系列赛事，激发居民体育消费行为热情；加快发展水上运动、冰雪运动、户外运动、汽摩运动等新兴项目赛事，将传统和新兴项目引入消费新场景中，创新数字化互动参与形式；培育竞赛表演、体育经纪、场馆服务、体育培训等体育服务业态，创新体育消费商业模式。

8.4.3 丰富体育产品供给，满足收入弹性需求

从体育产品入手，发挥刺激因素对居民体育消费结构的作用。我国体育的整体产业化水平较低，市场机制在体育产业的生产、分配、交换和消费各个环节难以贯通。对城市居民体育消费收入弹性的研究结果显示，随着收入增加，非实物型体育消费需求量增长更快。丰富的体育产品供给，对满足日益增长的体育消费需求十分必要。

首先，提高各类体育产品的质量和水平，为体育消费提供基本保障。现有体育经营主体，尤其是体育竞赛表演、体育健身娱乐等，经营内容单一、运营模式陈旧、品牌意识薄弱，很大程度上制约了体育产品的供给。提高国产体育用品的质量，才能适应消费者多元化的消费需

求。其次，体育企业应找准市场定位，成为自主创新的主体。要对供给对象和消费人群准确定位，最大程度地迎合消费者需求。体育健身健美、竞赛表演等收入弹性大的服务型企业更需要注重自主创新，创新服务模式、运营机制、组织架构，调整企业能够快速适应变化的需求市场，准确为消费群体提供相应服务。最后，鼓励社会各界的单位、个人积极投资体育消费需求旺盛的领域，壮大体育消费市场，为消费者提供更多样化的消费选择。当体育竞赛表演、影视展览、健身健美等非实物型体育产品的丰富，满足了日益增长的多样化体育消费需求时，体育消费结构也会得到优化提升。

8.4.4　丰富数字体育产品的内容与功能

随着数字经济的不断发展，数字经济已经渗透到社会经济的各个领域，当前时代，数字经济与体育产业的发展深度融合。在社会经济发展过程中，促进体育企业深度融入数字经济，加快传统体育企业数字化转型，是丰富和提升体育产品服务的重要保障。一是要鼓励体育市场的自主创新，倒逼体育企业抓住数字经济这一机遇利用数字经济赋能促进企业进行数字化转型，打破传统意义上的体育产品内容与功能相对单一的定位。在传统体育企业的数字化转型中，企业应加大对大数据、云计算、区块链、5G 等技术的研发与运用，深化数字技术在体育产业发展过程中的应用，从而促进体育企业的数字化转型，促使体育企业打造更加优质的体育产品；推进体育产品和服务的有效供给，促使体育市场提供给消费者更加多元化、更具多样性的体育产品消费选择；促进体育消费的发展。

8.4.5　加强数字体育产品的广告宣传

体育运动是一种积极的、健康的生活方式，消费者可以主动地参加到运动消费中来。一个强有力的保证就是营造一个良好的消费气氛。在数字经济时代，各种数字技术不断发展，数字技术所提供的多元化的数字平台能够全方位、多层次、多角度地对体育产品进行宣传。

（1）利用数字媒体平台宣传提升产品曝光度。

通过广告宣传，可以提高体育产品的曝光度和知名度。消费者往往更倾向于购买那些他们熟悉和信任的品牌或产品。通过广告宣传，可以让更多的消费者了解体育产品的特点、功能和优势。

（2）借助数字媒体塑造品牌形象。

广告宣传可以帮助体育产品树立积极的品牌形象。通过巧妙的广告策略和创意，可以精确地传达品牌的核心价值观、使命和特点，吸引目标消费者的注意力。

（3）利用广告突出强调产品特点和价值。

通过多渠道的广告宣传突出体育产品的特点、功效和价值，激发消费者的兴趣和愿望进行体育消费。通过生动的图像、文字和音频效果，传达产品的独特之处，说明产品如何满足消费者的需求，从而引起消费者共鸣。

（4）依托数字平台提供消费体验与口碑传播。

广告宣传不仅仅是向消费者传达信息，它还可以创造消费体验和引起口碑传播。借助数字平台开发交流互动空间，通过真实的用户故事、案例分享和客户评价，增强消费者对体育产品的信任和兴趣，同时积极的口碑传播可以扩大体育产品的影响力和吸引力，进一步提升产品对消费者的好感度和吸引力。总的来说，数字经济时代，利用数字网络媒体平台加强体育产品的广告宣传是一种有效的方式。为此，体育市场的企业可以利用线上线下多个平台进行有效宣传，进一步培养城市居民的体育消费意识，使其认识到体育对健康的重要性，促进消费者进行体育消费。

8.4.6 拓宽数字体育产品的消费渠道

数字经济开放流通渠道、技术赋能提高流通效率、解决产销对接问题，进而促进消费规模扩大。数字经济可以帮助消费端和作用的实现流通端协同作用，使传统流通业态和新型流通业态相互衔接、相辅相成、相互融合，拓宽消费渠道，改善消费环境，促进消费发展。可以从以下方面促进体育消费的发展。

（1）提供便捷的在线购物平台。

数字技术的发展提供了多元化的便捷的在线购物平台，为居民提供了更多的体育产品选择和购买渠道。通过电子商务平台，居民可以随时随地浏览和购买各种体育用品、运动装备和健身器材等产品。

（2）开展线上体育活动和赛事。

数字经济时代，线上体育活动和赛事的开展为居民提供了更多的体育消费机会。通过网络直播和在线平台，居民可以观看和参与各种线上体育活动和赛事，如线上健身课程、电竞比赛、虚拟现实运动等。这些线上体育活动和赛事不受时间和地域限制，提供了更便捷的体育消费方式，同时为消费者提供了一种较之以往全新的消费渠道。

（3）加强体育社交网络和社群建设。

在数字经济发展的大环境下，体育社交网络和社群的发展对居民促进体育消费起到了积极的影响。通过智能化在线社交平台和应用，居民可以与其他运动爱好者进行交流、分享经验，这种体育社交网络和社群的建设，为居民提供了更多的体育消费信息和互动机会，促进了他们参与体育消费的积极性。

综上所述，数字经济时代的拓宽体育产品消费渠道对促进居民体育消费有积极的影响，能够激发消费者对体育消费的兴趣和需求，从而促进体育消费更好地发展。

8.4.7　创新体育产品的设计与外观

产品外观传达给消费者一种视觉印象，这种印象可能会影响消费者对产品的感知和评价，所形成的美学和符号价值成为影响消费者选择的重要因素。体育产品外观传递的是一种视觉感受，它会对商品的认知与评论产生一定的影响，由此产生的审美与象征价值，是对顾客购买商品的一个主要因素。一个商品的外表，包含了许多要素，如大小、色彩、花纹、外形，与商品的设计有很大的区别，在于其包含了顾客无法看到的内在情况。

（1）简化用户界面。

在数字经济发展势头强劲的大环境下，体育产品的供给方应强调简洁和直观的用户界面。使消费者对数字体育产品能够直观了解，减少学习曲线和操作难度。提供清晰的导航和组织，以便用户可以快速找到所需的功能和信息。

（2）以用户为中心进行体育产品设计。

了解用户的需求和偏好，将用户体验放在首位。通过用户研究、用户反馈和用户测试，不断改进产品的设计和功能，以更好地满足用户的期望和需求。

（3）采用吸引人的视觉设计。

在数字体育产品的外观设计中，运用吸引人的颜色、图形和动画效果来增强产品的视觉吸引力。设计界面和元素的布局和比例，使其美观和舒适，创造愉悦的使用体验。

（4）采用可穿戴设备和智能技术。

结合可穿戴设备和智能技术，提供更深入的身体数据监测和反馈。通过实时数据和个人报告，让消费者更好地了解自己的身体状况和运动效果，增强他们对数字体育产品的信任和使用意愿。通过创新数字体育产品的设计和外观使其更具吸引力和互动性，从而提高消费者对体育消费的兴趣和愿望，促成消费者产生体育消费行为。

8.5　居民社会化与个体化层面

8.5.1　培养自我健康管理能力，树立终身体育观

加强培养自我健康管理能力，养成运动健身习惯，树立终身体育观。培养自我健康管理能力的关键在于接受长期性、连贯性、一致性和全面性的健康教育。要充分认识体育在健身健体中的作用。社会场域中，居民可以通过社区开展和组织的体育方面的讲座、健康知识宣传、各类体育活动或比赛增加对体育的了解。家庭场域中，家长有义务对小学、初中和高中阶段孩子按照学校健康教育的要求予以体育健康行为的监督与提醒，培养其体育锻炼意识。成年人则应树立对自己健康负责的观念，积极通过书籍、新媒体学习健康教育、生理健康、心理健康、生命教育等健康知识。

8.5.2　提升自身体育消费需要、选择与支付能力

市场主体生产出来的体育产品与服务会受到居民消费能力的限制，即参与体育消费的居民主体是在具备消费能力的消费主体中发展起来的。消费能力提升包括需要能力、选择能力与支付能力三个方面。首先，需要能力提升方面，居民应通过主动学习健康管理知识，明确判断自身对各类体育消费内容的需要。其次，当下体育服务供给市场形成了以信息技术、产业融合理念打造的体育产业新空间，如体育服务综合体、体育主题公园等，多维融合交叉的体育服务供给催生了新的体育消费方式与选择空间。在媒体宣传、社区推广、榜样示范等形式下，居民

需要提升鉴别、筛选与获取体育旅游、体育康养、体育教育培训等体育服务内容以满足自身消费需要的技能。再次，居民应注重自身支付能力的提升。尤其在会花钱方面，居民应树立"轻价格、重体验，轻品牌、重质量，轻过程、重结果"的理性消费观念，从而进行适度与合理消费。

参 考 文 献

［1］钟天朗，徐琳．体育消费研究［M］．上海：复旦大学出版社，2013.

［2］杨涛，王芳．体育消费者行为学［M］．西安：陕西师范大学出版社，2018.

［3］张蕾．体育消费行为研究［M］．武汉：武汉大学出版社，2017.

［4］陈善平．体育消费心理研究：认知决策与体育锻炼［M］．西安：西安交通大学出版社，2012.

［5］李刚．杭州市居民体育消费行为及影响因素研究［D］．杭州：杭州师范大学，2019.

［6］杜道理．消费社会视域下的炫耀性体育消费研究［D］．上海：上海体育学院，2018.

［7］施琇菁．浙江省城市居民体育消费行为形成机制研究［J］．浙江体育科学，2016（2）：65 - 69.

［8］李丽和．深圳市居民体育消费现状与需求趋势分析研究［D］．深圳：深圳大学，2018.

［9］余磊．"互联网＋"背景下广州市居民网络体育消费行为研究［D］．广州：广州体育学院，2018.

［10］赵胜国，王凯珍，邰崇禧，蔡军．基于社会分层视野下的城镇居民体育消费观特征研究［J］．体育科学，2019（5）：39 - 50.

［11］高亚坤．全民健身战略下京津冀地区居民体育消费研究与分

析［D］. 北京：首都体育学院，2017.

　　［12］谭利 . "互联网 +" 背景下体育消费市场特征及发展策略研究［D］. 大连：大连理工大学，2017.

　　［13］孔德斌 . 解读：炫耀性体育消费［J］. 营销界（商汇版），2019（22）：141 –145.

　　［14］孙进军 . 全民健身背景下体育经济发展分析［J］. 中国商论，2019（22）：214 –215.

　　［15］宋敏芳 . 山东省体育文化产业现状及发展路径研究［D］. 曲阜：曲阜师范大学，2012.

　　［16］王建龙 . 山东省新市民体育消费研究［D］. 曲阜：曲阜师范大学，2016.

　　［17］林贝贝 . 山东省城市中产阶层体育消费行为研究［D］. 曲阜：曲阜师范大学，2019.

　　［18］胡悦 . 体育消费心理与行为理论探究［J］. 边疆经济与文化，2014（5）：144 –145.

　　［19］田虹，杨洋，刘英 . 社会阶层影响体育消费行为的心理模式［J］. 首都体育学院学报，2014（5）：471 –475.

　　［20］张加军，吴海鸥 . 体育消费心理与行为的影响因素分析及对策研究［J］. 吉林体育学院学报，2011（4）：93 –94.

　　［21］李艳江，刘次琴 . "互联网 +" 背景下大众体育消费的变化及发展研究［J］. 体育文化导刊，2019（8）：84 –89.

　　［22］王灿，姜明 . 全民健身对推动我国体育消费的价值探析［J］. 当代体育科技，2017（30）：249 –250.

　　［23］刘阳，许万林 . 消费主义视域下全民健身体育发展研究［J］. 体育文化导刊，2016（5）：143 –146.

　　［24］刘帅 . 鲍德里亚消费社会理论浅析［D］. 沈阳：辽宁大学，2019.

　　［25］鲍帅 . 山东体育产业发展研究［D］. 济南：齐鲁工业大学，

2016.

［26］崔爱迪．我国全民健身制度建设研究［D］．北京：中国矿业大学，2019.

［27］王兴家，王健，王立山．试论全民健身运动项目的开发与创新［J］．当代体育科技，2018（20）：172 - 173.

［28］曾杨剑．我国高端体育旅游消费和资源开发策略研究［J］．湖北体育科技，2015（11）：985 - 986.

［29］赵金岭．我国高端体育旅游的理论与实证研究［D］．福州：福建师范大学，2013.

［30］翟文帅．我国体育旅游市场发展现状研究［J］．老区建设，2013（14）：45 - 46.

［31］杨东明．我国体育旅游市场的开发策略研究［J］．中国商贸，2009（9）：50，59.

［32］王明扬．沂蒙山地区体育旅游资源现状调查与开发对策研究［D］．长春：吉林体育学院，2019.

［33］赵金岭．我国高端体育旅游消费群体特征分析［J］．商业经济研究，2015（3）：127 - 130.

［34］陈灏．上海居民体育消费结构特征及变动趋势［D］．上海：上海师范大学，2012.

［35］田亚洲．消费升级背景下我国居民体育消费需求的转变［J］．运动，2018（18）：126 - 127.

［36］魏延．"互联网 + "下的体育产业和体育消费融合创新研究［J］．经济研究导刊，2017（36）：21 - 22.

［37］张苗．消费认同对品牌购买意愿的影响机制研究［D］．杭州：浙江工商大学，2014.

［38］陈恒，杨雪，沈建峰．不同社会阶层体育消费研究现状分析［J］．福建体育科技，2019（3）：13 - 16.

［39］王丽娟．影响女大学生体育消费行为的因素［J］．湖北体育

科技，2019（4）：372－376.

　　［40］刘楠楠．山东省临沂市居民体育消费行为研究［D］．曲阜：曲阜师范大学，2019.

　　［41］刘金霞，康彪．大学生体育消费现状及其影响因素［J］．当代体育科技，2018（36）：191－192.

　　［42］褚萍萍．山东省大学生粉丝体育消费行为及引导对策研究［D］．济南：山东大学，2018.

　　［43］彭叮，关颖嵘，陈荣．体育与养生相结合的社区老年体育发展模式研究［J］．上饶师范学院学报，2017（6）：110－113.

　　［44］梁思雨，朱琳琳，杨光．老龄化背景下城镇老年人体育消费研究述评［J］．体育科学研究，2013（2）：8－11.

　　［45］叶婷．我国城市青少年体育消费心理行为特征研究［J］．台州学院学报，2018（3）：89－94.

　　［46］林金凤．武汉市居民体育消费特征及发展对策的研究［D］．武汉：武汉体育学院，2017.

　　［47］黄帅．消费视域中大学生消费认同问题研究［D］．郑州：郑州大学，2012.

　　［48］黄耀东，陈克．我国城市女性体育消费行为及其影响因素探析［J］．菏泽学院学报，2019（3）：19－23.

　　［49］梁平安．"互联网＋"视域下体育消费价值的嬗变与创新［J］．商业经济研究，2018（24）：59－61.

　　［50］张艳锋．青岛市城区居民体育消费行为的现状调查及影响因素分析［D］．济南：山东大学，2010.